CW01626968

Z archeologią przez kraje biblijne

Siegfried H. Horn
1908-1993

SIEGFRIED H. HORN

Z archeologią przez kraje biblijne

Wydawnictwo „Znaki Czasu"
WARSZAWA 2015

TYTUŁ ANGIELSKIEGO ORYGINAŁU
The Spade Confirms the Book

PRZEKŁAD
Dorota i Bogusław Dąbrowscy

REDAKCJA
Bernard Koziróg

KIEROWNIK WYDAWNICZY
Mirosław Harasim

TYPOGRAFIA
Jarosław Kauc

PROJEKT OKŁADKI
Daria Gil-Zięda lska

ZDJĘCIA
Bernard Koziróg — strony: 14-15, 17, 27, 29, 33, 35, 41, 55, 69, 73, 75, 76-80, 83, 88-89, 91, 97, 111, 122, 134, 136-137, 139, 141-144, 149, 152-153, 155, 157, 159, 163, 168, 171, 180-181, 190-191, 194, 196-197, 199-200, 202-204, 213, 215, 217, 222-223, 230-231, 234-235, 238-239, 255.
Archiwum Instytutu Krajów Biblijnych — strony: 53, 54, 57, 62, 63, 85, 96, 99, 100, 120, 126-127, 161, 173, 175, 206-207, 218-219, 233, 245, 251, 258-259.

Wszystkie cytaty biblijne zaczerpnięto z *Biblii warszawskiej*:
BW — *Biblia warszawska* © Towarzystwo Biblijne w Polsce, Warszawa 2011,
chyba że zaznaczono inaczej:
BG — *Biblia gdańska* © Brytyjskie i Zagraniczne Towarzystwo Biblijne, Warszawa 1985,
BT — *Biblia Tysiąclecia* © Wydawnictwo Pallottinum, Poznań 2003,

Wydanie czwarte

ISBN 978-83-7295-340-7

Zamówienia na publikacje prosimy kierować pod adresem:
Dział Handlowy Wydawnictwa „Znaki Czasu"
ul. Foksal 8/6
00-366 Warszawa
tel.: 22-331-98-00
faks: 22-331-98-01
e-mail: kontakt@znakiczasu.pl
księgarnia internetowa: sklep.znakiczasu.pl

Spis treści

Od Wydawcy

Archeologia, jedna z najbardziej interesujących dziedzin naukowych, często porywa swoich wielbicieli w świat dawnej, chociaż wciąż jeszcze nie do końca poznanej historii. Jak fizyka nie może istnieć bez matematyki, tak też i historia bez archeologii. Archeologia jest tą dziedziną nauki, która dokumentuje historię. Książka prof. dra Siegfrieda Horna pt. *Z archeologią przez kraje biblijne* jest właśnie takim materialnym udokumentowaniem historii starożytnej, zawartej w *Biblii*.

Książka posiada charakter popularnonaukowy. Autor wydobywa w niej na światło dzienne nie tylko piękno starożytnego świata, ale też ukazuje odkrycia archeologiczne w ich korelacji z informacjami występującymi w *Biblii*, jakże często negowanymi przez różnych ludzi, uważających Księgę Bożą za zbiór dawnych podań i legend. Autor z dużą znajomością rzeczy i w sposób przekonywujący mówi o dziejach odkryć archeologicznych i o ich znaczeniu biblistycznym. Nie zagłębiając się w swoim opracowaniu w ciężką naukową dokumentację zebranych faktów, zwraca jednak uwagę na to wszystko, co przyczynia się do podniesienia autorytetu *Biblii* jako księgi wiarygodnej. Dzięki temu przyczynia się do lepszego zrozumienia faktów zawartych w *Piśmie Świętym*.

Siegfried H. Horn był kierownikiem kilku badawczych wypraw archeologicznych na Bliski Wschód, organizowanych przez American Center for Oriental Research z siedzibą w Ammanie (Jordania), Andrews University i Calvin Theological Seminary z siedzibą w Stanach Zjednoczonych. Jego liczne publikacje wydawane są przez różne wydawnictwa w wielu krajach. W książce Z *archeologią przez kraje biblijne* w sposób popularnonaukowy ukazuje piękno starożytnego świata i jego związki z *Biblią*, której jest świetnym znawcą, jako że był także kierownikiem katedry *Pisma Świętego* na wydziale teologii Andrews University w Stanach Zjednoczonych. Zmarł w 1993 roku, ale pozostawiony zastęp uczniów na czele z prof. L. Geratym kontynuuje nadal godne swego mistrza prace archeologiczne w krajach biblijnych.

Praca przeznaczona jest zarówno dla czytelnika, który wierzy w to, że *Biblia* jest natchnionym Słowem Bożym, a wówczas potwierdza jego wiarę, jak i dla czytelnika podchodzącego do *Pisma Świętego* krytycznie, a wówczas dostarcza mu spory ładunek wiedzy teoretycznej z materialnej dokumentacji z dziedziny współczesnej archeologii.

Jesteśmy przekonani, że książka prof. S. Horna, którą publikujemy, spotka się z życzliwym przyjęciem, naszych czytelników, a wielu z nich zbliży do *Biblii*, pozwalając na lepsze poznanie epoki, w której Księga ta powstała.

WYDAWCA

Od Redaktora

Siegfried Herbert Horn urodził się 17 marca 1908 w rodzinie Albina i Klary Horn w Würzen, w Saksonii (Niemcy). Jego ojciec był jednym z pierwszych lotników na świecie. Pilotażu uczył się u samego Louisa Blériot. W latach 1930-40 Siegfried służył jako kaznodzieja i misjonarz, najpierw w Holandii, a następnie w Holenderskich Indiach Wschodnich. Ponieważ był Niemcem, spędził sześć i pół roku jako jeniec wojenny w czasie i po zakończeniu II wojny światowej (1940-46), najpierw jako jeniec Holendrów w Indonezji, a następnie uwięziony przez Anglików w Indiach. Ponieważ przyznano mu dostęp do książek, Horn wykorzystał ten czas, aby pogłębić znajomość języków greckiego i hebrajskiego. Gdy po II wojnie światowej odzyskał wolność, wyemigrował do Stanów Zjednoczonych, gdzie kontynuował swoją edukację. Zdobył licencjat w Walla Walla College (obecnie Uniwersytet), w stanie Waszyngton (1947), rok później tytuł magistra w Seminarium Duchownym w Waszyngtonie (1948) i doktorat z egiptologii w Instytucie Orientalnym Uniwersytetu w Chicago (1951). Krótko studiował także u Williama F. Albrighta na John Hopkins University.

W latach 1951-1976 Siegfried Horn był profesorem w Seminarium Teologicznym Kościoła Adwentystów Dnia Siódmego, które później stało się częścią Andrews University. Stworzył tam muzeum archeologiczne (nazwane po śmierci jego imieniem), był założycielem i pierwszym redaktorem „Andrews University Seminary Studies", zorganizował studia doktoranckie. Był koordynatorem wykopalisk archeologicznych w miejscowości Tell Hesban, biblijnym Heszbonie. Prowadził również wykopaliska w Umayri i Jalul, a także w Tell Balatah, biblijnym Sychem. Napisał ok. 800 artykułów i książek. Zmarł w dniu 28 listopada 1993 roku w St. Helena, w Kalifornii, w wieku 85 lat.

Książka Z *archeologią przez kraje biblijne* jest jego najbardziej znaną pracą popularnonaukową. W prosty sposób oprowadza czytelników po Mezopotamii, Egipcie, Persji, Palestynie, Transjordanii, Libanie, Syrii i Azji Mniejszej. Dowiadujemy się o najważniejszych odkryciach archeologicznych, które dotyczą miejsc biblijnych, szczególnie starotestamentowych.

Mimo, że książka została wydana na początku lat osiemdziesiątych XX wieku, a więc ok. 30 lat temu, jest wciąż bardzo aktualna. Miejsca, gdzie należało podać nowe dane bądź uzupełnić treść, zostały zaopatrzone w przypisy od redakcji. Jest ich jednak niewiele. Zupełnie nowe są zdjęcia, które ilustrują miejsca opisane przez autora. Na końcu zamieszczamy wybraną bibliografię w języku polskim.

Wyrażam nadzieję, że lektura książki *Z archeologią przez kraje biblijne* będzie ucztą duchową dla Czytelników.

BERNARD KOZIRÓG

MEZOPOTAMIA

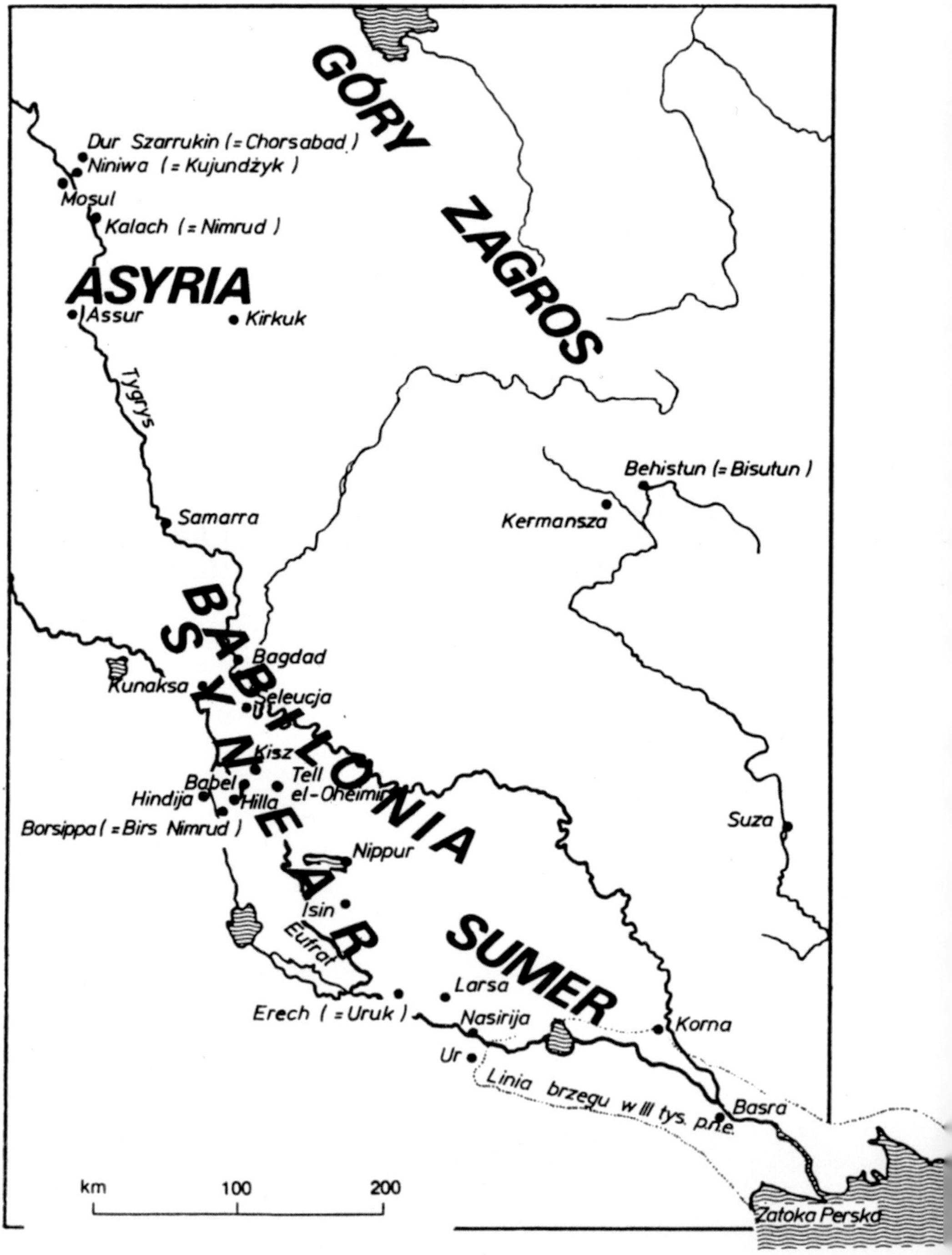
GÓRY ZAGROS
Dur Szarrukin (= Chorsabad)
Niniwa (= Kujundżyk)
Mosul
Kalach (= Nimrud)
ASYRIA
Assur
Kirkuk
Tygrys
Behistun (= Bisutun)
Kermansza
Samarra
BABILONIA
SYNEAR
Bagdad
Kunaksa
Seleucja
Kisz
Babel
Tell el-Oheimir
Hindija
Hilla
Borsippa (= Birs Nimrud)
Suza
Nippur
Isin
Eufrat
SUMER
Larsa
Erech (= Uruk)
Nasirija
Korna
Ur
Linia brzegu w III tys. p.n.e.
Basra
km
100
200
Zatoka Perska

1

Chorsabad — rezydencja zapomnianego króla

Od kilku stuleci zyskał na popularności pogląd, że tylko to jest prawdziwe, co da się rozumowo udowodnić. Stare, roszczące sobie prawo do autorytetu podania i przekazy traktowane były jako nieautentyczne.

Wiedza płynąca z tradycji nie była już wystarczająca — nowa, niesłychana żądza poznania prowadziła do zdumiewających wynalazków i odkryć. Ludzie przebadali nieznane zakątki ziemi, stworzyli szybsze środki transportu. Jednocześnie człowiek uczył się lepszego rozumienia praw natury.

Równocześnie ludzie zaczęli badać przeszłość, zabrali się do rekonstrukcji historii starożytnej. Liczni teolodzy, którzy przeszli przez tę umysłową szkołę, nowo rozwinięte kwestie i możliwości rozwiązania stosowali także do historii biblijnej. Chcieli dowiedzieć się, czy stare przekazy dadzą się potwierdzić przy zastosowaniu historyczno-krytycznych metod. Lecz wykazano, że bardzo mało podań biblijnych sprawdza się z pozabiblijnymi i starożytnymi źródłami. Krytycznie nastawieni uczeni powątpiewali z tego powodu w wiarygodność *Biblii* i skłaniali się do tego, aby uznać *Pismo Święte* za zbiór sag, mitów i legend.

Początki biblijnej archeologii

W tym samym czasie rozwinęła się nowa nauka, archeologia biblijna. Chcąc nie chcąc, działała wbrew pewnym jednostronnym siłom nowożytnej krytyki. Uczeni udawali się do krajów Bliskiego Wschodu, gdzie onegdaj rozkwitały wysokie kultury, aby przebadać starożytne dzieje i odkopać ruiny, które poprzez tysiąclecia pokrył piasek. Gdy w 1798 r. Napoleon wyprawił się do Egiptu, towarzyszyło mu 120 uczonych i artystów. Od owych dni religia i kultura kraju nad Nilem są badane z coraz większym zainteresowaniem.

Wielkim postępem na tej drodze było odszyfrowanie pisma hieroglificznego przez Champolliona w roku 1822. Równocześnie uwaga badaczy skierowała się na Mezopotamię. Wprawdzie nie było tam monumentalnych ruin, jak w Egipcie, ale liczne pagórki kryjące w sobie starożytne miasta obiecywały archeologom bogatą nagrodę w postaci świadectw przeszłości.

Zbiory C.J. Richa

Pierwszym człowiekiem, który poświęcił się starożytności Mezopotamii, był C.J. Rich, pełnomocnik Kompanii Wschodnioindyjskiej w Bagdadzie. W ostatnich dziesięciu latach życia zwiedził on wiele ruin starożytnej Babilonii i Asyrii, gdzie zbierał przedmioty pokryte znakami piśmiennymi np. cegły z wyciśniętymi inskrypcjami klinowymi, jak również tabliczki i cylindry gliniane z podobnymi napisami. Gdy w 1821 r. Rich zmarł na cholerę, jego zbiór znalazł się w londyńskim British Museum.

Pismo klinowe nie było jeszcze znane, gdy te znaleziska dotarły do Anglii. Mimo to wzbudziły ożywione zainteresowanie prastarym krajem, który znano jako ojczyznę Abrahama, i w którym, według relacji *Biblii*, istniały kiedyś wielkie miasta Ur, Babilon i Niniwa. Położenie Babilonu było znane, ponieważ jedno ze wzgórz pokrywających ruiny w Dolnej Mezopotamii ciągle nosiło nazwę Tell Babil. Natomiast położenie Niniwy całkowicie popadło w zapomnienie. Jednakże z notatek Richa, opublikowanych w 1836 r., wynikało, że w pobliżu miasta Mosul znalazł on stelę z napisem zawierającym nazwę Tell Nabi-Junis tzn. Wzgórze Proroka Jonasza. Wnioskowano, że w tym nazwanym od Jonasza miejscu można doszukiwać się związku z działalnością tego proroka w Asyrii i że oba wzgórza, Tell Nabi-Junis i Kujundżyk, leżące nad Tygrysem niedaleko Mosulu, zawierają pozostałości starożytnej Niniwy. Ta hipoteza, przez długi czas sporna, miała w końcu się sprawdzić.

Reliefy znalezione w Chorsabad. Postacie skrzydlatych byków z ludzkimi głowami ozdabiały pałac królewski Sargona II, króla Asyrii.

Pierwsze wykopaliska P.E. Botty

Głosy, które podniosły się w społeczeństwie pod wrażeniem książki Richa, nakłoniły rząd francuski do wysłania w 1842 r. wicekonsula P. E. Botty do Mosulu z poleceniem szukania zabytków starożytności. Próbował najpierw rozkopać wzgórze Nabi-Junis, gdzie znalazł kilka zapisanych tabliczek i cylindrów. Jednakże Botta nie pozostał tam długo. Islamska ludność uważała wzgórze za święte, ponieważ rzekomo kryło grób proroka Jonasza i dlatego nie mogło być naruszone. Następnie Botta pracował na sąsiednim wzgórzu Kujundżyk. Lecz wszystkie wysiłki nie wróżyły istotnych odkryć.

Pewnego dnia mieszkaniec wioski Chorsabad idąc do Mosulu, przechodził obok wzgórza Kujundżyk. Był ciekawy, co też ludzie Botty robią na wzgórzu. Gdy mu objaśniono, że szukają pokrytych napisami przedmiotów lub rzeźb, powiedział, że na wzgórzu, na którym stoi jego wieś, stale wyciąga się zapisane tabliczki wapienne, które ludzie wypalają, aby uzyskać zaprawę murarską.

Botta nie chciał do końca wierzyć tym wiadomościom. Mimo to wysłał kilku ludzi do wsi Chorsabad, które leżało około 20 km na północny wschód od Mosulu. Mieli oni zająć się tą sprawą. Już na początku ich pracy w wierzchniej warstwie nic nie wróżącego wzgórza ukazały się duże, cudowne kamienne płyty. Bezzwłocznie Botta pozostawił wzgórze Kujundżyk. Od marca 1843 r. skoncentrował się całkowicie na Chorsabadzie. W ciągu dwóch lat, które tam spędził, dokonał wielu sensacyjnych odkryć. Odkopał dużą część obszernego pałacu należącego do asyryjskiego króla. Jego imię nie było do tej pory znane, ponieważ nie odszyfrowano jeszcze napisów klinowych.

Naturalnie Botta sądził, że odnalazł Niniwę; sprawozdania z wykopalisk opublikował pod tytułem *Monuments de Ninive*. Później okazało się, że się pomylił, i w rzeczywistości odkrył Dur Szarrukin (starożytna nazwa rezydencji Sargona II, ojca Sancheryba). Znaleziskom ze wzgórza nie było końca; na światło dzienne wychodziły piękne reliefy, uskrzydlone kolosalne byki i lwy z głowami ludzkimi, różnego rodzaju inskrypcje oraz inne przedmioty artystyczne i codziennego użytku, jak meble, narzędzia, naczynia i broń.

Imiona starożytnych królów wychodzą na jaw

Tymczasem Rawlison pracował nad odszyfrowaniem pisma klinowego w oparciu o monumentalną inskrypcję na skale Behistun. On i jego uczniowie byli już w stanie odczytać teksty klinowe, znajdowane w ziemi w różnych miejscach Mezopotamii, jak i te, które odnaleźli Rich i Botta. Nagle dowiedziano się o wielu ważnych zdarzeniach historycznych, które bardzo ściśle wiązały się z *Biblią*. Tak np. okazało się, że napis z Behistun (dostarczył on klucza Rawlisonowi do odszyfrowania pisma) jest informacją o militarnym sukcesie sławnego króla perskiego Dariusza I, władcy, który wstawił się za odbudową świątyni w Jerozolimie w czasach Zorobabela (zob. Ezd 5,6).

Zadziwiające wiadomości odczytywano przede wszystkim z inskrypcji, które Botta odkopał w Chorsabadzie. Jeden z pierwszych odczytanych

Razem z żołnierzami Napoleona do Egiptu przybyło wiele naukowców. Podczas poszukiwań w delcie Nilu w 1799 roku znaleziono słynny kamień z Rosetty. Było to jedno z największych odkryć archeologii. Na kamieniu znajdował się ten sam tekst w trzech pismach — hieroglificznym, demotycznym i greckim. Po wielu latach pozwoliło to Champollionowi odczytać znaczenie hieroglifów i otworzyło drogę do poznania tajemnic Egiptu.

tekstów podawał imię asyryjskiego króla, który kazał wznieść dla siebie pałac odkryty właśnie przez Bottę. Królem tym był Sargon. Rościł sobie prawo do zdobycia Samarii słowami: „Obległem i zdobyłem Samarię i uprowadziłem jako łup 27.290 mieszkańców".

Krytycznie nastawieni uczeni przedtem przytaczali imię Sargona (np. Iz 20,1), aby uzasadnić rzekomą nieautentyczność informacji zawartych w *Biblii*, ponieważ imię Sargona jest wymienione tylko w *Biblii* i nigdzie indziej. Uczeni ci nie chcieli wierzyć, że ten król istniał. A teraz jednym z pierwszych władców, których wspominają teksty starożytnej Asyrii, był ów sporny Sargon. Dla badaczy trzymających się autentyczności biblijnych opisów historycznych stało się to wspaniałym sukcesem.

Odnalezione przez Bottę teksty mówią nie tylko o Sargonie, lecz także o Samarii i państwie izraelskim, które nazywane jest w inskrypcjach asyryjskich „krajem Omriego". Omri, niezwykle energiczny władca, był założycielem sławnej dynastii królów w północnym państwie izraelskim.

Inskrypcje świadczące po dwudziestu pięciu stuleciach o zdobyciu stolicy Izraela były rewelacją dla chrześcijańskiego świata. Zachowane w piasku źródła dotyczące upadku Samarii i wzięcia w niewolę ludności państwa izraelskiego dostarczyły dowodu na historyczne znaczenie tego wydarzenia, znanego dotąd wyłącznie z *Biblii*.

Inna francuska ekspedycja pod kierownictwem Wiktora Place'a pracowała z wielkim powodzeniem w Chorsabadzie w latach 1851-1855. W ostatnich latach ekspedycja Uniwersytetu w Chicago odsłoniła dalszą część pałacu Sargona, a przy tym odkryła dalsze gigantycznie uskrzydlone byki. Jedna z takich zwierzęcych rzeźb stoi teraz w Muzeum Instytutu Orientalnego w Chicago. Wydobyto wspaniałe reliefy z obrazami wysokich urzędników królewskich, ze scenami batalistycznymi i myśliwskimi oraz słynną listę asyryjskich królów panujących od początku państwa do czasów Tiglatpilesara III w VIII w. p.n.e. Lista ta potwierdza chronologię dziejów Asyrii i usuwa wiele niejasności, nad którymi dotąd historycy łamali sobie głowę.

Dzisiejszy Chorsabad

Widzimy więc, że materiał źródłowy znaleziony w Chorsabadzie przyczynił się do potwierdzenia biblijnych sprawozdań. Czytelnik zrozumie, z jak wielkim zainteresowaniem odwiedziłem po raz pierwszy to miejsce. Wcześniej czytałem sprawozdania ze starszych i młodszych wykopalisk, studiowałem historię okresu Sargona oraz jego działalności budowniczej. Teraz więc chciałem na własne oczy obejrzeć miejscowość, która jest tak ważna nie tylko dla asyriologów, lecz w ogóle dla historii Bliskiego Wschodu i archeologii biblijnej. Wkrótce miałem doznać rozczarowania.

W pewien gorący dzień przybyłem do Chorsabadu. Cała okolica w cieniu gór Zagros była wysuszona. Zaskoczony stwierdziłem, że wzgórze Chorsabad niewiele wznosi się ponad powierzchnię ziemi w przeciwieństwie do innych telli mezopotamskich, kryjących starożytne miasta. Przyczyną było to, że miasto z pałacem Sargona istniało przez krótki okres i dlatego nagromadziło się mało śladów jego istnienia. Znalazłem zaspaną wieś i pozostawiony, podupadły obóz ekspedycji ze zwisającymi dachami i kruszącymi się ścianami. Samo miejsce wykopalisk przedstawiało zniechęcający widok. Pozostawiono tylko kilka częściowo zasypanych rowów ze sterczącymi fragmentami fundamentów. Piasek i gruz ponownie zasypał widoczne jeszcze potężne ruiny wspaniałego pałacu Sargona, wielkiego króla Asyrii. Nic dosadniej nie przedstawiało prawdy, że sława świata jest przemijająca.

Miasto, w którym stał pałac, pełne było kiedyś krzątaniny. Bogactwo, luksus i nieustanny ruch życia wewnątrz potężnych murów. Żołnierze trzymali straż w pałacowych bramach, kupcy zajmowali się handlem a skarby podbitych krajów wpływały do skarbców króla. Jednak świetność i chwała, jak i cała potęga Asyryjczyków przeminęła. Tak całkowita była ich klęska, że prawie sto lat później żaden człowiek nic nie wiedział o tym mieście lub o Sargonie, jego królewskim założycielu. Niektórzy uczeni powątpiewali nawet, czy kiedykolwiek istniał człowiek o tym imieniu. W ten sposób *Biblia*, która zachowała jego imię, została potwierdzona. Inskrypcje wyryte w kamieniu i glinie przez stulecia, leżące pod piaskiem i gruzami pałacu Sargona, wyszły na światło dzienne we właściwym czasie, aby przez swoje milczące świadectwo potwierdzić autentyczność *Pisma Świętego*.

Tymczasem historia „zmartwychwstania" Sargona znowu popadła w zapomnienie, ponieważ w najnowszych czasach dokonano wielu innych, nie mniej zajmujących odkryć. Warto jednak pamiętać, że nędzne resztki wspaniałego pałacu w środku ponurego pustkowia świadczą o czymś ważnym.

„Skłoń, Panie, swoje ucho i słuchaj!
Otwórz, Panie swoje oczy i patrz!
Usłysz wszystkie Słowa Sanheryba,
który tu wysłał posłów, aby urągać Bogu żywemu!"
(*Księga Izajasza* 37,17).

2

Odkrycia w Nimrud potwierdzają *Biblię*

Młody Anglik, Henry Layard, odkopał w 1845 r. Nimrud w północnej Mezopotamii. Przyciągała go wielkość i nazwa okazałego wzgórza w pobliżu brzegów Tygrysu. Sądził, że Nimrud może kryć resztki starożytnej Niniwy. Okazało się jednak, że chodzi o inne miasto, którego założycielem był Nimrod, a mianowicie o miasto nazywane w *Biblii* Kalach (zob. Rdz 10,11). Zostało to ujawnione później, gdy Rawlison odszyfrował klinowe inskrypcje.

Trud Layarda już od początku jego pracy był obficie wynagradzany. Nieustannie odkopywano zapisane kamienne tablice i reliefy.

W kilka tygodni po rozpoczęciu pracy pewne zajście wywołało głębokie wrażenie na Layardzie. Rozmawiał właśnie z zaprzyjaźnionym szejkiem, gdy nagle wbiegło dwóch jego robotników i zawołało: „Beju, chodź jak najszybciej. Znaleźliśmy samego Nimroda. Jest wspaniały, no i prawdziwy. Widzieliśmy go na własne oczy".

Nie czekając na odpowiedź, pobiegli z powrotem. Gdy Layard i szejk znaleźli się na wzgórzu, zobaczyli kolosalnych rozmiarów kamienną głowę sterczącą w wykopie. Robotnicy pracowali gorączkowo. Wkrótce ukazał się cały potężny posąg. Był to jeden z tych uskrzydlonych lwów z ludzką głową, które obok podobnych rzeźb stoją teraz w salach British Museum.

Wiadomość o tym odkryciu rozpowszechniła się lotem błyskawicy po całej okolicy i w mig osiągnęła Mosul położony o dobre 30 km pod prąd rzeki. Turecki gubernator, od początku utrudniający Layardowi pracę, zaniepokoił się. Ponieważ nie otrzymał wyraźnej informacji, nie wiedział, czy znaleziono kości Nimroda, czy tylko wizerunek owego „dzielnego myśliwego przed Panem". Nie był także pewien, czy Nimrod był prawowiernym muzułmaninem. Wysłał więc rozkaz do Layarda, aby bezzwłocznie przerwać pracę.

Gdy trudności z gubernatorem usunięto, można było kontynuować wykopaliska. Dokonano jeszcze wielu ważnych odkryć. Po pewnym czasie zasadniczym problemem stał się transport wykopanych skarbów. Zostały one przewiezione na tratwach w dół Tygrysu, a stamtąd statkiem do Anglii. Cały transport był nader drażliwą sprawą. Jego powodzenie było wynikiem celującego talentu organizacyjnego młodego kierownika ekspedycji.

W roku 1846 w Nimrud A. H. Layard znalazł tzw. czarny obelisk. W jego górnej części znajduje się relief przedstawiający Jehu, króla Izraela. Obecnie obelisk znajduje się w Muzeum Brytyjskim w Londynie.

Odkrycia Layarda przypadły na okres, gdy krytyka *Biblii* zaczęła się rozszerzać także wśród chrześcijan. Tzw. „wyższa krytyka" wysuwała twierdzenie, że historyczne części *Pisma Świętego* są w znacznym stopniu zmyślone i że zawierają mity, baśnie, opowieści. Ludzie, którzy ciągle wierzyli w historyczną wierność *Pisma Świętego*, czuli się ciągle w obowiązku udowadniać swoje poglądy.

Położenie biblijnych miast takich, jak Niniwa, Kalach, Ur było ciągle nieznane. Wiele wymienionych w *Biblii* postaci, przykładowo — Nebukadnesar (Nabuchodonozor) i Belsazar (Baltazar), uznawano za wymysł fantazji. Właśnie w tym czasie rozpoczęto prowadzenie prac wykopaliskowych w krajach biblijnych. Miały one odtąd potwierdzać w zdumiewający sposób historyczną wierność pism starotestamentowych. Pierwszymi archeologami w Mezopotamii byli Francuz Botta (na Kujundżyku i w Chorsabadzie) i wspomniany powyżej Anglik Layard (w Nimrud).

Gdy odszukałem Nimrud i tamtejsze miejsce wykopalisk, przypomniałem sobie wydarzenia, które Layard w mistrzowski sposób spisał w dwóch tomach sprawozdań.

Poczułem wdzięczność i zadowolenie, że tak wiele świadectw ze starożytnych czasów zachowało się, aby potwierdzić *Biblię*.

Jadąc z Mosulu wzdłuż lewego brzegu Tygrysu spróbowałem wczuć się w położenie pierwszych odkrywców przemierzających ten kraj. Nie mieli jeszcze żadnego pojęcia o tym, jakie starożytne miasta ukrywały się na okolicznych wzgórzach. Nie pomogły im także zachowane przekazy. Część obszaru, który, jak bezspornie wykazano, jest Niniwą, nosi imię proroka Jonasza, podczas gdy starożytne Kalach dziś nazywa się Nimrud. Obecne nazwy nie mogły dać wystarczającej wskazówki co do położenia starożytnych miast. A napisy odkryte już w czasie pierwszych wykopalisk nie mogły być jeszcze odczytane, chociaż Rawlison pracował z największym wysiłkiem nad odszyfrowaniem zagadkowych znaków klinowych.

Nie dziwi więc fakt, że Botta pracując przy odkopywaniu miasta i pałacu Sargona w Chorsabadzie, wierzył, iż odnalazł Niniwę. I dlatego jego sprawozdanie ukazało się pt. *Monuments de Ninive*. Lecz i Layard był przekonany, że w Nimrud odkrył Niniwę i sprawozdanie ze swoich wykopalisk nazwał *Nineveh and Its Remains*.

Kamienie krzyczeć będą

Chociaż Layard nie mógł właściwie zinterpretować wszystkich znalezisk, to i tak liczne jego odkrycia wprawiły ówczesny świat w zdumienie. Jeden ze znalezionych okazów, czarny obelisk Salmanasara III, znajduje się dziś w British Museum. Wykonany on jest z twardego, czarnego kamienia.

Na wszystkich swoich czterech bokach, zawierających pięć pasów reliefowych i inskrypcji, ukazuje płacenie trybutu przez królów podległych Asyryjczykom. Po odszyfrowaniu napisów stwierdzono ze zdziwieniem, że jeden z pięciu reliefowych pasów przedstawia płacenie trybutu przez Jehu, króla Izraela. Było to pierwsze pozabiblijne źródło poświadczające historyczną obecność jednego z królów starożytnego Izraela. Do dnia dzisiejszego jest to jedyne plastyczne przedstawienie izraelskiego lub judejskiego króla. Naprawdę „kamienie krzyczeć będą" (Łk 19,40). One udowodniły prawdziwość biblijnego sprawozdania.

Moich odwiedzin w Nimrud oczekiwałem z wielką nadzieją m.in. dlatego, że w tym ważnym miejscu wykopaliska prowadził profesor M.E.L. Mallowan. Gdy przechodziłem przez dziedzińce i sale zniszczonego pałacu, odkrytego na nowo przez Layarda i Mallowana, znajdowałem nie tylko stare rowy i bezkształtne jamy, lecz także świeżo rozkopane odcinki, niezmiernie pouczające dla żądnych wiedzy turystów. Dzięki nim można wyobrazić sobie plan dawnej rezydencji królewskiej. Chociaż podczas mojego pobytu w Nimrud prace były wstrzymane, bez trudu mogłem rozpoznać miejsca, w których dokonano ważnych odkryć. Pomagały mi w tym opublikowane plany Mallowana oraz miejscowy przewodnik i dobry tłumacz.

Ze stromego wzgórza kryjącego dawną wieżę świątynną w Kalach rozciągał się wspaniały widok na pałac, budynki administracyjne i dzielnice mieszkalne wielkiego miasta. Kilka sal posiadało dotąd okładziny ścienne, wykonane z wielkich zielonkawych płyt kamiennych, pięknie wypolerowanych, z długimi napisami dotyczącymi ówczesnych królów, fundatorów tych pałaców. W wielu miejscach leżały potężne, przeważnie rozbite posągi, kilka wielkich uskrzydlonych byków i lwów, dawniej strzegących głównych portali pałaców i bram miejskich. Te uskrzydlone istoty, nazywane „karabu" (asyryjski odpowiednik hebrajskiego cherubina), mogą przywodzić na myśl obraz cherubinów strzegących drogi do drzewa życia (zob. Rdz 3,24).

Mimo odkryć dokonanych przeszło 100 lat temu przez Layarda, z pewnością pozostało jeszcze wiele pamiątek z przeszłości, które czekają na swoich odkrywców. I tak, prof. Mallowan odnalazł posąg, na którym król Asurnasirpal II opisuje zakończenie budowy pałacu i ucztę, jaką wyprawił z tej okazji urzędnikom i mieszkańcom miasta. W związku z tym wydarzeniem władca gościł przez cały tydzień więcej niż 69 tys. osób. Przypomina nam to podobne uczty, o których jest mowa w *Biblii*, np. uczta króla Belsazara, którą urządził dla 1000 swoich dostojników w wigilię upadku Babilonu (zob. Dn 5), lub uczta „króla królów", Kserksesa w Suzie, trwająca 180 dni (zob. Est 1).

Pałac króla Achaba

Wśród odkryć najnowszych czasów znajdują się liczne, piękne wyroby z kości słoniowej, najczęściej w formie pojedynczych płytek. Wiele z nich jest rozbitych. Kiedyś zdobiły ściany i meble królewskich pomieszczeń. Lecz już w starożytności pałace zniszczono i splądrowano; ze ścian wyrwano również i te ozdoby. Najeźdźcy i rabusie zabierali tylko nieuszkodzone egzemplarze, a zniszczone — zostawili na miejscu. W ten sposób do czasów nowożytnych przetrwało setki płytek. Już Layard znalazł wiele z nich, jednak nikomu wówczas nie przyszło na myśl, że mogą pochodzić z Palestyny, a nawet z pałacu Achaba.

Gdy przed kilkoma laty, podczas wykopalisk w Samarii, dokonano podobnego odkrycia, uczeni przypomnieli sobie o znalezionych przez Layarda przedmiotach, które całymi latami leżały na wystawie w British Museum. Ogromnie zdziwieni stwierdzili, że kilka z odnalezionych płytek z kości słoniowej pasuje dokładnie do tych, które wcześniej zostały odkryte w Nimrud w Iraku. Pochodzące z Samarii były resztkami „pałacu z kości słoniowej" króla Achaba (zob. 1 Krl 22,39), którego ściany wyłożono prawdopodobnie takimi płytkami. Gdy w 722 r. p.n.e. Asyryjczycy splądrowali pałac, wyrwali kość słoniową i wywieźli do Asyrii. Podobnie jak później w Nimrud, tak i w Samarii potłuczone sztuki zostawiono, więc archeolodzy mogli znaleźć je pod gruzami pałacu. Kilka płytek z kości słoniowej, które zabezpieczono w mezopotamskim Nimrud, starożytnym Kalach, pochodzi zapewne z pałaców Samarii. Zostały więc dwa razy użyte. Gdy w 100 lat po zniszczeniu Samarii splądrowano Kalach, dekoracje z kości słoniowej zostały ponownie wydarte ze ścian i mebli.

Odkrycia archeologiczne w dwóch różnych miejscach przyczyniły się więc do wyjaśnienia dotąd niezrozumiałego tekstu z *Biblii*. Dość długo komentatorzy łamali sobie głowy nad wzmianką w I Krl 22,39, że król Izraela Achab wybudował sobie pałac z kości słoniowej. Wydawało się to niemożliwe, aby tak wielką ilość kości słoniowej można było wykorzystać do budowy. Jedni mówili, że pałac Achaba był jedynie pomalowany na kolor kości słoniowej, podczas gdy drudzy sądzili, że rzeczywiście miał ozdoby z kości słoniowej. Wykopaliska w Samarii i Nimrud udowodniły, że ostatnia teoria była prawdziwa.

Wspaniałe, rzeźbione przedmioty są źródłem informacji o sztuce w czasach Achaba, który żył zaledwie 100 lat po królu Salomonie, słynnym budowniczym świątyni w Jerozolimie, jednej z najznaczniejszych budowli owych czasów. Wyroby z kości słoniowej z Samarii i Nimrud są przykładami wysokiego poziomu i subtelnego smaku palestyńskich rzemieślników w czasach pierwszych królów izraelskich i judejskich. Pozwalają nam na lepsze niż uprzednio zrozumienie opisów budowli tamtej epoki.

3

Niniwa potwierdzeniem biblijnych proroctw

Przed około 25 wiekami hebrajski prorok Nahum przepowiedział, że Niniwa stanie się „widowiskiem" (Na 3,6). W owych czasach stolica Asyryjczyków znajdowała aię na szczycie swojej potęgi i sławy. Odwiedzający dumne miasto mogli jeszcze słyszeć „trzask biczów i głos turkotu kół, i konie galopujące, i szybko jadące rydwany" (Na 3,2).

Niniwa uchodziła wtedy za centrum świata. Stąd wyznaczano namiestników, którzy zarządzali prowincjami potężnego państwa rozciągającego się od pustyń Persji i Arabii na wschodzie do zielonych wybrzeży Morza Śródziemnego na zachodzie, od granic Etiopii na południu aż po Morze Czarne na północy.

Zrekonstruowany szkic pałacu Sanheryba z okresu rozkwitu Asyrii

Przez stulecia wojsko okrutnych władców podbijało jeden naród za drugim, niszczyło miasta, na wiele krajów sprowadzało straszne cierpienia. Gdy Nahum przepowiadał, że ktokolwiek zobaczy miasto, będzie uciekał, „mówiąc: Niniwa jest zburzona" (3,7), nikt nie wierzył, że to się kiedykolwiek wypełni. Już od dawna uciskane narody tęskniły za uwolnieniem spod asyryjskiego jarzma, wyglądając wyzwoliciela, który jednak nie nadchodził.

Jednak proroctwo miało rację. Niniwa upadła. W 612 r. p.n.e. Medowie i Babilończycy zjednoczonymi siłami zniszczyli miasto. Uprzednio sami musieli przez kilka stuleci znosić ciężką rękę Asyryjczyków, teraz mścili się na pałacach, burzyli świątynie i równali z ziemią fortyfikacje. Ostatni władca Niniwy wraz z rodziną i świtą stracił życie w płomieniach swojej rezydencji. Asyryjczycy nigdy nie okazywali innym łaski, więc teraz nie mogli jej oczekiwać.

Gdy Asyria uległa wskutek okrutnego ataku, jej mieszkańcy zostali wycięci, bogactwo zniszczone, a miasto, dla którego świetności pracowano przez setki lat, zamieniono w kupę gruzów i już nigdy nie zostało odbudowane.

Około 200 lat po upadku Niniwy wzdłuż Tygrysu wracał do ojczyzny, po bitwie pod Kunaksą, grecki wódz i pisarz, Ksenofont, z 10 tys. żołnierzy. Spostrzegłszy olbrzymie stosy kamieni na miejscu, gdzie stała Niniwa, chciał się dowiedzieć, jakiego miasta są to ruiny. Już wówczas rzeczywista nazwa tego miasta poszła w zapomnienie. Mieszkający w pobliżu ludzie donieśli Ksenofontowi, że było to medyjskie miasto Mespila. Trudno uwierzyć, że już po 200 latach nazwa Niniwy przepadła bez wieści. Jeszcze kilka stuleci później inny grecki pisarz, Lukian, stwierdzał, że nikt nie wie, gdzie leżała Niniwa. Nic dziwnego, że sprawozdania *Biblii* i klasycznych pisarzy greckich, w których Niniwa występowała jako potężna stolica Asyrii, w czasach współczesnego sceptycyzmu traktowano jako nieautentyczne. Czy jest możliwe, brzmiał zarzut, żeby miasto o takiej sławie i wielkości zostało zwyczajnie starte z powierzchni ziemi, tak że nikt nie zna nawet jego położenia? Wielu historyków końca XIX i początku XX wieku powątpiewało wręcz w istnienie tej dużej asyryjskiej stolicy. Sądzili, że antyczni sprawozdawcy trochę przesadzili i miasto było w rzeczywistości małe i bez znaczenia.

Zniknięcie nazwy jednej z największych stolic starożytności było wypełnieniem biblijnej przepowiedni. Jak czytamy w *Biblii*, prorok Nahum na dziesiątki lat przed zagładą Niniwy zapowiedział na Boży rozkaz, że imię tego miasta „nie będzie już miało potomstwa" (1,14).

Niniwa i dzisiejszy Mosul

Gdy w XIX wieku przedsięwzięto w Asyrii prace wykopaliskowe, najpierw pod kierownictwem Botty, później Layarda i Rassama, nikt nie znał miejsca starożytnej Niniwy. Botta, który odkopał wielki pałac Sargona w Chorsabadzie, myślał, że odnalazł Niniwę i swój raport zatytułował *Monuments de Ninive*.

Relief, który zdobił pałac Sancheryba. Muzeum Brytyjskie

Również Layard, odsłoniwszy biblijne miasto Kalach (zob. Rdz 10,11), sądził, że chodzi o Niniwę. Dlatego sławne, kilkutomowe dzieło o swoich odkryciach nazwał *Nineveh and Its Remains*. Dopiero, gdy powiodło się odszyfrowanie pisma klinowego, uczeni stwierdzili, że Niniwa leży w pobliżu dzisiejszego miasta Mosul. Dwa wzgórza o nazwach Kujundżyk i Nabi Junis kryją starożytne pałace i świątynie.

Wzgórze Nabi Junis ma na szczycie islamską świętość — według podania, grób Jonasza. Dlatego nie można było tam prowadzić wykopalisk na większą skalę. Natomiast nieforemny Kujundżyk przyniósł wiele bezcennych znalezisk, które dzisiaj można podziwiać w British Museum, a wśród nich tysiące tabliczek z pismem klinowym, pochodzące ze starożytnej biblioteki Asurbanipala. Zniszczone pałace, świątynie i mury Niniwy oraz innych asyryjskich miast w Mezopotamii były bardzo bogatym terenem dla pierwszych archeologów. Wydobyto uskrzydlone byki wykonane z bardzo dobrego kamienia, ważące ponad 40 ton; setki dużych ortostatów czyli płyt kamiennych, ozdobionych reliefami, które służyły jako okładzina wewnętrznych ścian pałacowych i świątynnych. Znaleziono także obeliski, posągi, wytworne przedmioty z kości słoniowej i wiele innych dzieł sztuki. Zniszczone archiwa w Niniwie dostarczyły w połowie ubiegłego wieku młodym asyriologom dziesiątki tysięcy dokumentów w piśmie klinowym, które umożliwiły studiowanie bogatej literatury i zdumiewającej historii starożytnego kraju. Z tych dokumentów dowiedziano się w 1872 r., że starożytna ludność Mezopotamii znała opowiadanie o potopie praktycznie w takiej samej mniej więcej formie, jak sprawozdanie biblijne. W asyryjskich dokumentach znajdują się imiona biblijnych postaci, jak Achab i Hiskiasz. Imiona asyryjskich królów, Sancheryba i Sargona, znane ze *Starego Testamentu*, również pojawiają się w odkrytych dokumentach.

Mosul jest dzisiaj najważniejszym miastem północnego Iraku*. Dojeżdżamy do niego jednym z najwygodniejszych i najlepiej wyposażonych pociągów Bliskiego Wschodu. Miasto leży na zachodnim brzegu Tygrysu, a ruiny Niniwy — na wschodnim. Rozległe wzgórza, pozostałości wałów fortyfikacyjnych, można ciągle rozpoznać z dużej odległości. Przechadzając się po terenie ograniczonym 12 km wałami, spostrzegamy nagie wzgórze Kujundżyk oraz wieś Nabi Junis na drugim rozległym wzgórzu. Inne pozostałości starożytnej Niniwy, dawne dzielnice mieszkaniowe, są nadal pod powierzchnią gruntu.

Turyści zamierzający obejrzeć ruiny Niniwy lub innych miast asyryjskich będą bardzo rozczarowani. Oprócz dwóch bram, odkopanych i częściowo odrestaurowanych przez Departament Starożytności Iraku, i części północnego muru, leżącego między tymi bramami, niewiele jest widocznych śladów dawnej chwały i potęgi starożytnej Niniwy. Odrestaurowane bramy strzeżone są przez dwa uskrzydlone byki. Ostatnio odkopano część królewskiego pałacu. Znaleziono w nim potłuczone fragmenty kamiennych reliefów, które niegdyś zdobiły ściany. Poza tym, wszędzie przed oczami oglądających leżą tylko bezkształtne zwały ziemi, piachu i gruzu. Naturalnie ci, którzy znają historię sławnego miasta i proroctwa o nim, nie traktują swoich odwiedzin za stracone.

Na drugi dzień pobytu w północnym Iraku wszedłem na wzgórze leżące na zachód od Mosulu, z którego można objąć wzrokiem oba miasta — współczesny Mosul i starożytną Niniwę. Między nimi płynie Tygrys. Gdy Jonasz niósł mieszkańcom Niniwy Boże ostrzeżenie, z podobnego miejsca mógł obserwować, czy miasto rzeczywiście zostanie zniszczone. Jednak mieszkańcy posłuchali słów Bożych i „więcej niż 120 tysięcy ludzi, którzy nie umieją rozróżnić między tym co prawe, a tym co lewe" (Jon 4,11), odwróciło się od grzechu i pokutowało. Wówczas Niniwa została ocalona. Miasto istniało jeszcze półtora wieku. W tym czasie jego mieszkańcy znowu prowadzili nieprawe życie. I w końcu przyszedł na nich tragiczny koniec.

Wielkość Niniwy w oczach Jonasza

Z tego wzgórza mogłem porównać wielkość Mosulu i Niniwy. Mosul posiada 388 tys. mieszkańców na obszarze, który nie jest większy od starożyt-

* W obecnym czasie odradza się wyjazdu do Iraku, ponieważ w tym kraju wciąż jest bardzo niebezpiecznie. Ale pojawili się już pierwsi śmiałkowie, którzy udają się tam turystycznie. W internecie można przeczytać relacje o zwiedzaniu Babilonu czy Ur. Miejmy nadzieję, że sytuacja się unormuje i będzie można zwiedzać ten kraj, gdzie jest wiele pozostałości po starożytnych państwach takich jak Asyria czy Babilonia. A póki co zachęcamy do wizyt w muzeach Londynu, Paryża i Berlina, gdzie można oglądać cały szereg eksponatów wywiezionych z Mezopotamii.

nej Niniwy. Twierdzenie *Biblii*, że żyło tu około 120 tys. ludzi, nie należy traktować jako przesadzone, jak się niekiedy przyjmowało.

W tym aspekcie rozpatruje się dane zawarte w *Księdze Jonasza* 3,3-4, gdzie powiedziane jest: „A Niniwa była bardzo wielkim miastem, na trzy dni drogi pieszej. A Jonasz rozpoczął wędrówką do miasta, odbywając drogę jednego dnia".

Pierwszą wiadomość interpretatorzy *Biblii* rozumieli w ten sposób, że podróżnik potrzebowałby trzech dni, aby obejść miasto dookoła. To wyjaśnienie jest z gruntu błędne, ponieważ mury miasta mają tylko 12 km długości. Inni myśleli że chodzi nie tylko o właściwe miasto Niniwę, lecz także o sąsiednie Chorsabad, Nimrud i Assur, które są oddalone od Niniwy od 25 do 100 km. Także takie tłumaczenie nie może być właściwe. Po pierwsze — *Biblia* nazywa tylko jedno miasto, po drugie, wyraźnie mówi, że ma 120 tys. ludności (zob. Jon 4,11). Gdyby przez informację, że Niniwa była bardzo wielkim miastem na trzy dni drogi pieszej, rozumiano całą środkową Asyrię, to przekazana liczba ludności byłaby o wiele za mała, a informacja sama w sobie sprzeczna.

Relief z pałacu królów asyryjskich

Wyjaśnienie tekstu musi się więc zaczynać od tego, że chodzi tylko o właściwe miasto Nihiwę i to w obszarze potwierdzonym przez badania archeologiczne. Sprawozdanie o Jonaszu napisał mieszkający w Palestynie Izraelita przede wszystkim dla Palestyńczyków. On i jego czytelnicy uważali Niniwę za miasto, którego nie da się porównać z żadnym innym, znanym im w Azji Zachodniej. Samaria, stolica królestwa izraelskiego, obejmowała obszar 7,5 hektara, a żadne inne miasto Palestyny nie obejmowało większego obszaru niż 7 hektarów oprócz Jerozolimy, która posiadała prawdopodobnie 34 hektary i Hazor, które zajmowało 80 hektarów. Dla mieszkańców tego kraju Niniwa z obszarem 800 hektarów musiała się wydawać bardzo potężna. Gdy więc tekst mówi, że miasto było wielkie „na trzy dni drogi pieszej", znaczy to zapewne, iż potrzeba trzech dni, aby przejść przez wszystkie ulice i dotrzeć do wszystkich mieszkańców. Także tekst mówiący, „Począł więc Jonasz iść przez miasto jeden dzień drogi, głosząc..." może znaczyć, że dopiero po całym dniu poszukiwania znalazł miejsce w mieście, gdzie rozpoczął wołanie o pokutę. Ten tekst może także znaczyć, że Jonasz już w pierwszym dniu pobytu w Niniwie rozpoczął wędrowne kazanie w różnych miejscach miasta, w wyniku czego „obywatele Niniwy uwierzyli w Boga" (3,5).

Zwaliska wielowiekowych ruin były źródłem wzruszających przeżyć dla naukowców i całego świata

4

Wielkość Babilonu

Dla każdego, zajmującego się *Pismem Świętym* lub historią starożytną, nazwa Babilon ma magiczne brzmienie. Według biblijnych podań, Babilon został wybudowany jako jedno z pierwszych miast po potopie. Był metropolią pierwszego królestwa Nimroda (zob. Rdz 10,9-10). Wkrótce stał się najsłynniejszym miastem starożytności. Był politycznym centrum Mezopotamii, a niekiedy całego Starożytnego Wschodu, jak np. w czasach znanego ustawodawcy Hammurabiego lub twórcy imperium neobabilońskiego — Nebukadnesara i jego następców. Nawet wówczas, gdy Asyria zdobyła hegemonię, Babilonia ze swoją stolicą nie straciły znaczenia jako kulturalne centrum starożytnego świata.

Z *Biblii* wiemy, że Babilon został nazwany „perłą królestw, klejnotem i dumą Chaldejczyków" (Iz 13,19). Żadne miasto nie mogło dorównać mu wielkością i sławą. Dlatego już wkrótce po zniszczeniu Babilonu w V w. p.n.e. przez Kserksesa, został otoczony legendą. Wynika to wyraźnie z pełnych podziwu opisów pisarzy klasycznych, m. in. Herodota.

Przez lata zajmowałem się historią Babilonu i zagłębiałem się w literaturę dotyczącą jego archeologicznych wykopalisk. Gdy po raz pierwszy zbliżyłem się do obszaru, gdzie leżał Babilon, byłem nieco zawiedziony, aczkolwiek wcześniej słyszałem a także czytałem, że zwiedzanie Babilonu zawsze rozczarowuje, ponieważ nie ma tam nic takiego do oglądania, co wywierałoby wrażenie. Lecz nie chodziło mi tak bardzo o imponujące ruiny. Moja cała uwaga skoncentrowała się na „problemach", przed którymi postawił nas Babilon. Dają się one rozwiązać przez szczegółowe studium jego ruin, nie budzących powszechnego zainteresowania turystów. Pytania dotyczyły: (1) autentyczności opisu Babilonu przez Herodota, (2) wypełnienia się biblijnych przepowiedni o tym mieście, (3) położenia wieży Babel. Tego typu pytania bardzo często zadawano mi bezpośrednio lub listownie. Badania wykazały rażącą sprzeczność pomiędzy danymi przekazywanymi przez Herodota a sprawozdaniami archeologów. Ma to dla nas znaczenie, ponieważ wielu wczesnych interpretatorów *Biblii* przytaczało dane greckiego historiografa o wielko-

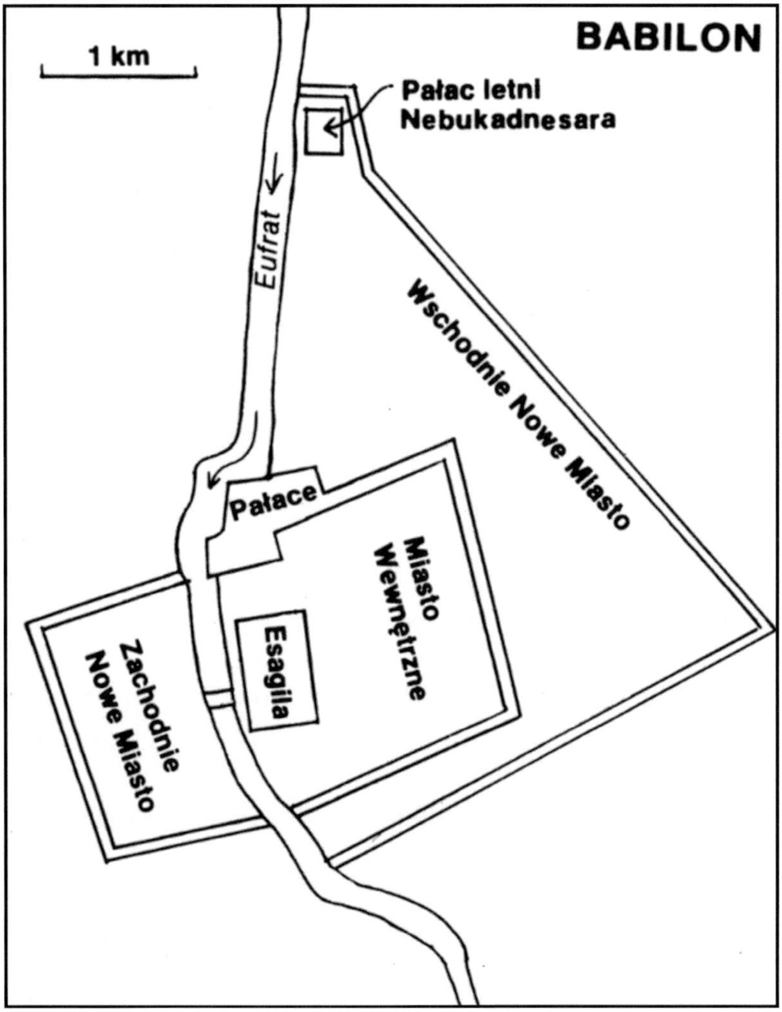

Szkic starożytnego Babilonu lub, jak podaje *Stary Testament*, Babel za panowania potężnego króla Nebukadnesara II.

ści i znaczeniu Babilonu do komentarza *Księgi Daniela*. Wielu podróżników stwierdziło również, że w pobliżu starych ruin ciągle mieszkają ludzie. Pytano więc, czy przepowiednia o tym mieście całkiem się wypełniła. Inni znowu chcieli wiedzieć, wracając z Babilonu, czy wieża Babel rzeczywiście stała w tym mieście, czy raczej w Birs Nimrud. Wśród ruin Babilonu nie można zauważyć pozostałości tej budowli, podczas gdy w Birs Nimrud ciągle stoi imponująca wieża.

Tego rodzaju pytania powtarzały się. Dlatego koniecznie osobiście chciałem obejrzeć ruiny Babilonu w dzisiejszym stanie. Podczas pobytu w Iraku skorzystałem ze sposobności szczegółowego przestudiowania topografii Babilonu. Ten i następne trzy rozdziały są wynikiem moich dociekań.

Herodot nazwany „ojcem historiografii" przekazał potomności olbrzymiej objętości materiały z zakresu historii i geografii. Zawarł w nich mnóstwo faktów, ciągle wartych przeczytania, które bez niego na zawsze uległyby zapomnieniu. Przez stulecia Herodot był właściwie jedynym źródłem wiedzy o kulturze i religii starożytnego Egiptu i Mezopotamii.

Przed odszyfrowaniem tekstów znajdowanych w Dolinie Nilu i w Babilonii, komentatorzy pragnący objaśnić pewne miejsca w *Biblii*, byli zdani głównie na klasycznych autorów, Gdy jednak źródła pisane, zachowane pod ruinami Babilonu i w innych miejscach, zostały odczytane, okazało się, że na Herodocie i innych klasycznych pisarzach nie zawsze można polegać. Ich dane potrzebowały w wielu miejscach sprostowania, chociaż często były w pełni prawdziwe.

W opisach Babilonu Herodot utrzymywał, że sam podróżował po Mezopotamii. Dlatego podawane przez niego informacje traktowano jako sprawozdania naocznego świadka. Według niego (zob. *Dzieje* 1,178-179) miasto założono na planie kwadratu. Każdy bok oszacował na 21,5 km (120 stadionów), a więc całkowita długość murów miejskich wynosiła 86 km (480 stadionów).

Tutaj znajdowały się „wiszące ogrody" Nebukadnesara, które uznane zostały za jeden z siedmiu cudów starożytnego świata. Część ruin została zrekonstruowana.

Odpowiednio, powierzchnia miasta miała mieć 460 km^2, co jest niezwykle fantastyczną liczbą. Herodot utrzymywał dalej, że mury były w przybliżeniu 25 m szerokie i 100 m wysokie. W starszych komentarzach do *Księgi Daniela* można znaleźć cytaty z Herodota, ilustrujące niezwykłą powierzchnię starożytnego Babilonu i wysokość jego murów.

Zanim odkopano Babilon, wielu historyków, a przede wszystkim francuski asyriolog, Jules Oppert, próbowało poddać w wątpliwość wyolbrzymione dane Herodota. Jules Oppert sugerował, że Herodot do opisu wielkości Babilonu musiał włączyć albo Birs Nimrud, które leży 19 km na południowy zachód, albo Tell el-Oheimir, leżące 22 km na wschód. Ta interpretacja nie może jednak satysfakcjonować. Już w dniach Opperta było wiadomo, że Birs Nimrud jest identyczne ze starożytną Borsippą, a Tell el-Oheimir ze starożytnym Kisz, czyli z dwoma sławnymi i niezależnymi miastami, które były otoczone własnymi murami. Nie udało się także znaleźć wałów fortyfikacyjnych, otaczających Babilon z Borsippą lub z Kiszem. Z tego powodu koncepcja Opperta jest nie do przyjęcia i powinna być odłożona na bok przez dzisiejszych historyków.

Co można powiedzieć teraz, już po okresie wielkich badań w Babilonie? W latach 1899-1917 pod kierownictwem Roberta Koldeweya prowadzono w tym mieście naukowe prace archeologiczne. Przy pomocy znakomitych planów, które wówczas opublikowano, można jeszcze dziś zidentyfikować i przebadać dużą część odkopanych ruin.

Wykopaliska wykazały, że przed czasami Nebukadnesara miasto było prawie kwadratowe. Mury je otaczające posiadały na każdym boku 1,5 km długości. Na dołączonym szkicu zostało ono oznaczone jako Miasto Wewnętrzne. W północno-zachodniej części znajdowały się pałace i budynki administracyjne. Na południe od nich stała główna świątynia Esagila, poświęcona najwyższemu bogu Babilonu — Mardukowi. Eufrat przepływał na zewnątrz miasta, wzdłuż zachodniego muru.

W czasach Nebukadnesara Babilon stał się stolicą imperium i musiał być odpowiednio rozszerzony W ten sposób powstała nowa dzielnica na zachodnim brzegu Eufratu, połączona ze starym miastem za pomocą mostu wybudowanego na ośmiu filarach, które zostały odsłonięte w wyniku prac wykopaliskowych. Nebukadnesar wzniósł także daleko na północ od starego miasta nowy tzw. „letni pałac". Poza tym kazał wybudować długi zewnętrzny mur (patrz szkic), który objął nowy pałac i dołączył do miasta znaczne tereny. Wzdłuż rzeki, między pałacem letnim a starym kompleksem pałacowym, nie było muru. Uważano więc Eufrat za wystarczającą ochronę przed nieprzyjacielskimi napadami z zewnątrz.

Całkowita długość wszystkich murów Babilonu (do dziś widocznych w postaci wysokich wałów ziemskich) wynosi ok. 21 km. Do liczby tej wlicza się wewnętrzne i zewnętrzne mury miasta. Całkowity obwód Babilonu, łącznie

Brama Isztar w Babilonie ozdobiona była mitycznymi zwierzętami. Reliefy wykonano z emaliowanych cegieł.

z odcinkiem osłoniętym tylko przez rzekę, pomiędzy pałacem letnim a starym kompleksem pałacowym, wynosił ok. 16 km.

Podczas wykopalisk ustalono rzeczywistą grubość poszczególnych murów. Także i w tym przypadku, jak wykazały badania, musiano skorygować opis Herodota. Miasto wewnętrzne otoczone było podwójnym murem, przy czym wewnętrzny miał 3,7 m, a zewnętrzny 6,7 m grubości. Zewnętrzny system obronny miasta składał się również z dwóch murów. Miały one odpowiednio 7,3 m i 7,9 m grubości.

O pierwotnej wysokości murów wykopaliska zapewne nie udzielą nam informacji, ponieważ dzisiaj stoją tylko ich skąpe fragmenty, nie przekraczające nigdzie wysokości 12 metrów (Brama Isztar). Jednakże jest to niemożliwe, aby mury o grubości zaledwie 8 m miały 100 m (wg Herodota) wysokości. Ani ze starożytnych, ani z nowożytnych opisów nie jest znany mur miejski, którego stosunek szerokości do wysokości wynosiłby 1:12. Przeto musimy również zrezygnować z informacji Herodota o wysokości murów.

Jaka może być przyczyna takich nieścisłości? Gdy Herodot odwiedzał miasto, leżało ono już w ruinach. Zniszczył je Kserkses, gdyż zbuntowało się przeciwko jego panowaniu. Ponieważ świątynia, pałace i wszystkie umocnienia były już zburzone w czasach Herodota, był on zdany podczas swojego pobytu na ustne relacje. W ten sposób zdobył informacje o wcześniejszym wyglądzie budowli, o wielkości miasta i wysokości murów. Ponieważ Herodot nie opanował babilońskiej mowy, był zdany na przewodnika mówiącego po grecku. W związku z tym mógł uzyskać szereg fałszywych informacji wskutek trudności w porozumieniu się. Inną przyczyną fałszywych danych mogły być błędy pamięciowe.

Nie wiemy mianowicie, kiedy Herodot opracował materiał, który został zebrany w Babilonie. Jeżeli uczynił to dość późno po powrocie do Grecji, z pewnością wiele informacji umknęło jego pamięci. Jest to jedna z możliwości wytłumaczenia, na jakiej zasadzie mógł Herodot dojść do błędnych liczb dotyczących wielkości miasta i jego murów. Mimo wszystko, opis miasta przez niego opracowany jest dosyć dokładny i trafny. Chociaż starożytny Babilon nie miał owych fantastycznych rozmiarów, które przypisał mu Herodot, imponował jednak wielkością, gdyż miasta w tych czasach były'rzeczywiście małe. Obwód Babilonu, liczący 16 km, przekraczał o 4 km obwód Niniwy, stolicy asyryjskiego państwa. Mury wokół cesarskiego Rzymu liczyły 10 km, a Ateny w czasach świetności, w V w. p.n.e., miały w obwodzie tylko 6,5 km. Porównanie z innymi miastami starożytności świadczy, że Babilon był największy i najsłynniejszy z nich, aczkolwiek rzeczywiście mniejszy niż to podają klasyczni pisarze. Możemy teraz zrozumieć, że Nebukadnesar nie bez podstaw mówił wyniośle „Czy to nie jest ów wielki Babilon, który zbudowałem na siedzibę króla dzięki potężnej swojej mocy i dla uświetnienia mojej wspaniałości?" (Dn 4,27).

5

Historia Babilonu potwierdza proroctwa

Ruiny Babilonu leżą około 100 km na południe od Bagdadu, stolicy Iraku. Bardzo dobra droga prowadzi bezpośrednio do ruin największej metropolii starożytności. Jadąc z północy spostrzegamy najpierw nieregularnie uformowane wzgórze, dziś nazywane Tell Babil, które kryje ruiny letniego pałacu Nebukadnesara. Potem droga przechodzi przez północną część murów miejskich, które dzisiaj przypominają podobne do wałów wzniesienia, i prowadzi bezpośrednio do zewnętrznego rejonu miasta Nebukadnesara.

Linia kolejowa Bagdad — Basra biegnie równolegle do drogi. Jadący pociągiem zwykle wypatrują jakiejś stacji po drodze. Przed kilkoma laty istniała rzeczywiście stacja o nazwie Babilon, którą widziałem na zdjęciach. Jednak po zakończeniu wykopalisk stację zlikwidowano. Żaden pociąg nie zatrzyma się już tutaj. Nic nie może lepiej zademonstrować upadku Babilonu, jak właśnie ten fakt.

W starożytności Babilon panował nad światem. Z obcych krajów przybywały tutaj poselstwa. Był kulturalnym i religijnym centrum potężnego państwa, pełnym pałaców, świątyń, domów kupieckich i budowli militarnych. Tysiące ludzi żyło w tym mieście. Ulice roiły się od kupców, rzemieślników, żołnierzy i urzędników. Z wielu ołtarzy nieustannie unosiła się woń kadzidła.

Dzisiaj obszar dawnego Babilonu to jasnobrązowe wzgórza gruzu, piasku i cegieł. Jedynie palmy daktylowe nieco ożywiają pustkowie.

W obliczu całkowitego zniszczenia miasta człowiekowi wierzącemu mimowolnie przychodzą na myśl stare biblijne proroctwa o upadku Babilonu i jego wiecznym opuszczeniu. Gdy zauważyłem jamy w ścianach i murach, w których, jak mnie zapewniał przewodnik, mieszkały sowy, i gdy pomiędzy ruinami pałacu pojawił się spłoszony szakal, przyszła mi nagle na myśl przepowiednia Izajasza: „Lecz dzikie zwierzęta będą tam miały swoje leże, a ich domy będą pełne sów. Mieszkać tam będą strusie i wyprawiać swoje harce kosmacze. Hieny będą wyć w jego pałacach, a szakale we wspaniałych zamkach" (Iz 13,21-22; por. Jr 51,37.58).

Wtargnięcie szakala do ufortyfikowanego miasta, a nawet do pałacu było w starożytności zdarzeniem tak rzadkim i niesłychanym, że odnotowywano je w oficjalnych dokumentach. Na jednej z tabliczek klinowych jest tego rodzaju zapis: „26 dnia 12 miesiąca 37 roku Nebukadnesara, do miasta Borsippa dostał się szakal". Oczywiste jest, że w owych czasach dziwnym wydawałby się fakt, że dzikie zwierzęta uczynią sobie mieszkanie we wspaniałych pałacach.

Oszczędźmy sobie, przy dzisiejszym stanie ruin Babilonu, szczegółowego omawiania spełnienia się proroctw o tym mieście. Jedno stwierdzenie może wystarczyć: Ta metropolia, jak to też stwierdza *Biblia*, nigdy nie została od-

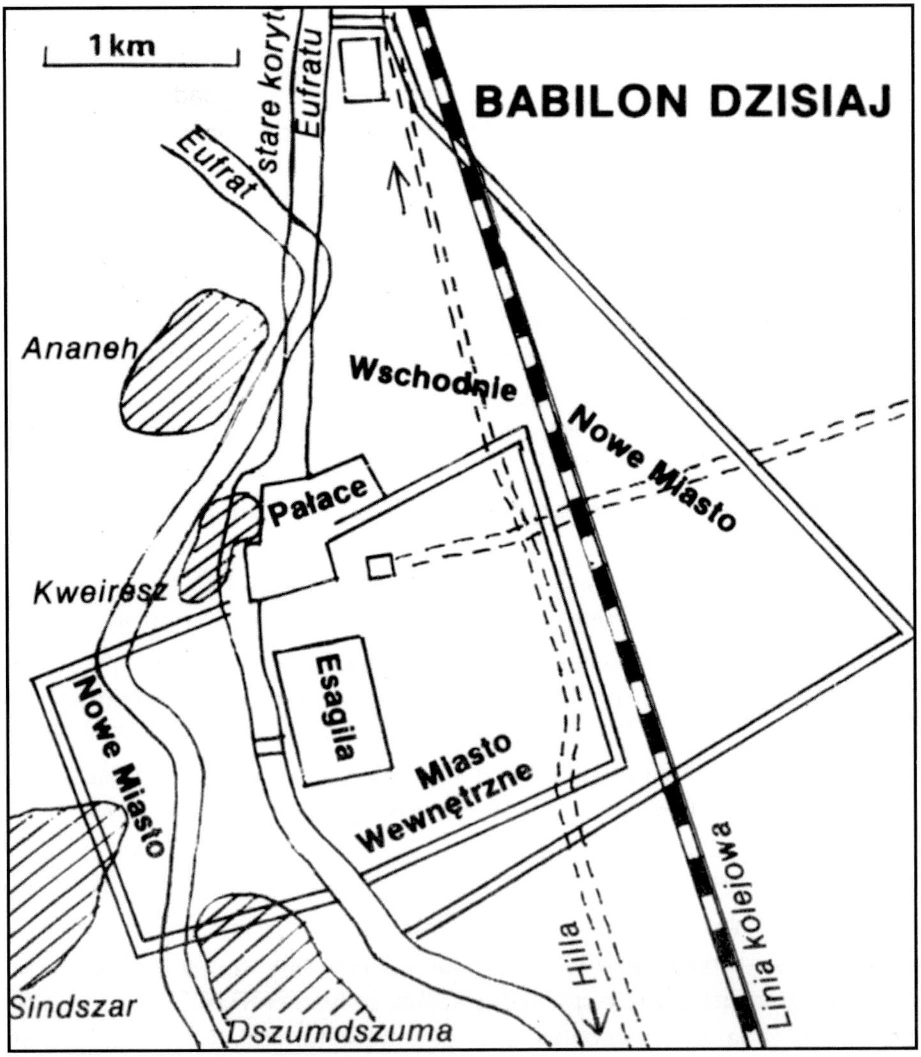

Starożytny Babilon i współczesne wioski tuż obok ruin miasta. Na mapie zaznaczono także stare i nowe koryto rzeki Eufrat.

budowana, podczas gdy inne wielkie miasta starożytności — Rzym, Ateny, Damaszek — mimo wszystkich zniszczeń podniosły się do nowego życia i nowego znaczenia.

Wielu odwiedzających ruiny Babilonu jest pod głębokim wrażeniem wypełnienia ogólnego i szczegółowego proroctw biblijnych. Równocześnie zdziwieni są, że w bezpośrednim sąsiedztwie ruin, a nawet wewnątrz granic miasta znajduje się jeszcze kilka wsi. Pytają, jak można to pogodzić z przepowiednią, że „nigdy już nie będzie zamieszkany i nie będzie w nim ludzi po wszystkie pokolenia" (Iz 13,20). Czy proroctwa wypełniły się tylko w niektórych punktach?

Problem można rozważyć w dwóch aspektach. Z jednej strony można wyjść z dosłownej interpretacji przepowiedni, z drugiej zaś — próbować wykazać jej głębszy sens. Postarajmy się sprawdzić, czy przyjęcie dosłownego wypełnienia prowadzi do celu.

Relacja w Iz 13 została napisana ok. 700 r. p.n.e., gdy Babilon miał ok. 2,5 km^2 i składał się tylko z jednej części, która na dołączonym szkicu nazwana jest Miastem Wewnętrznym. Leżało ono na wschodnim brzegu Eufratu i ze wszystkich stron otoczone było murami. Pałace i budynki administracyjne znajdowały się w północno-zachodniej części miasta. Esagila, duży kompleks świątynny poświęcony Mardukowi, rozpościerał się wzdłuż rzeki. To było całe miasto. Nowe części za zachód od Eufratu i na wschód od starego miasta, otoczone murami przez Nebukadnesara, nie wchodziły przed panowaniem tego władcy w obręb miasta.

Przy studiowaniu topografii starożytnego Babilonu stwierdzono, że Eufrat, który kiedyś płynął prawie dokładnie z północy na południe, zmienił koryto i teraz płynie trochę dalej na zachód. Na szkicu zaznaczono stare i nowe koryto rzeki. W obrębie i w pobliżu ruin leżą cztery wsie. Jedna z nich, Ananeh, znajduje się zupełnie poza starym miastem. To samo dotyczy Kweiresz, które w przeważającej części leży w starym korycie Eufratu. W związku z tym, że ta mała wieś przylega do imponujących zwalisk gruzów starego Babilonu (a mianowicie dawnego rejonu pałacowego), a Eufrat przepływa na zachód od niej, zwiedzający mogą wysnuwać wniosek, że wieś znajduje się na terenie starego miasta. Tak jednak nie jest, o czym sam się przekonałem. Dwie następne wsie, Sindszar i Dszumdszuma, zachodzą trochę na zachodnią część Babilonu z czasów Nebukadnesara. Jednak ta dzielnica nie istniała jeszcze w czasach Izajasza.

Jedyny człowiek, który mieszka w obrębie Miasta Wewnętrznego, jest strażnikiem ruin i małego muzeum. Jest pracownikiem urzędu ochrony zabytków. Jego dom stoi obok muzeum, w pobliżu wejścia do rejonu pałaców. W czasie mojego pobytu już nikt więcej nie mieszkał na obszarze, który w czasach Izajasza zajmował Babilon. Można zatem z całą pewnością powiedzieć, że przepowiednia wypełniła się dosłownie, jeśli chodzi o miasto, które wtedy istniało. Jeżeli chcemy Iz 13 rozumieć literalnie, musimy więc rozróżnić Babilon przed i po czasach Nebukadnesara.

Inni komentatorzy proroctwa Izajasza nie zwracają uwagi na szczegóły poetyckiej wypowiedzi, a troszczą się bardziej o zrozumienie przede wszystkim jej kwintesencji. Sens przepowiedni, nie gwałcąc jej dosłownego brzmienia, da się następująco naszkicować:

„Babilon, perła królestw, chluba i duma Chaldejczyków, stanie się jak Sodoma i Gomora. Nigdy nie będzie zamieszkany, Arab z pustyni nie będzie tam przebywał, owce nie zatrzymają się tam. W ruinach pałaców będą mieszkać pustynne zwierzęta".

Podsumowując główną myśl proroctwa, musimy przyznać, oglądając ruiny, że ta śmiała wypowiedź spełniła się wręcz we wstrząsający sposób. Gdy Izajasz pisał te słowa, Babilon nie tylko był daleki od upadku, lecz był jeszcze przed okresem najwspanialszego rozkwitu. Sto lat po Izajaszu Nabopolasar i Nebukadnesar uczynili Babilon stolicą imperium, wybudowali pałace, upiększyli świątynie i rozszerzyli znacznie jego granice. W tamtych dniach niejeden wnikliwy czytelnik *Księgi Izajasza* mógł zadać pytanie, czy możliwe jest, by kiedykolwiek przepowiednia o Babilonie urzeczywistniła się.

Po ok. 160 latach, Cyrus, zapowiadany w 44 i 45 rozdziale *Księgi Izajasza* jako pasterz i pomazaniec Boży, położył kres potędze Babilonu. Lecz miasto miało być nadal jedną ze stolic nowo powstałego państwa perskiego. Czyżby tylko jedno proroctwo Izajasza miało się wypełnić, a inne nie? Żadnym sposobem! Słowa sług Bożych są prawdziwe nawet wtedy, gdy na ich urzeczywistnienie trzeba długo czekać. Pokolenia mogą przychodzić i odchodzić, i pytać się, kiedy zdarzy się to, o czym mówiło Słowo Boże. Często dopiero po długim czasie widzimy, że przepowiednie dane przez Boga „wszystkie się wam wypełniły, a nie zawiodło z nich żadne słowo" (Joz 23,14).

Po zdobyciu Babilonu przez Cyrusa w 539 r. przed Chr., miasto cieszyło się jeszcze 60 lat swoją świetnością i sławą. W 482 r. w Babilonie doszło do krótkotrwałego buntu; mieszkańcy powstali przeciw swoim perskim panom. Kserkses rządzący już czwarty rok w Persji, okrutnie stłumił rewoltę. Aby z góry zapobiec przyszłym dążeniom Babilończyków do niezależności, kazał zburzyć pałace i świątynie, wysoką wieżę świątynną i rozległe umocnienia. W jakim stopniu dzielnice mieszkaniowe zostały oszczędzone przed gniewem Kserksesa, nie wiemy. W każdym razie proroctwo zaczęło się wypełniać później niż w 200 lat po jego napisaniu. Zniszczenie miasta nie odpowiadało we wszystkich szczegółach przepowiedni, ponieważ w Babilonie ciągle mieszkali ludzie.

Podczas następnych 150 lat nic się nie zmieniło. Gdy Aleksander Wielki w czasie wyprawy wojennej przybył na to miejsce, planował podniesienie Babilonu do rangi stolicy swojego imperium, które rozciągało się od Grecji do Indii. Na tę decyzję wpłynęły dwa fakty: sławna stara nazwa miasta oraz jego położenie w geograficznym centrum nowych podbojów macedońskiego króla. Jednak przedwczesna śmierć Aleksandra Wielkiego przeszkodziła w ponownym rozkwicie potęgi Babilonu.

Następcy Aleksandra porzucili jego plan i wybrali miejsce nad Tygrysem na założenie nowej stolicy. Seleucja, rezydencja Seleucydów, leżała w przybliżeniu 80 km na północ od Babilonu. Od momentu jej założenia liczba mieszkańców Babilonu szybko spadała, lecz dopiero w chrześcijańskich czasach miasto zostało zupełnie opuszczone. Przez stulecia służyło jako kamieniołom — pozyskiwano tam cegły do nowych budowli. W ten sposób z babilońskich cegieł wzniesiono dużą zaporę wodną na Eufracie w Hindija oraz wiele miast i wsi w okolicy. Aż do czasów nowożytnych trwała rozbiórka starożytnych budowli. Dopiero XIX wiek położył temu kres.

Na urzeczywistnienie przepowiedni starotestamentowego proroka trzeba było czekać stulecia. Przemijała jedna generacja za drugą, nie mogąc stwier-

Współczesne ruiny pałacu Nebukadnesara w Babilonie. Pałac znajdował się niedaleko Bramy Isztar na lewym brzegu rzeki Eufrat.

dzić wyraźnych znaków wypełnienia. Lecz Bóg, Pan historii, nie zapomniał tego, co obwieścił. Babilon, wówczas „perła królestw", jest dzisiaj rozległym rumowiskiem, „chluba i duma Chaldejczyków" — opuszczonym miejscem.

Świadectwo archeologów

Zgodność moich spostrzeżeń poczynionych w Babilonie ze zdaniem innych archeologów ukazują następujące wypowiedzi dwóch współpracowników prof. Koldewey'a, badacza Babilonu — Waltera Andrae i Eckharda Ungera. Walter Andrae tak opisał wizytę kardynała Altmayer'a w Babilonie podczas prac wykopaliskowych: „Z wielką godnością przebiegała wizyta... kościelnego dostojnika pochodzącego z Busendorfu w Lotaryngii, mającego swój arcybiskupi pałac w Mosulu. Sam ubawiony objaśnił nam, że przybył tu w rzeczywistości jako arcybiskup Babilonu, aby poznać swą najstarszą siedzibę, gdzie od tysiąca lat nie było żadnego katolika i w ogóle żadnego mieszkańca. Ponieważ dzisiejsze arabskie wsie leżą w starym korycie Eufratu, obszar starożytnego miasta jest niezamieszkały" (Walter Andrae, *Babylon die versunkene Weltstadt und ihr Ausgraber Robert Koldewey*, Berlin 1952, s. 231).

Asyriolog Eckhard Unger, który przez kilka lat opracowywał materiały z Babilonu, tak zaczyna swoją rozprawę o tym „świętym mieście":

„Dawny obszar Babilonu jest w obecnych czasach niezamieszkały z wyjątkiem niewielkiej części na południowym zachodzie, gdzie leży mała wieś Sindszar, podczas gdy dwie dalsze wsie — Kweiresz na północy i Dszumdszuma na południu leżą tuż przy skraju miasta" (Eckhard Unger, *Babylon, die heilige Stadt, nach der Beschreibung der Babylonier*, Berlin 1931, s. 1).

Nie jest prawdą, że Arabowie czują zabobonny strach przed pobytem w ruinach Babilonu. Mimo to wolą budować domy na zewnątrz obszaru pokrytego ruinami. Sam Babilon był przez wieki siedliskiem zwierząt pustynnych i dzisiaj jeszcze jest schronieniem dla szakali, hien i sów. Nic nie pozostało z jego poprzedniej potęgi i sławy, oprócz dumnie brzmiącej nazwy na drogowskazie na skrzyżowaniu dróg prowadzących do muzeum i ruin pałaców.

„I nawiedzę Bela w Babilonie, i wyciągnę z jego paszczy,
co pochłonął. I już nie będą tłumnie płynąć do niego narody.
Padł także mur Babilonu. Wyjdź z jego pośrodka, mój ludu,
i niech każdy ratuje swoje życie przed żarem gniewu Pana!"
(*Księga Jeremiasza* 51,44-45).

6

Gdzie stała wieża Babel?

„Gdzie stała wieża Babel?" — to pytanie stawiano mi często w kraju i za granicą, szczególnie podczas ostatniej podróży do krajów biblijnych. W czym tkwi problem? Czy odpowiedź nie tkwi w samej nazwie Babilon? Po co w ogóle stawia się to pytanie?

Składa się na to wiele przyczyn: każdego odwiedzającego Babilon dziwi zupełne opuszczenie okolicy. Turyści szukający widocznych śladów po „wieży Babel" czują się zawiedzeni. W Ur, Aqar Quf (w pobliżu Bagdadu), Nippur, Erech, Kalach, Assur i w innych miejscach istnieją pozostawiające głębokie wrażenie ruiny wież świątynnych, z którymi w ogóle nie można porównywać ruin Babilonu. Kto zasięga u Arabów informacji, gdzie stoi wieża świątynna, jest prowadzony na miejsce o nazwie Sachn. Jest to duże zagłębienie w ziemi z wielką ilością wody, pośrodku której wznosi się niski pagórek. Oczywiście trudno dopatrzyć się w tym bezkształtnym wzgórku resztek wielkiej wieży świątynnej.

Prawdziwie imponujące ruiny wieży świątynnej znajdują się również w Birs Nimrud, 19 km na południe od Babilonu. Na wysokim gruzowisku, wznoszącym się 47,5 m ponad okoliczny teren, stoi nieregularna struktura ceglana. Wieża jest najwyższą budowlą Iraku, pochodzącą ze starożytności. Wspomniana struktura uformowana jest ze zbitych cegieł wypalonych razem w intensywnym ogniu. Mimo zniszczenia wieża wywołuje silne wrażenie i przypomina turystom historię budowy wieży Babel z Rdz 11.

Tę biblijną historię zna każdy chrześcijanin od dzieciństwa. Według niej, po potopie ludzie mieli wywędrować z góry Ararat na wschód. Podczas wędrówki znaleźli równinę Synear i zadecydowali: „Chodźcie, zbudujemy sobie miasto i wieżę, której wierzchołek będzie sięgał nieba" (Rdz 11,4). W czasie budowy używano cegieł zamiast kamienia i smoły (asfaltu) zamiast zaprawy. Postępowanie ludzi wynikało z ich chęci do samodecydowania, a poza tym chcieli stworzyć dla siebie bezpieczne miejsce w razie nowego potopu i zniszczenia ziemi. Lecz *Biblia* widzi w tym bunt wobec żywego Boga i informuje, że Pan zstąpił i pomieszał języki ludzi, którzy dotychczas posługiwali się tą samą mową.

Miasto, w którym miała być wzniesiona budowla, nosiło nazwę Babel (zob. Rdz 11,9), która to nazwa objaśniona jest w *Biblii* jako „pomieszanie". Słowo to można wywodzić z babilońskiego słowa „babalu" (rozpraszać, zanikać). Późniejsi Babilończycy nie uznawali naturalnie takiej etymologii i dlatego wskazywali na inne wyjaśnienie. Podzielili nazwę na dwa człony: „bab" (brama, wrota) i „ilu" (bóg), co daje znaczenie — boskie wrota.

Czy wieża stała w Babilonie?

Informacja w Rdz 11 nie ogranicza lokalizacji wieży Babel do samego miasta. Mogła ona być wzniesiona także w jego sąsiedztwie. Z bardzo dużym prawdopodobieństwem należy stwierdzić, że intencją było wybudowanie miasta wokół wieży.

Późniejsi mieszkańcy Międzyrzecza wznosili w wielu miastach wysokie wieże świątynne tzw. zikkuraty. Niektóre miasta posiadały nawet więcej niż jeden zikkurat. W czasach królów Judy i Izraela krajobraz Asyrii i Babilonu pokryty był takimi wieżami, które przeciętnie liczyły 60 m wysokości.

Przypuszczenie, że wieża Babel nie stała wewnątrz granic Babilonu lecz w miejscu oddalonym o 19 km, dzisiaj nazywanym Birs Nimrud, sięga pierwszych stuleci chrześcijańskiej ery. Ponieważ w Babilonie nie pozostało żadnych większych ruin, Żydzi żyjący w Mezopotamii nie mogli uwierzyć, że miasto posiadało wieżę świątynną (chociaż Herodot opisał ją ze szczegółami). A 19 km na południe znajdowała się potężna budowla. No i przyszło im na myśl, że są to ruiny słynnej wieży. Ludowe podanie głosiło jeszcze, że ojcem projektu był Nimrod (mówi o tym Józef Flawiusz). Wobec tego nazwano to miejsce Birs Nimrud (Birs to zniekształcone Borsippa, starożytna nazwa miasta, w którym stała wieża). Ta wersja pochodząca od irackich Żydów spotkała się później z aprobatą u chrześcijan i ciągle jest broniona w religijnych czasopismach. Należy podkreślić, że nie jest to nawet najmniejszym dowodem istnienia starożytnej wieży Babel w Birs Nimrud. Naturalnie, w wyniku zwykłego zbiegu okoliczności tamtejsza budowla zachowała się lepiej niż inne.

Badania wykazały, że wieża w Birs Nimrud jest wzmiankowana w dokumentach klinowych dopiero od XI w. p.n.e. pod nazwą Ezida, i była poświęcona bogu o imieniu Nabu. Chociaż w następnych wiekach kilkakrotnie przeprowadzano jej restaurację, to i tak Nebukadnesar zastał ją w ruinach. Był ostatnim władcą, który odnowił wieżę. Jeden z napisów, dotyczący tej sprawy, został już przed wieloma laty odnaleziony, a teraz znajduje się w British Museum.

Ruiny budowli nie są jeszcze w pełni przebadane. Z tej przyczyny rekonstrukcję, którą przeprowadził Rawlison, można uznać za próbę. Według niego, wieża w pierwotnym stanie posiadała trochę mniej niż 55 m, składała się z 7 kondygnacji, z których najwyższa była świątynią. Data zniszczenia budowli nie jest znana. Dlaczego i w jaki sposób cegły na szczycie wzgórza zostały wypalone i złączone w jedną zbitą masę, również nie wiemy.

Było wiele prób wytłumaczenia i wiele teorii powstania tej osobliwości. Kilku uczonych sądziło, że wspólne wypalenie cegieł było ponoć wynikiem wzmożonych wyładowań atmosferycznych. Jednak w tym miejscu burze zdarzają się bardzo rzadko. Konieczne byłyby naprawdę niezwykle silne i częste uderzenia piorunów, które tak zespoliłyby setki tysięcy cegieł, że dziś wyglądają jak wielki odłam skały. Inni reprezentują pogląd, że zewnętrzna warstwa wieży świątynnej została wypalona w szczególny sposób już po zakończeniu budowli. Jednak trudne jest wyjaśnienie, jak można było tego dokonać w tak późnym stadium budowy.

Ze wszystkich prób interpretacji następująca wydaje się być najbardziej wiarygodna: część jądra wieży składała się, jak w wielu innych budowlach Babilonii, prawdopodobnie z niewypalonych cegieł. Możliwe, że gdy wieża uległa już zniszczeniu, wyrywano te cegły i wypalano w piecu wzniesionym bezpośrednio na szczycie wzgórza. Zbita ceglana masa byłaby więc pozostałością po tym piecu. Na niektórych cegłach z tego „pieca" możliwe są do rozpoznania dotąd czytelne odciski stempli, które wymieniają jedynie Nebukadnesara jako inwestora. Ten fakt jasno dowodzi, że obecne ruiny nie pochodzą z zamierzchłej przeszłości opisanej w Rdz 11, lecz z VI w. p.n.e.

Wieża stała w Babilonie

Po tej krótkiej dygresji na temat ruin wieży świątynnej w Birs Nimrud, czyli w dawnej Borsippie, wróćmy do budowli bardzo szczegółowo opisanej przez Herodota, chociaż podczas swego pobytu w Babilonie widział tylko jej ruiny. Wiele babilońskich napisów odkopanych w ostatnich stu latach mówi o tej wieży, najsłynniejszej spośród wszystkich tego rodzaju budowli w krajach Eufratu i Tygrysu. Dokumenty donoszą nam o historii i dokładnych wymiarach wieży z czasów neobabilońskiego imperium. Teksty klinowe wzmiankują o niej już ok. 2000 r. p.n.e. Wówczas na tych ziemiach rządzili królowie z miast Isin i Larsa. W następnych stuleciach wieża była często odnawiana, aż w 689 r. p.n.e. została zupełnie zburzona przez Sancheryba, króla Asyrii. Wprawdzie dziesięć lat później Assarhadon, syn Sancheryba, zaczął ją ponownie odbudowywać, jednak w czasie wojny asyryjsko-babilońskiej w latach 652-648 p.n.e. uległa ponownemu, częściowemu zniszczeniu.

Nabapolassar i jego syn, Nebukadnesar, ponownie doprowadzili wieżę świątynną do normalnego stanu. Dokładną wielkość wieży z tamtych czasów znamy z dokumentów. Składała się z 7 kondygnacji, na szczycie znajdowała się oczywiście, świątynia boga Marduka. Całkowita wysokość wynosiła 90 m. Także podstawa miała 90x50 m.

Ta monumentalna budowla, najpotężniejsze dzieło ludzkie w starożytnej Mezopotamii, stała w pełnej gali i dumie jeszcze 120 lat, aż perski król Kserkses zniszczył ją zupełnie wraz z pałacami, świątyniami i murami. Była to zemsta za dwa zacięte powstania Babilończyków przeciw jego panowaniu. Właśnie to zburzone miasto widział Herodot podczas pobytu w połowie V w. p.n.e.

Aleksander i wieża Babel

Już półtora wieku leżał Babilon w ruinach, gdy Aleksander Wielki podjął decyzję stworzenia tu stolicy potężnego imperium. Wieżę świątynną chciał odnowić. Jednak inżynierowie przekonali go, że naprawa jest bez sensu i raczej należałoby wznieść całkiem nową wieżę. Wobec tego Aleksander kazał uprzątnąć miejsce, a ceglany gruz przetransportować półtora kilometra dalej. Wysokie wzgórze, nazywane dzisiaj wzgórzem Homera, kryje wielką ilość potłuczonych cegieł i kamieni, które były właściwymi resztkami babilońskiej wieży świątynnej. Napisy klinowe na tabliczkach z tych czasów często informują o wypłacaniu pieniędzy za usunięcie ruin. Gdy plac po wieży został oczyszczony, a prawie wszystkie pozostałości usunięte, Aleksander umarł. Z nim poszły do grobu także jego plany.

W rezultacie działalności Aleksandra archeolodzy odkopali jedynie podmurowania, część schodów oraz część rdzenia jako pozostałości po słynnej wieży. Pomiary fundamentów wykazały, że dane dotyczące wymiarów, pochodzące z tabliczek klinowych, są właściwe. Także opis Herodota zgadza się w przybliżeniu. Wykopaliska udowodniły, że Babilon rzeczywiście posiadał potężną wieżę, chociaż pozostałości nie świadczą o jej potędze.

Chociaż poprawność tego wniosku nie może być sprawdzona, to jednak jest bardziej prawdopodobne, że Wieża Babel znajdowała się w miejscu, gdzie później stanął słynny babiloński zikkurat, niż w miejscu mniejszej wieży świątynnej w Borsippie, współczesnym Birs Nimrud.

7

Czy odnaleziono babilońskie piece ogniste?

Każdemu chrześcijaninowi dobrze znane są opowiadania o trzech młodzieńcach w piecu ognistym; o uczcie Belsazara, w czasie której na ścianie pojawił się tajemniczy napis, oraz o Danielu w lwiej jamie. Nie ma potrzeby ponownego ich przytaczania.

Obecnie często zadawane są pytania, czy prace wykopaliskowe dostarczyły dokładniejszych wskazówek na temat tych wydarzeń lub czy wzmiankowane w *Biblii* miejscowości związane z tymi faktami zostały odkryte.

Archeologia przyniosła pewne wyjaśnienia dotyczące poszczególnych opowiadań. Odkopano fundamenty i kamienną posadzkę najprawdopodobniej z sali biesiad Belsazara. Natomiast nie znaleziono jeszcze pieca ognistego, jak również lwiej jamy, z której został ocalony Daniel. Różnie brzmiące doniesienia, które od czasu do czasu są publikowane, nie sprawdzają się. Raz doniesiono, że pewien archeolog prowadząc poszukiwania po wszystkich zakamarkach w piaskach Babilonu, wpadł do jamy, którą po dokładnych badaniach udało się zidentyfikować jako podwórzec, na którym ponoć trzymano dzikie zwierzęta. Odnaleziono nawet napis: „Miejsce straceń. Tu zginęli ludzie, którzy rozgniewali króla, rozszarpani przez dzikie zwierzęta". Ta historia, która była latami przedrukowywana, jest wytworem fantazji. Jej źródło trudno ustalić.

Również niewiadomego pochodzenia jest historia odkrycia pieca ognistego w starożytnym Babilonie. Archeolodzy mieli podobno znaleźć stożkowatą budowlę, która okazała się ceglanym piecem garncarskim. Tam był — i to jest zupełnie bezsensowne — czytelny napis klinowy: „Na tym ognistym miejscu zginęli w płomieniach ludzie, ponieważ bluźnili bogom Chaldei".

Pochodzenie fałszywych informacji

Dość długo nękały mnie pytania dotyczące pochodzenia tych i podobnych historyjek. Wertując oryginalne materiały z prac wykopaliskowych w Babilonie, nigdy nie natrafiłem na dane poświadczające te rzekome odkrycia. Informacje te mogły być po prostu wyssane z palca. Wniosek ten można wyciągnąć z faktu, że pojawiły się nagle w krajach znacznie od siebie oddalonych.

Osobistością, której nigdy bym nie obarczył odpowiedzialnością za kilka tych „sensacyjnych meldunków", był sam kierownik wykopalisk w Babilonie — prof. Robert Koldewey. Walter Andrae opublikował na początku lat pięćdziesiątych biografię swego nauczyciela i przyjaciela, który przez 18 lat (1899—1917) prowadził prace badawcze w Babilonie; tylko dwa razy w tym czasie pozwolił sobie na krótkie wakacje. On i jego współpracownicy osiągnęli wspaniałe wyniki w tej trudnej pracy, rozwinęli także metody badań, które stały się wzorcami dla wszystkich następnych generacji archeologów. Późniejsi badacze z szacunkiem uznali jego pierwszeństwo.

Koldewey był wprawdzie autentycznym archeologiem i dobrym organizatorem, lecz równocześnie lubił sobie pożartować kosztem innych ludzi. Do tego nadarzyła się wspaniała okazja, gdy Babilon zaczęli odwiedzać turyści dobrze znający *Biblię*. Andrae żywo opisuje przypadek, gdy członkowie pewnego ugrupowania chrześcijańskiego chcieli zobaczyć wszystko, co uważali za interesujące dla nich: „Wieczorami siadali nad brzegiem Eufratu i śpiewali pobożne pieśni, które miały bardzo wesołą melodię. W pokoju gościnnym odprawiali godziny modłów, na które nas zapraszali. Poza tym pili whisky. Koldewey oprowadzał ich po ruinach, dla żartu pokazywał im ceglano-żużlowe sterty jako miejsca 'pieców ognistych', głęboki wykop jako lwią jamę Daniela i salę tronową, gdzie na ścianie pojawił się ostrzegawczy napis 'Mene tekel peres'. Nieoczekiwanie spostrzegli przed sobą jeden z milionów ceglanych odłamków ze stemplem Nebukadnesara (Belsazara nie było żadnych). Wierni rzucili się na niego przeświadczeni, że odnaleźli kawałek ściany z cudownym napisem. Koldewey poważnie zajął się tym przedmiotem i stanowczo odmówił jego zwrotu — tak niezwykłego i wartościowego znaleziska nie mógł w żadnym wypadku oddać. Musieli się więc zadowolić samą radością odkrycia. Gdy mu potem robiliśmy zarzuty, że otumania biednych ludzi, odpowiedział poważnie: „Dlaczego? Kto wierzy, jest szczęśliwy. Czy miałem im odebrać radość i rozczarować ich? To pozostanie dla nich aż do końca wielkim przeżyciem" (Walter Andrae, *Babylon — Die versunkene Weltstadt und ihr Ausgraber Robert Koldewey*, Berlin 1952, s. 224).

Gdy przeczytałem tę notatkę o żarcie Koldeweya, stało się dla mnie jasne, że to on musiał być odpowiedzialny za niektóre błędne informacje o babilońskich odkryciach. Przykry jest tylko fakt, że kilku autorów obdarzyło zaufaniem fantastyczne opowiadania podróżnych wracających z Babilonu, zamiast przestudiować autentyczne raporty z wykopalisk. Z całym naciskiem należy stwierdzić, że piec, do którego Nebukadnesar kazał wrzucić trzech towarzyszy Daniela, a także lwia jama, do której został wrzucony Daniel i wyszedł z niej bez szwanku, dotąd nie zostały odnalezione.

Piec ognisty

Podanie głoszone przez dzisiejszych mieszkańców Iraku mówi, że piec ognisty stał ponoć w Kirkuku, centrum współczesnych pól naftowych. Połączenie biblijnej historii wytrwałych trzech młodzieńców akurat z tą miejscowością na dalekiej północy kraju wiąże się z występującymi tam na niejednym miejscu szczelinami w ziemi, w których wydzielają się płonące gazy. Oprócz tego znajduje się tam duża ilość paliw naturalnych, jak olej czy asfalt.

W rzeczywistości tę historię należy przenieść w okolice Babilonu, ponieważ król kazał złoty posąg „ustawić na równinie Dura w prowincji babilońskiej" (Dn 3,1). Nazwa tej równiny zachowała się w nazwie dopływu Eufratu, Nahr Dura, który wpada do głównej rzeki około 8 kilometrów poniżej Hilla. Także kilka okolicznych wzgórz zachowało nazwę Dura.

W okolicy Babilonu jeszcze dzisiaj działają liczne piece wypalające cegły. W czasie ostatniego mojego pobytu całe niebo było czarne od dymu, który się z nich unosił. Przyjaciel, z którym podróżowałem, podprowadził mnie raz do takiego pieca. Przy tej okazji mogłem dokładnie przypatrzeć się jego konstrukcji i rodzajowi opału. Przy wewnętrznych ścianach ceglanej stożkowatej budowli leżały ułożone w stosy gotowe do wypału surowe cegły. W jednej ze ścian był otwór. Obserwowałem robotnika wlewającego do wnętrza mieszaninę surowego oleju i sieczki. Bez przerwy, gołymi rękami, podsycał płonący ogień. Gdy od czasu do czasu robił przerwę na przetarcie potu z czoła, można było zajrzeć do obszernego wnętrza pieca. Silny ogień rozżarzał cegły do białości, a gdzieniegdzie ściekały nawet strumienie przetopionej gliny.

Mimo woli przyszło mi na myśl, że Nebukadnesar mógł posłużyć się takim piecem do wypalania, aby ukarać trzech lojalnych Hebrajczyków. Sposób, w jaki dzisiaj rozpala się ogień w Iraku, wytłumaczył mi, jak można było wówczas „rozpalić piec siedem razy bardziej, niż go zwykle rozpalano"; a mianowicie należało dodać trochę więcej surowego oleju czerpanego od prastarych czasów w wielkiej obfitości ze źródeł w Mezopotamii. Pozostałości starożytnych ceglanych pieców, znalezione podczas wykopalisk w Babilonie, umożliwiły poznanie ich konstrukcji, która do dzisiaj mało się zmieniła. Jednak twierdzenie, że odkryto jakiś piec z inskrypcjami informującymi, że jest to miejsce straceń, jest bezpodstawne. Egzekucja przez spalenie żywcem nie występuje bynajmniej rzadko. Jeremiasz słyszał zapewne o niej, przepowiedział bowiem, że Nebukadnesar, król Babilonu, „usmażył w ogniu" fałszywych proroków, Sedekiasza i Achaba (Jr 29,21-22). Co najmniej jeden tekst klinowy mówi o wykonaniu kary śmierci przez wrzucenie zbrodniarza do rozpalonego pieca. Znamienne jest to, że w tekście klinowym występuje słowo „utunum" (piec), znajdujące się także w trzecim rozdziale *Księgi Daniela* — „attuna".

O historii z Dn 3 można zatem powiedzieć, że współczesne piece do wypalania cegieł w Mezopotamii ułatwiają wyobrażenie pieca użytego przez Nebukadnesara do ukarania trzech przyjaciół Daniela. Dokumenty udowadniają, że w starożytności istniał taki sposób wykonywania wyroków. Lecz twierdzenie, że wzmiankowany w Dn 3 piec został odnaleziony, jest nieprawdą.

„Wiszące ogrody i sala biesiad Belsazara"

Każdy turysta będąc w Babilonie musi zwiedzić ruiny królewskich pałaców. Miejscowy przewodnik z pewnością wskaże mu grube fundamenty konstrukcji zwanej jako „Wiszące ogrody". Kazał je wznieść Nebukadnesar dla swej medyjskiej małżonki. Na dachu budowli rosły drzewa i krzewy, które w płaskiej Mezopotamii miały pocieszać królową po stracie zalesionych wzgórz w jej ojczystej Medii.

W przyległym budynku można zauważyć posadzki kilku przestronnych sal. Wszystko wskazuje na to, że w jednej z tych sal zwykle ucztowano w czasach neobabilońskiego imperium. Z tego powodu może być ona identyczna z pomieszczeniem, w której Belsazar wyprawił swoją wielką ucztę (zob. Dn 5).

Oczywiście nie jest to udowodnione. Jednak żadna z sal tego pałacu nie była tej wielkości, aby przyjąć tysiąc gości (zob. Dn 5,1). Nie uczynimy więc dużego wykroczenia, gdy miejsce uczty Baltazara (zeuropeizowane imię Belsazara) uznamy za zidentyfikowane.

Zbyteczne jest nadmienianie, że napis, który pojawił się na ścianie sali w ostatnią noc Belsazara, nie został odnaleziony. Poza tym nie wiemy, czy w ogóle był on materialnego rodzaju, czy został namalowany pędzlem, czy też posiadał postać wykutej w kamieniu inskrypcji. Pytanie o rodzaj pisma, czy miał to być hebrajski używany przed niewolą babilońską, aramejskie pismo kwadratowe czy też pismo klinowe, jest również bezcelowe; na to nie ma żadnej odpowiedzi.

Lwia jama Daniela

Jak wiadomo, nie odnaleziono pieczary, do której król Dariusz kazał wrzucić Daniela, swojego ministra, z powodu jego niezłomnej wiary w prawdziwego Boga (zob. Dn 6). Natomiast archeolodzy dowiedli, że królowie Międzyrzecza trzymali w specjalnych lochach dzikie zwierzęta. Podczas wykopalisk w asyryjskich pałacach odkryto liczne reliefy ze scenami myśliwskimi i lwami w klatkach. Polowanie na lwy (w Syrii i płn. Mezopotamii lwy występowały w dużej ilości) było ulubionym zajęciem starożytnych królów. Inskrypcje mówią, że wziętych do niewoli obcych władców zamykano niekiedy w klatkach dla dzikich zwierząt i wystawiano na widok publiczny, aby ich poniżyć, a równocześnie pokazać siłę zwycięskiego ludu. Raczej pewne jest, że przestępcy byli tu i tam rzucani na pożarcie dzikim zwierzętom, chociaż dotychczas nie udało się znaleźć pośród materiałów źródłowych żadnego wyraźnego świadectwa potwierdzającego ten fakt.

„Nie bój się, Danielu, gdyż od pierwszego dnia,
gdy postanowiłeś zrozumieć i ukorzyć się przed swoim Bogiem,
słowa twoje zostały wysłuchane, a ja przyszedłem
z powodu twoich słów" (*Księga Daniela* 10,12).

8

Ur chaldejskie

Dla każdego turysty wielkim przeżyciem jest spacerowanie ulicami dzielnic mieszkaniowych starożytnego Ur, wchodzenie i wychodzenie z domów, które stały już w czasach Abrahama i zaglądanie do pokojów, w których żyli współcześni mu ludzie. Okazja ta nadarzyła mi się w czasie zwiedzania historycznych miejsc w Mezopotamii. I tak poznałem rodzinne miasto Abrahama.

Ziemia w okolicach Ur jest wysuszona. W ciągu stuleci Eufrat zmienił koryto, dlatego pozostałości murów miejskich stoją w znacznej odległości od życiodajnej rzeki, nad brzegami której leżało niegdyś miasto. Do Ur jedzie się godzinami w monotonnym, szarobrunatnym i płaskim krajobrazie. Wycieńczeni turyści ożywiają się od czasu do czasu na skutek fatamorgany, która mami ich, stawiając przed oczami morze i gaje palmowe. Niespodziewanie na horyzoncie wyłaniają się jedne z najbardziej imponujących ruin starożytnej Mezopotamii — wieża świątynna w Ur.

Zikkurat (tak brzmi starożytna nazwa wieży świątynnej) wznosi się wciąż na wysokość ponad 20 metrów i z tego powodu jest wyróżniającym się punktem w tym płaskim kraju. Kolej przejeżdża obok starożytnego miasta; stacja z emocjonującą nazwą „Ur Junction" znajduje się zaledwie kilkaset metrów od ruin. Dokoła stacji stoi kilka nędznych chat, w których mieszkają pracownicy kolei. Nasirija, następne miasto na tej linii, leży ok. 15 km na północny wschód.

Spacer przez rodzinne miasto Abrahama

Ur było jednym ze znaczniejszych miast we wczesnej historii Mezopotamii. Kilku jego królów panowało nad całym Międzyrzeczem. Miasto zyskało szeroki rozgłos dzięki cywilizacyjnym osiągnięciom, literackiej sławie i jako centrum kulturalne. Ponieważ wykopaliska całkowicie potwierdziły doniesienia o dawnym rozgłosie, pełen napięcia oczekiwałem na przyjazd do Ur.

Idąc wzdłuż wschodniej części ruin, dotarliśmy do znanej wieży świątynnej starożytnej Mezopotamii, w cieniu której mogliśmy zaparkować samochód.

Zikkurat w Ur

Żadna wieża nie jest tak dobrze zachowana, jak ta. Została wybudowana w III tys. p.n.e., lecz później często ją restaurowano aż do czasów ostatnich królów babilońskich. Chociaż zrujnowana, ciągle wywiera głębokie wrażenie. Podstawa budowli ma wymiary 64x44 m. Pierwotnie miała cztery kondygnacje czyli schodkowe tarasy, z których dwie najwyższe już nie istnieją. Całkiem dobrze zachowana jest kondygnacja najniższa i część drugiej.

Trzy szerokie schody procesyjne prowadzą do podestu na pierwszym tarasie. Stamtąd było już blisko do boga mieszkającego rzekomo na wieży, do którego niegdyś wspinali się kapłani i wierni. Szedłem dalej środkowymi schodami między pierwszą i drugą kondygnacją, aż do szczytu obecnej wieży.

Z godną podziwu pilnością starożytni ludzie układali miliony ciężkich cegieł, aby wybudować symbol ich bogobojności. Wszystkie cegły bez wyjątku są wypalone, a prawie wszystkie noszą wytłoczony stempel z imionami królów, którzy budowali wieżę, względnie ją później naprawiali. Z pomocą tych stemplowanych inskrypcji uczeni mogli zrekonstruować historię wieży i innych mezopotamskich budowli. Zamiar starożytnych królów zapewnienia trwałości swemu imieniu i sławie przy pomocy stempli na niemal każdej cegle bardzo ułatwił pracę dzisiejszym historykom.

Mocarstwowe i kulturalne centrum

Z wysokości wieży można rozkoszować się wspaniałym widokiem starożytnego miasta z licznymi świątyniami i dzielnicami mieszkalnymi. A dookoła, dokąd sięga wzrok, rozciąga się całkowicie opustoszały teren. Trudno sobie wyobrazić, że panował tu potężny naród.

Odkopane świątynie świadczą o istnieniu w Ur kulturalnego i religijnego centrum oddziaływującego na znaczne części Dolnej Mezopotamii. W przeciągu długiej historii tego miasta powstawały sanktuaria poświęcone licznym nadziemskim istotom. Wierni zgromadzali się w metropolii w czasie świąt. Schodzili się ze wszystkich stron, a przywożone bogactwo pomnażało skarby świątynne.

Dzisiaj na tym miejscu, które tak jak wiele innych w Mezopotamii jest niezamieszkałe, zwierzęta pustynne znalazły legowiska. Prawie z każdej ruiny

Replika miasta Abrahama. Prace archeologiczne wykazały, że poziom cywilizacji mieszkańców Ur był niezwykle wysoki.

Królewska gra znaleziona w Ur. Obecnie znajduje się w Muzeum Brytyjskim w Londynie.

wymykają się szakale spłoszone ruchem. Oprócz tych pustynnych mieszkańców w murach starożytnego miasta żyją miliony much. W Egipcie i Indiach niektóre okolice są wprost osławione z powodu plagi much. Lecz w żadnym z tych krajów nie męczyły mnie tak, jak w Ur. Niepojęte jest, czym one właściwie się odżywiają. Widocznie czyhają na rzadkich turystów, aby ich później łakomie obsiąść. Przez większość czasu, jaki spędziłem w Ur, zakrywałem usta chusteczką. Udręczony przez muchy zaczynałem rozumieć, dlaczego starożytni ludzie byli tak przesądni i przynosili ofiary bożkowi much, aby uwolnić się od owadzich prześladowań.

Jak dotychczas trud archeologów w Ur opłacał się. Miejsce zostało zidentyfikowane przed ponad stu laty przez J.E. Taylora dzięki odnalezionym przez niego inskrypcjom. Do systematycznych prac doszło dopiero w 1922 roku. Od tego roku zdumiony świat nauki zaczął dowiadywać się od pełnego energii Sir Leonarda Woolley'a o sensacyjnych znaleziskach, które nieprzerwanie przez 12 lat wydobywano na światło dzienne dzięki ekspedycji finansowanej przez British Museum i Uniwersytet Pensylwanii.

Największą sensację wywołało odkrycie w 1927 roku kilku nie splądrowanych jeszcze grobów królewskich z drogocennymi dziełami sztuki, które w swej wartości archeologicznej podobne były do słynnego grobu egipskiego króla Tutanchamona. Razem z królami, około 4 tys. lat temu, pogrzebano całą świtę, służących, wartowników i być może konkubiny. Przypuszczalnie zostali żywcem pochowani wraz ze zmarłymi władcami. Służba była ubrana w odświętne szaty, trzymała broń, narzędzia i instrumenty muzyczne. Wspaniałe wyposażenie grobowe, odnalezione przez Woolley'a, znajduje się dziś w muzeach Bagdadu, Londynu i Filadelfii. Można tam zobaczyć szykowne nakrycia głowy, ornamenty, harfy, sanie i inne obiekty, które świadczą o wysokim poziomie kultury w czasach patriarchów.

Tutaj żył młody Abraham

Dzielnica mieszkalna, w większości odkopana, jest bardziej fascynująca niż wszystkie inne znaleziska w Ur. Można wędrować ulicami miasta, w którym żył Abraham, i wchodzić do domów, które być może jako dziecko lub młody mężczyzna odwiedzał. Ruiny domów zachowały się do wysokości 5,5 metra, niejednokrotnie do pierwszego piętra.

Plan domów jest przeważnie jednakowy. Z ulicy wchodzi się przez drzwi na podwórzec w rodzaju hiszpańskiego dziedzińca wewnętrznego. Dookoła niego znajdują się kuchnia, pomieszczenia magazynowe i pokoje mieszkalne. Niekiedy w jednym z pomieszczeń stał ołtarz ze statuą bóstwa. Na piętro prowadziły schody. Na górze znajdowały się zapewne pokoje sypialne. Wszystkie domy miały dobrą kanalizację i połączenie z krytą miejską siecią ściekową. Każdy turysta odwiedzający miasto jest zdumiony faktem, że 4 tys. lat temu Ur pod względem higienicznym znajdowało się na wyższym poziomie w porównaniu z dzisiejszymi miastami tej części Azji.

Archeolodzy stwierdzili następnie, że ludność dbała bardzo o swoje wykształcenie. Pozostałości kilku szkół dają wymowne świadectwo dążenia do wiedzy starożytnych mieszczan. W szkołach znaleziono wiele tabliczek z pismem klinowym, służące jako podręczniki dla uczniów lub jako prace ćwiczeniowe. Młodzież z Ur odbierała w miarę dobre wykształcenie w czytaniu, pisaniu, rachunkach i geografii.

Wszystko to przybliża i uplastycznia nam czasy patriarchów. Gdy przed pół wiekiem tak zwana wyższa krytyka święciła wielkie tryumfy, jej orędownicy utrzymywali, że patriarchowie byli nieoświeconymi szejkami pustynnymi, którzy ze swoimi stadami prowadzili nomadyczny tryb życia w krajach Bliskiego Wschodu i mieszkali w namiotach, które rozbijali, gdziekolwiek znaleźli wodę lub cień drzew.

Dzisiaj wiemy, że żadnym sposobem nie można stawiać Abrahama na równi z prymitywnymi i zabobonnymi Beduinami. Przeciwnie. Był on z pewnością człowiekiem o wysokim wykształceniu, z wyszukanym smakiem, po prostu twór inteligentnego i kulturalnego środowiska. Pochodził z wysoko cywilizowanego miasta, a jako syn bogatego człowieka otrzymał przypuszczalnie dobre wychowanie i ogładę.

Koncepcja Wolley'a dotycząca biblijnego potopu

Gdy przypatrywałem się z bliska miejscu, w którym odnaleziono groby królewskie, przypomniałem sobie, że właśnie tutaj Woolley odkrył — jak mniemał — dowody biblijnego potopu. Wychodził zapewne z założenia, że potop był ograniczony do doliny Mezopotamii. Podczas wykopalisk w latach 1928-1929 wykopał głęboki szyb sięgający dziewiczego gruntu, aby sprawdzić, ile warstw osadniczych posiada starożytne wzgórze. Gdy wreszcie napotkał nietkniętą glinę nie zawierającą śladów osadnictwa, sądził, że osiągnął dziewiczy grunt. Ale zastanowiło go, że ta warstwa gliny leży ponad poziomem

Gliniana tabliczka zawierająca opis historii potopu

podstawy wzgórza. Nie był pewien, czy jest już u celu, czy też ma kopać dalej. Warstwa gliny posiadała 2,5 metra grubości, pod nią niespodziewanie odkrył dalsze warstwy ze śladami osadnictwa. Znaleziska podobne były do tych, leżących nad gliną.

Widać było, że ta warstwa mogła być naniesiona tylko wskutek wielkiej powodzi. Sir Leonard Woolley od tej pory był przekonany, że jest to dowód na historyczne istnienie potopu opisanego w literaturze starożytnego Sumeru i Babilonii oraz w *Biblii*. Jego hipoteza brzmiała: powódź, która naniosła 2,5 metrową warstwę gliny, zniszczyła nie tylko to miasto lecz także wiele innych miejsc w kraju. Zapisy w staromezopotamskiej literaturze, dotyczące tej katastrofy, stworzyły podstawy do sprawozdania biblijnego z *Księgi Rodzaju*.

Sedymenty powodziowe znalazły się także w innych miejscach Mezopotamii, jednak nie na całym obszarze. Z tego stanu rzeczy wynika, że warstwy powodziowe, ograniczone jedynie do pewnych obszarów, są pozostałością lokalnej katastrofy wywołanej przez rzeki Eufrat i Tygrys. Woolley także bronił zdania, że powódź, która pozostawiła w Ur warstwę gliny, miała charakter lokalny. Oto cytat z jego popularnej książki: „Ta powódź nie była powszechną lecz miejscową katastrofą, obejmującą dolną dolinę Tygrysu i Eufratu, a więc obszar mniej więcej 600 km długi i 150 km szeroki" (C. Leonard Woolley, *Ur of the Chaldees*, 1935, s. 31).

Te słowa wskazują, że nie wierzył, iż odnalazł ślady powszechnego potopu, który objął cały świat. Ten, kto przyjmuje relację biblijną literalnie i wychodzi z tego, że historia Noego i potopu powołuje się na uniwersalne zniszczenie, nie traktuje odkryć Woolley'a jako dowodu na historyczne istnienie biblijnego potopu. Wykopaliska w Mezopotamii nic w tym względzie nie udowadniają.

Z tego opisu widać, że wizyta w Ur jest nad wyraz pożyteczna i interesująca. Bardzo mało miejsc w starożytnej Mezopotamii dało mi tyle zadowolenia, co Ur. Oglądanie ruin miasta, w którym Abraham spędził dzieciństwo, było dużym przeżyciem. Obiekty odkryte w Ur i znajdujące się teraz w różnych muzeach, wyrabiają obraz wysoce cywilizowanego, pogańskiego miasta z czasów pierwszych patriarchów.

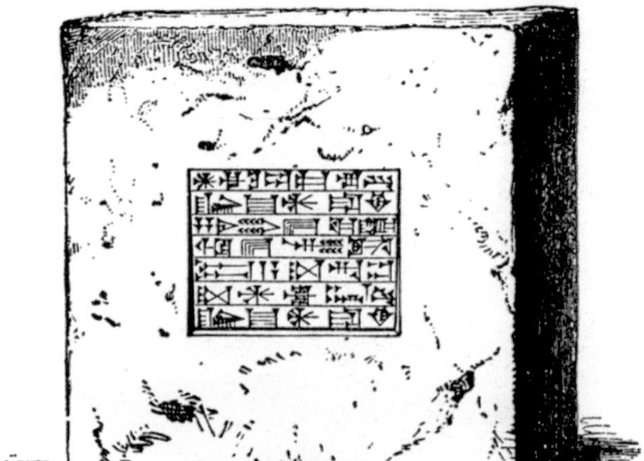

W EGIPCIE

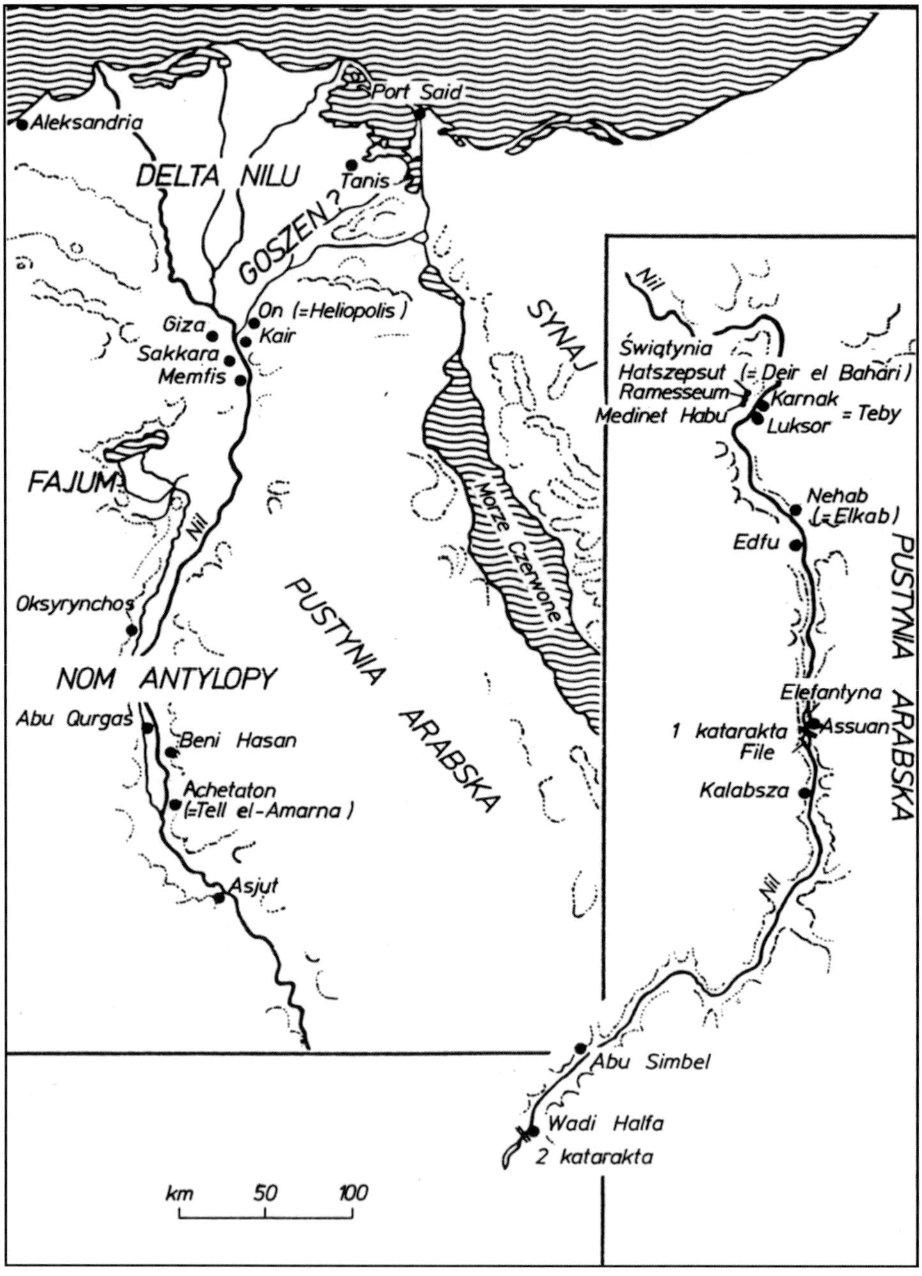
Port Said
Aleksandria
DELTA NILU
Tanis
GOSZEN?
On (=Heliopolis)
Giza
Kair
Sakkara
Memfis
SYNAJ
FAJUM
Nil
Morze Czerwone
PUSTYNIA ARABSKA
Oksyrynchos
NOM ANTYLOPY
Abu Qurgas
Beni Hasan
Achetaton
(=Tell el-Amarna)
Asjut
km 50 100
Nil
Świątynia
Hatszepsut (= Deir el Bahari)
Ramesseum
Karnak
Medinet Habu
Luksor
= Teby
Nehab
(=Elkab)
Edfu
PUSTYNIA ARABSKA
Elefantyna
1 katarakta
Assuan
File
Kalabsza
Nil
Abu Simbel
Wadi Halfa
2 katarakta

9

Malowidła grobowe ilustrują dzieje patriarchów

Gdy znawca *Biblii* odwiedza Egipt, myśli oczywiście o czasach, kiedy żyli w tym kraju patriarchowie Abraham i Jakub. Jednak nie będzie mógł odkryć w kraju nad Nilem ani śladów patriarchów, ani ich potomków, „synów izraelskich". Nie pozostawili po sobie żadnych zabytków architektonicznych, a Egipcjanie nie uważali tych cudzoziemców za tak ważnych, aby wyryć ich imiona na murach świątyń królewskich. Jednakże w jednym miejscu została przedstawiona plastycznie grupa Palestyńczyków, którzy w czasach Abrahama przybyli do Egiptu. To malowidło jest bardzo interesujące, chociaż nie odtwarza żadnych znanych postaci biblijnych.

Malowidło, które było już dość często opisywane, znajduje się w grobowcu skalnym w Beni Hasan, 250 km na południe od Kairu. Wybrałem się tam, aby go zobaczyć. Wcześnie rano pociąg dowiózł mojego towarzysza i mnie do małego miasta Abu Qurqas w Górnym Egipcie. Stąd, jadąc przez pola zalewowe, dotarliśmy do przystani, gdzie dokonuje się przeładunek łodzi.

Nil — dobroczynny i niszczący

W sierpniu i we wrześniu niezwykle wysoka fala na Nilu zalewała wielkie obszary ziemi uprawnej; działo się tak rokrocznie aż do wybudowania wysokiej tamy w Asuanie. W tym czasie można było się przekonać, jakie spustoszenia potrafiła w kraju uczynić rzeka, od której w dużym stopniu zależała egzystencja Egipcjan. Jeżeli poziom wody był za wysoki, wtedy rzeka przez zalanie płodów rolnych wyrządzała tyle strat w gospodarce narodowej, co wtedy, gdy jej poziom był za niski, i przez to nie nawadniała pól uprawnych. Niska tama asuańska i inne zapory stojące w wielu miejscowościach spiętrzały nadmierne ilości wody. Jednak nadal nie dało się uregulować krańcowo wysokich poziomów rzeki z ich groźnymi następstwami. Z tego względu wzniesiono w Asuanie wysoką tamę. Ostatni duży wylew Nilu z roku 1953 wyrządził na rozległych obszarach poważne szkody. W starożytnych czasach byłaby to katastrofa.

Abu Qurqas leży w pobliżu starożytnego miasta Monet-Chufu, które przez 4000 lat było stolicą szesnastego okręgu egipskiego, nazwanego imieniem

Figury z grobu faraona Tutenchamona

antylopy. W oczach Abrahama miasto było kwitnącym ośrodkiem tej części kraju. Z jego domów, budynków administracyjnych i ubogich chat zachowały się nędzne resztki, ale groby władców istnieją do dzisiaj. Znajdują się wysoko w górze, w pustynnych skałach. Pustynia sięga tutaj prawie do brzegów Nilu. Na malowidłach ściennych, we wnętrzach grobów władcy tej prowincji kazali uwiecznić w pięknych kolorach swoje życie i czyny. Dają nam one doskonały obraz górnoegipskiej prowincji w czasach patriarchów.

Od dłuższego czasu miałem zamiar zobaczyć tę „galerię" starożytnej sztuki, z którą od dawna zapoznałem się poprzez książkowe reprodukcje, poznając przy tym codzienne życie starożytnych Egipcjan. Udając się na zachodni brzeg rzeki, zobaczyliśmy strome skały, w których w wyższych partiach widoczny był szereg otworów grobowych. Przez Nil przeprawiliśmy się żaglówką w ciągu godziny. Naszymi współpasażerami byli: osioł, dwie kobiety, które kupiły kury na targu, i inne kobiety wystawiające na sprzedaż towary na tym samym targu.

Dotarliśmy do piaszczystego i skalistego wschodniego brzegu. Tu były ruiny Beni Hasan. Stromą ścieżką wspinaliśmy się do grobów władców, którzy panowali tutaj w czasach XII dynastii, a więc przed 4000 lat. Pod koniec ubiegłego wieku Egipskie Towarzystwo Badań zabezpieczyło te groby. W licznych książkach ukazywały się opisy ich architektury i malowideł ściennych. Od momentu odkrycia doszło niestety do kilku bezmyślnych uszkodzeń. Zaskoczony stwierdziłem dalej, że wiele kolorowych wizerunków wyblakło po otwarciu grobów wskutek działania powietrza. W międzyczasie władze zainstalowały

Przedmioty pochodzące z grobu faraona Tutenchamona

żelazną kratę z drzwiami broniącymi wstępu. Klucze przechowuje strażnik Urzędu Ochrony Zabytków. Działalność wandalów została wprawdzie przerwana, ale nie zapobieżono zgubnym wpływom atmosferycznym.

Grób Chnumhotepa

Chciałem szczególnie zobaczyć grób nr 3, który kazał dla siebie wybudować Chnumhotep w pierwszej połowie XIX wieku p.n.e. Obszerny grobowiec w całości został wykuty w twardej skale: kolumny, architrawy, progi wejściowe i inne elementy architektoniczne są naturalnymi częściami rodzimej skały.

Do grobowca wchodzi się przez przedsionek, którego sufit oparty jest na dwóch szesnastościennych kolumnach. Cztery szesnastościenne kolumny z pionowymi rowkami dzielą salę główną (wysokość 5,80 m, powierzchnia około 82 m^2) na trzy nawy. Za salą główną znajduje się wnęka o długości 3 m i szerokości 2,5 m. Wszystkie ściany pokryte są napisami i barwnymi malowidłami, które przedstawiają dzieje życia i działalność zmarłego, jak również współczesne mu wydarzenia.

Po otwarciu grobu bardzo ucierpiało kilka napisów, Wspaniałym malowidłom nie służy powietrze z zewnątrz. Na skutek zniszczenia można tylko wyłapać bardzo wyraźne szczegóły. Kiedy tylko oczy przyzwyczają się do półmroku przestronnego pomieszczenia, wiele scen daje się rozpoznać. Są tam przedstawione osoby, które odważają przed władcą srebro (chodzi o ściąganą daninę). Na innych malowidłach przedstawieni są ludzie przy odmierzaniu ziarna lub przy uprawie roli i winnej latorośli. Dalsze motywy malowideł to: życie nad Nilem, polowania, imprezy sportowe, na których dla rozrywki był obecny władca i jego żona. Szereg malowideł przedstawia walki zapaśnicze i to w taki sposób, że można je śledzić w każdym stadium, od początku do końca.

Moje szczególne zainteresowanie dotyczyło oczywiście wspomnianego już malowidła, które ukazuje przybycie 37 Palestyńczyków. Ci cudzoziemcy — męż-

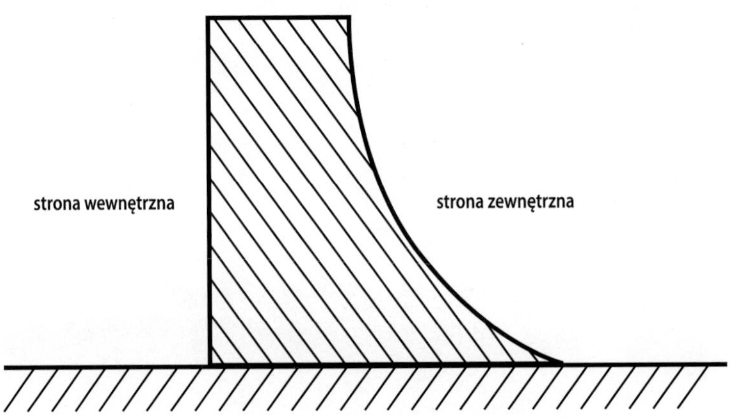

Przekrój przez mur hyksoski. Hyksosi budowali wokół swoich miast mury, które były pochyłe z jednej strony.

czyźni, kobiety i dzieci — byli zapewne kupcami i rzemieślnikami, których przybycie do górnoegipskiego miasta wzbudziło duże wrażenie. Przemierzanie przez Azjatów Delty Nilu nie było niczym niezwykłym. Ale fakt, że taka grupa cudzoziemców znalazła się 250 km od Memfis w górę Nilu, w stolicy nomu (prowincji) Antylopy, był z pewnością wyjątkowy. Dlatego też władca nomu udzielił obcym przybyszom audiencji i kazał uwiecznić to wydarzenie w swoim grobowcu.

O przedstawienie władcy 37 Palestyńczyków zatroszczyło się dwóch jego najwyższych urzędników — pisarz i mistrz polowania. Przywódca przybyszów nazywał się Abiszar, co znaczy — „mój ojciec jest królem". To typowe amoryckie imię zdradza przynależność plemienną grupy. Napis podaje dalej tytuł przywódcy — heqahasut — co *znaczy* „władca obcego kraju". W tym tytule, który mieli także władcy hyksoscy, zawiera się pochodzenie nazwy Hyksosi, którą miały obce etnicznie dynastie królewskie, rządzące w Egipcie od 1730 do ok. 1580 r. p.n.e. Józef Flawiusz pomylił się, powołując się na późnoegipskiego historyka Manetona i tłumacząc ich nazwę jako „królowie pasterscy".

Przedstawienie 37 Azjatów w grobie Chnumhotepa jest dla nas szczególnie ważne, ponieważ jest to najwcześniejsza ilustracja grupy Palestyńczyków, współczesnych Abrahamowi. Rozpoznajemy na niej barwną odzież ludzi, rodzaj obuwia, lirę, kilka narzędzi i broń: długie oszczepy, topory wojenne i drewniany przedmiot podobny do australijskich bumerangów.

Dwoje amoryckich dzieci siedzi na osiołkach. Jazda na zwierzętach była w owych czasach tak obca, że z tego powodu uwieczniono to na malowidle. Dopiero w późniejszych czasach przejęte zostało używanie zwierząt do jazdy wierzchem.

Podczas zwiedzania grobowca miałem przy sobie kolorową reprodukcję malowideł, wykonaną 50 lat temu przez pierwszych badaczy grobów w Beni Hasan. Łudziłem się nadzieją, że z jej pomocą będę mógł rozpoznać detale i ponownie zbadać szczególnie charakterystyczne cechy malowidła. Okazało się to jednak niemożliwe. Ku mojemu ubolewaniu wyrazistość oryginału tak się pogorszyła, że szczegóły były bardzo trudne do wyłapania. Poza tym najważniejszy dla nas sektor malowidła znajduje się tak wysoko na ścianie, że dotrzeć do niego można tylko przy pomocy drabinki lub rusztowania. Potrzebne byłoby także mocne oświetlenie, aby coś spostrzec w tej ciemności. Mimo to udało mi się znaleźć kilka elementów potwierdzających wierność badaczy przy kopiowaniu oryginału.

Patriarchowie w Egipcie

Opuszczając skalny grobowiec miałem wspaniały widok na okolicę z wysokiego dżeblu, w którym wykuty jest grobowiec Chnumhotepa. Na przestrzeni kilku kilometrów śledziłem srebrną wstążkę potężnej rzeki, która od tysiącleci utrzymuje Egipcjan przy życiu. Łatwo można dojrzeć granicę pomiędzy zielonym obszarem nawadnianym przez Nil, a nagle zaczynającą się żółto-brązową pustynią. Granica jest niekiedy tak ostra, że można dosłownie jedną nogą stanąć na obszarze zaoranym a drugą — na pustynnym piasku. Do tego bogatego kraju udawali się patriarchowie w czasach klęski głodu. Egipt posiadał dużą siłę przyciągania. W jego suchym klimacie zachowało się wiele materiałów, które ułatwiają dzisiaj wyobrażenie sobie sprawozdań *Biblii*.

Ciekawe, jak wyglądało przybycie Abrahama z rodziną i stadami bydła do Egiptu. Barwnie ubranym ludziom z Azji Przedniej musiało towarzyszyć wiele sensacji. Tak jak Chnumhotep zaprosił Abiszara na audiencję, tak też z pewnością doniesiono do królewskiego pałacu o przybyciu Abrahama i zaproszono go na przyjęcie u króla egipskiego. Jego piękna żona, Sara, którą Abraham przedstawił jako swoją siostrę, została zabrana do królewskiego haremu, a potem wskutek Bożej interwencji — z powrotem odprowadzona. Cała historia miała więc dobry koniec. Także inne szczegóły z życia Abrahama oraz dziejów Józefa i Jakuba w Egipcie ukazują się w innym świetle na podstawie odkryć w Beni Hasan. Malowidła w tamtejszych grobowcach są odbiciem codziennego życia Egipcjan w czasach patriarchów. Historia biblijna zyskuje znacznie na plastyczności, gdy czytamy ją w kontekście archeologicznych odkryć, np. takich, jak w Beni Hasan.

Malowidło z grobowca w Beni Hasan

10

Pobyt Izraelitów w Egipcie

W połowie XVIII w. p.n.e. na Bliski Wschód wtargnęli obcy najeźdźcy z północy. Zajęli północną Mezopotamię, Syrię, Palestynę, a w końcu Egipt. O tych faktach świadczą istniejące jeszcze dzisiaj systemy fortyfikacyjne na podbitych terenach. Obcy przybysze otaczali swoje obozy i miasta dużymi wałami z ubitej ziemi z równą powierzchnią od zewnątrz. W niektórych miejscach wykonywane były z kamienia. Poza tym cudzoziemcy przynieśli ze sobą nową technikę garncarską, przede wszystkim zaś nowy rodzaj techniki wojennej. Ich rydwany wojenne zaprzężone w rumaki były nie do pokonania, dopóki przeciwnik nie zastosował tych samych metod walki.

W historiografii ten lud nazwany jest Hyksosami. Nazwa ta została użyta najpóźniej w czasach żydowskiego historyka, Józefa Flawiusza (I wiek n.e.). Józef Flawiusz przetłumaczył mylnie tę nazwę, powołując się na wspomnianego już zhellenizowanego historyka egipskiego, Manetona z III w. p.n.e., jako „królowie pasterzy". Odszyfrowanie hieroglificznych tekstów wykazało, że znaczenie tej nazwy to „władcy obcych krajów". Przez 150 lat Hyksosi panowali nad Egiptem. Mimo to wiemy bardzo mało o nich i o ich rządach, ponieważ Egipcjanie po ich wypędzeniu zniszczyli ich zabytki, wymazali ich nazwę z napisów, starli wszystko, co mogło ich przypominać. Źródłem, z którego możemy jeszcze czerpać wiedzę, jest jedynie kilka monumentów, które przypadkowo przetrwały okres świadomego niszczenia, późniejsze relacje o Hyksosach i w końcu kilka mglistych wzmianek o ich pokonaniu i wypędzeniu z Egiptu.

Ze znanych nam imion królów hyksoskich można wywnioskować, że kilku z nich było Semitami, a kilku prawdopodobnie indoeuropejskimi Hurytami. Jak już wspomniano, Hyksosi przywiedli do Egiptu konie i wozy, które przedtem nie były znane w Dolinie Nilu. Ze stolicy we wschodniej delcie, Awaris, zarządzali Egiptem i licznymi państewkami w Zachodniej Azji. Zezwolili na to, aby pokonani władcy egipscy rządzili komisarycznie w kraju. Tylko kilku królów hyksoskich panowało faktycznie nad całym krajem.

Zajmujemy się Hyksosami, ponieważ prawdopodobnie w czasie ich rządów Józef, syn Jakuba, został wezyrem w Egipcie. Można to wykazać na podstawie kilku chronologicznych wskazówek w *Biblii*, poza tym z faktu, że Józef miał do dyspozycji konie i wozy, gdy zajmował poważne stanowisko*.

Zajmowanie przez Semitę tak wysokiej pozycji może być wyjaśnione przez fakt, że w tym czasie Egipt był rządzony przez spokrewniony lud. Dla Hyksosów było całkiem naturalne popieranie Izraelitów. Odnosili się do nich po przyjacielsku, jako do wiernej podpory rządów.

Wszystko się zmieniło, gdy lokalny władca Teb w Górnym Egipcie podniósł bunt przeciw hyksoskiej dominacji i rozpoczął wojnę o oswobodzenie Egiptu. Sekenenre był pierwszym lokalnym królem, który odważył się na próbę wypędzenia Hyksosów. Jego śmiałość kosztowała go życie. Zginął zapewne w walce. Jego mumię z roztrzaskaną czaszką można oglądać w Muzeum Kairskim. Straszne rany głowy wskazują na śmierć gwałtowną. Jego synowie, Kamose i Ahmose, prowadzili dalej wojnę, pokonali Hyksosów, zdobyli ich stolicę Awaris i wypędzili znienawidzonych wrogów z kraju.

Królowie, którzy uwolnili Egipt spod obcego panowania, stali się bohaterami narodowymi i założycielami potężnej XVIII dynastii. Pozostawili inskrypcje, w których sławią swe bohaterskie czyny. Bardzo rzadko jednak wspominają walki z Hyksosami. Chcieli zapobiec temu, aby imię budzących wstręt obcych władców weszło do pamięci Egipcjan. Gdyby pewien żołnierz faraona Ahmose nie zdał szczegółowej relacji z wojny wyzwoleńczej, wiedzielibyśmy o niej ciągle bardzo mało. Długa inskrypcja zawierająca opis wojny znajduje się w jego prywatnym grobowcu.

Grób egipskiego kapitana

Aby zbadać relację naocznego świadka wojny, odszukałem grób człowieka, któremu zawdzięczamy ten godny uwagi dokument historyczny. Był jednym z oficerów faraona Ahmose, który tak samo jak faraon nosił imię Ahmose. Jego grobowiec znajduje się w pobliżu małej wsi el-Mahamid, około 80 km na południe od Luxoru, wśród ruin starożytnego Nechab, stolicy jednej z górnoegipskich prowincji (nomów). Dzisiaj miasto nosi nazwę Elkab. Mury Nechab wybudowane przed 4 tys. lat są nadzwyczaj dobrze zachowane, lepiej niż inne mury miejskie z czasów starożytnego Egiptu. Mają 12 m grubości, tworzą wielki czworobok 550x585 m, wybudowano je z niewypalonych

---

* Przyjmując rok 966 p.n.e. za rok budowy świątyni Salomona i zakładając krótki pobyt w Egipcie, obliczymy, że Józef przebywał na dworze faraona w latach 1669-1589 p.n.e., a to przypada na okres hyksoski.

Piramida schodkowa króla Dżesera w miejscowości Sakkara, III dynastia.

cegieł. Podczas gdy starożytne budowle znajdujące się wewnątrz znikły bez śladu, mury miejskie przetrwały tysiąclecia.

Ahmose z Nechab (określany także Ahmose syn Ebany) usłuchał wezwania króla Ahmose z Teb do oswobodzenia Egiptu. Został oficerem marynarki w królewskiej flocie na Nilu. Gdy powrócił do rodzinnego miasta z bogatymi łupami, z jeńcami przemienionymi w niewolników, wszelkimi dobrami, jak również z odznaczeniami królewskimi, zaraz rozpoczął budowę grobowca, tak jak czynił każdy wysoko urodzony Egipcjanin. Wykuł go w stromym zboczu wzgórza, tak jak jego poprzednicy. Na ścianach przyszłego miejsca spoczynku kazał odmalować siebie i swoją rodzinę. W długiej inskrypcji, która jest nadspodziewanie dobrze zachowana, donosi o swojej walce w wojnie wyzwoleńczej. Ponieważ jest to jedyne względnie dokładne źródło wydarzeń tej wojny, naszkicujmy pokrótce jego treść.

Ahmose żeglował — tak opowiada — z królem w dół rzeki, w tym czasie doszło kilkakrotnie do spotkania z wrogiem. Potem donosi o pierwszej bitwie pod Awaris, w której, jak wyraźnie podkreśla, „pieszo, dzielnie walczył przed obliczem Jego Majestatu". Następnie został przeniesiony na okręt, który nosił nazwę „Objawienie w Memfis" i wziął udział w długotrwałym oblężeniu stolicy Hyksosów. Podczas oblężenia ponownie wyróżnił się bohaterskimi czynami, zdobył liczne łupy i zabił wroga, za co król nadał mu odznaczenie „złoto dzielności".

W drugiej bitwie ponownie zdobył łupy i zabił następnego nieprzyjaciela, któremu odcięto rękę i przyniesiono królowi jako trofeum. Kapitan Ahmose został po raz drugi wyróżniony. *Biblia* potwierdza w *Księdze Sędziów* 8,6 egipski zwyczaj wojenny odcinania ręki poległemu nieprzyjacielowi na dowód jego zabicia. Wydaje się, że z tej bitwy Hyksosi wyszli zwycięsko, ponieważ Egipcjanie wycofali się na południe. Tam doszło do następnych walk, podczas których kapitan Ahmose dokonał brawurowego czynu. Przepłynął na nieprzyjacielski brzeg, wziął jeńca i powrócił z nim na drugą stronę rzeki. Także za to otrzymał odznaczenie. W tym czasie Hyksosi ulegli. Egipskie wojsko skierowało się natychmiast w stronę wrogiej stolicy, obiegło ją i zajęło. Nasz Ahmose uprowadził z Awaris jednego mężczyznę i trzy kobiety, których król przydzielił mu na niewolników.

Hyksosi zostali wygnani z Egiptu, utrzymali jednak w płd. Palestynie miasto Szaruchen jako swoją stolicę. Miasto to zostało w późniejszym czasie przekazane plemieniu Judy (zob. Joz 19, 6). Król Ahmose szedł za nimi. Po trzyletnim oblężeniu lub po trzech wyprawach w trzech kolejnych latach (tekst nie wypowiada się tutaj dokładnie) również Szaruchen padło ofiarą zwycięskich wojsk egipskich. Oficer Ahmose donosi, że wyróżnił się także tutaj. Schwytał mianowicie dwie kobiety i zabił jednego mężczyznę, za co oczywiście został odznaczony. Poza tym wolno mu było zatrzymać obie kobiety na własność.

Upadek Szaruchen zakończył wojnę z Hyksosami. Ci, którzy uszli zagłady, wycofali się na północ. Wprawdzie późniejsi faraonowie stykali się jeszcze z resztkami Hyksosów w Palestynie i Syrii, to jednak lud ten nie odegrał już znaczniejszej roli w historii starożytnego świata.

Izraelici w niewoli

Gdy Hyksosi zostali wypędzeni, zwycięzcy Egipcjanie, pełni nienawiści do dawnych semickich panów, uczynili niewolnikami Hebrajczyków spokrewnionych z Hyksosami. Ahmose przytacza w inskrypcji grobowej imiona 19 niewolników, których podarował mu król za zasługi w wojnie wyzwoleńczej. Kilka z tych imion jest pochodzenia semickiego; nie jest więc wykluczone, że pomiędzy nie-

Ramzes III powracający do domu po zwycięskiej wyprawie

wolnikami byli Hebrajczycy. Pojawia się imię Tamasjasz, które jest podobne do biblijnego imienia Amasjasz (zob. 2 Krn 17,16). Imiona Astarimi i Hari są także semickie, chociaż nie znajdujemy dla nich odpowiedników w *Biblii*. Jeden niewolnik nazywa się po prostu „Azjata"; jego orientalne pochodzenie jest więc niewątpliwe. Pośród niewolników z egipskimi imionami mogło być także kilku Semitów, a nawet Hebrajczyków, ponieważ wśród Izraelitów wychodzących z Egiptu było kilku z egipskimi imionami, np. Mojżesz, Miriam, Pinechas, Hofni, Putiel.

Zwycięscy królowie tebańscy jako oswobodziciele Egiptu założyli potężną XVIII dynastię i wznieśli Nowe Państwo. Przypuszczalnie byli oni tymi królami, którzy uczynili Hebrajczyków niewolnikami. Autor *Księgi Wyjścia* daje do zrozumienia, że Egipcjanie nie docenili należycie korzyści, jakie przyniosła krajowi działalność Józefa, ponieważ był on Semitą i służył znienawidzonym najeźdźcom. „Tymczasem rządy nad Egiptem objął król, który nie znał Józefa" (Wj 1,8). Egipcjanie nie tylko, że nie zdobyli się na żadne zrozumienie poczynań Józefa, lecz być może obwiniali go nawet o wzbogacenie się kosztem narodu w czasach siedmioletniej klęski głodu. Uczynił on bowiem cały prywatny majątek Egipcjan własnością królewską (zob. Rdz 47,13-26). Ta godna uwagi historia jest potwierdzona przez fakt, że po wyzwoleńczej wojnie nie znajdujemy w Egipcie żadnych uprawnień do prywatnej własności. Król i kapłani byli w posiadaniu całego Egiptu, gdy kraj został uwolniony z obcego jarzma. Królowie Egiptu rozpoczęli rozdział ziemi dla lojalnych poddanych w czasie wyzwoleńczej wojny z Hyksosami.

Gdy w dalekim Elkab stałem w komorze grobowej Ahmose i czytałem interesujące wiadomości z walki z Hyksosami oraz listę niewolników, i gdy spoglądałem na okolicę i fortyfikacje starożytnego miasta, nie mogłem odpędzić myśli o biednych Hebrajczykach, którzy wskutek politycznego przewrotu popadli nagle w niewolę.

Inskrypcja grobowca Ahmose jest jednym z niewielu świadectw dotyczących historycznych procesów, które prowadziły do ujarzmienia Izraelitów (zob. Wj 1 i 2). Te wydarzenia spowodowały duże powstanie ludowe za czasów Mojżesza. Kulminacyjnym punktem było wyjście z Egiptu i odrodzenie ludu Bożego jako narodu. Okazało się, że ucisk egipski był także błogosławieństwem — bez niego Izraelici nie byliby gotowi na zamianę urodzajnej ziemi Goszen na nieznaną przyszłość w Palestynie. Mogli zostać wchłonięci przez Egipcjan i utracić swoją tożsamość jako lud wybrany przez Boga.

11

Starożytne Teby

Gdy w 663 r. p.n.e. asyryjski król Assurbanipal zniszczył Teby, miały one za sobą piętnastowieczną historię. Teby leżą ok. 650 km na południe od Kairu i były typowym górnoegipskim miastem wybudowanym na wąskim pasie żyznej ziemi po obu stronach Nilu. Dolinę rzeki ograniczają bardzo wysokie skały będące także granicą wielkiej pustyni.

Wschodnia część miasta obejmowała dzielnice mieszkalne i świątynie ku czci bóstw, zachodnia jego część była domeną śmierci. Znajdowały się tam groby umarłych i świątynie pobudowane ku ich czci.

Przez stulecia miasto było politycznym centrum Egiptu i egipskiego mocarstwa, a o wiele dłużej — centrum kultu potężnego boga państwowego, Amona. Gdy w czasach świetności do Egiptu napłynęło mnóstwo bogactw z Azji Przedniej i Afryki, niemałą ich część użyto do upiększania Teb. Generacje królów budowały swoje świątynie, tak że prawie żadne miasto starożytności nie zdołało przewyższyć Teb w sławie, być może nawet i Babilon.

Największy rozkwit przeżywały Teby w czasach królów XVIII dynastii, którzy nie tylko wyparli Hyksosów z ziemi egipskiej i złączyli prowincje nad Nilem w jedną całość, lecz także stworzyli silne i rozległe imperium sięgające na południe głęboko w Nubię, a na północy za Palestynę i Syrię aż do Eufratu.

Główne świątynie Luksoru i Karnaku

Obszar starożytnych Teb zajmuje dzisiaj miasto Luksor i liczne wsie, z których najbardziej znana jest Karnak. Obie nazwy są dosyć popularne z powodu ich turystycznych atrakcji. Przybywając do Luksoru pociągiem, od razu spostrzega się w drodze do hotelu wielką świątynię, którą budowało szereg sławnych faraonów. Kilka kilometrów na południe od Luksoru, w Karnaku, stoi potężna świątynia Amona. Są to największe na świecie ruiny świątyni, które trafnie można określić jako historia Egiptu w kamieniu. Wznosiło ją wielu faraonów od XII dynastii aż do inwazji Asyryjczyków (z wyjątkiem królów hyksoskich). Wielu uczonych poświęciło swoje siły w ciągu ostatnich 150 lat

Zwiedzając ruiny położone po zachodniej stronie Nilu, nie ograniczyłem się tylko do świątyni Hatszepsut. Jest tam tak wiele do oglądania, że nie jest możliwe poznanie nawet w ciągu tygodni i miesięcy wszystkich skarbów kultury, inskrypcji i budowli. Sucha i gorąca Dolina Królów z grobem króla Tutanchamona i miejscami spoczynku innych sławnych faraonów egipskiej przeszłości jest szczególnie atrakcyjnym celem dla turystów.

Równie godną zobaczenia jest Dolina Królowych z grobami królewskich żon i pięknie ozdobionymi grobami wielu egipskich notabli. W grobowcach znajduje odbicie codzienne życie starożytnych Egipcjan, przedstawione na barwnych malowidłach ściennych i gustownych reliefach. Ruiny kilku świątyń zachęcają do odwiedzin, szczególnie Medinet Habu — dobrze zachowana świątynia Ramzesa III z bogactwem reliefów przedstawiających wojny z „ludami morskimi", wśród nich z Filistynami. Godne uwagi są także ruiny wspaniałej świątyni Ramzesa II, tzw. „Ramesseum" i dwa wysokie na 22 m posągi Amenhotepa III — tzw. „kolosy Memnona", które stały przy wejściu do świątyni grobowej faraona. Są jedynymi pozostałościami tej budowli.

Ponieważ wielcy budowniczowie Teb — Tutmosis I i Tutmosis III, jak również Hatszepsut, jego przybrana matka — odgrywali prawdopodobnie dużą rolę w życiu Mojżesza, nie będzie zbędny krótki przegląd dziejów królewskiej rodziny od wypędzenia Hyksosów przez Ahmose, aż do czasu gdy Hatszepsut, jedna z najbardziej zasługujących na uwagę kobiet starożytności, opuściła scenę historii.

Gdy Ahmose, pogromca Hyksosów, umarł, królem został jego syn, Amenhotep I. Po nim na tronie zasiadł Tutmosis I, który ożenił się z siostrą Amenhotepa I. Militarnym celem nowego władcy był podbój Azji. Był to początek nowej ekspansywnej polityki kolejnych egipskich władców. Na budowlach Tutmosisa I znajdujemy po raz pierwszy inskrypcje wspominające pracę semickich niewolników. Wielu z nich mogło być Hebrajczykami. Prawdopodobnie zostali uprowadzeni z ziemi Goszen i pod przymusem zapędzeni do budowy spichrzów, królewskich pałaców, monumentalnych grobowców i świątyń. Musieli wznosić obeliski, pylony, statuy i inne pomniki mające głosić współczesnym i potomnym sławę króla. Być może rodzice Mojżesza należeli do tych nieszczęśliwców, których zawleczono do dalekich Teb, aby odbywali pańszczyznę przy świątyni Amona lub innych budowlach wznoszonych przez króla.

Mojżesz urodził się w czasie (ok. 1525 r.), gdy Egipcjanie próbowali w drastyczny sposób zatrzymać dużą rozrodczość znienawidzonych niewolników. Topili niemowlęta w Nilu, lecz Mojżesz uniknął tej śmierci, gdyż matka „ukrywała go przez trzy miesiące. A gdy nie mogła ukrywać go dłużej, sporządziła dla niego koszyk z trzciny i powlekła go żywicą i smołą, a włożywszy weń dziecko, położyła go w sitowiu na brzegu Nilu" (Wj 2,2-3). To mówi historia

Kolumna świątyni Amona w Karnaku

biblijna. W pobliżu Teb córka faraona znalazła hebrajskiego chłopczyka i zaopiekowała się nim.

Hatszepsut, władczyni Egiptu

Przybrana matka Mojżesza, księżna Egiptu, była wydana za jej starszego przyrodniego brata, znanego pod imieniem Tutmosis II. Był nieprawym synem Tutmosisa I. Po śmierci ojca Tutmosis II zdobył tron dzięki przywilejom, jakie miała jego małżonka będąca księżną pełnej krwi. Lecz wkrótce, mniej więcej po czterech latach, umarł nie pozostawiając królewskiego następcy.

Hatszepsut wzięła ster rządów w swoje ręce. Być może chętnie posadziłaby na tronie Mojżesza, swego adoptowanego syna, lecz nie odważyła się prawdopodobnie z powodu opozycji kapłanów Amona. Wiedzieli, że Mojżesz z całym oddaniem służył Bogu Hebrajczyków.

Kapłani, którzy zajmowali się wychowywaniem książąt, mieli dużo okazji do poznania sposobu myślenia i poglądów Mojżesza. Przez lata musiał być codziennym bywalcem świątyń, których ruiny jeszcze dzisiaj podziwiamy. Ponieważ wdrożono go „we wszelką mądrość Egipcjan" (Dz 7,22), musiał znać życie w stolicy ze wszystkich stron. Tak długo, jak żyli Tutmosis I i II, a Hatszepsut trzymała Egipt twardą ręką, był zaufanym dworu i dowódcą wojsk. Z pewnością był znaną figurą w stolicy.

Hatszepsut, prawdziwie niezwykła kobieta, panowała w Egipcie ponad 20 lat. Prowadziła aktywny program budowniczy, wzniosła liczne świątynie w całym kraju, poza tym wysłała ekspedycje handlowe do oddalonych obszarów świata. Dobrobyt i pokój cechowały okres jej panowania. Jednak kapłani Amona, być może z powodu Mojżesza, nie lubili jej. Uknuli przewrót i zmusili ją, aby dopuściła do współrządów nieślubnego syna jej zmarłego męża. Ten młody mężczyzna, w historii znany jako Tutmosis III, był potomkiem nałożnicy Tutmosisa II, był wychowywany z myślą o przeznaczeniu go na niższego kapłana Boga Amona. Podczas uroczystej procesji w świątyni Amona Tutmosis III został wyniesiony na tron ponoć przez osobistą interwencję boga Amona, jak mówią napisy na ścianach znanej świątyni w Karnaku.

Przez kilka lat Hatszepsut i Tutmosis III panują wspólnie, tak wynika z inskrypcji. Młody, ambitny mężczyzna nie mógł się pogodzić z drugim miejscem w państwie, jednakże przez długi czas nie dysponował wystarczającymi środkami, aby pozbyć się Hatszepsut.

W ostatnich latach panowania królowej Mojżesz uznał zapewne, że dwór nie jest dla niego właściwym miejscem, zwłaszcza gdy Hatszepsut umarła lub została odsunięta od władzy. Być może zawdzięczał jej nawet swoje bezpieczeństwo. Postanowił porzucić Egipcjan i związać swój los z pogardzanym narodem hebrajskim. Jak wiadomo, próbował bezskutecznie przekonać Hebrajczyków, że mógłby ich uratować. Skończyło się to jego ucieczką w góry Synaju.

Hatszepsut wkrótce zeszła z widowni dziejów razem z jej doradcami i powiernikami. Czy została zamordowana, czy umarła naturalną śmiercią, nie wiemy, chociaż jest bardzo prawdopodobne, że zmarła śmiercią gwał-

Świątynia grobowa królowej Hatszepsut, przybranej matki Mojżesza, usytuowana jest na tarasach u podnóża dżebla.

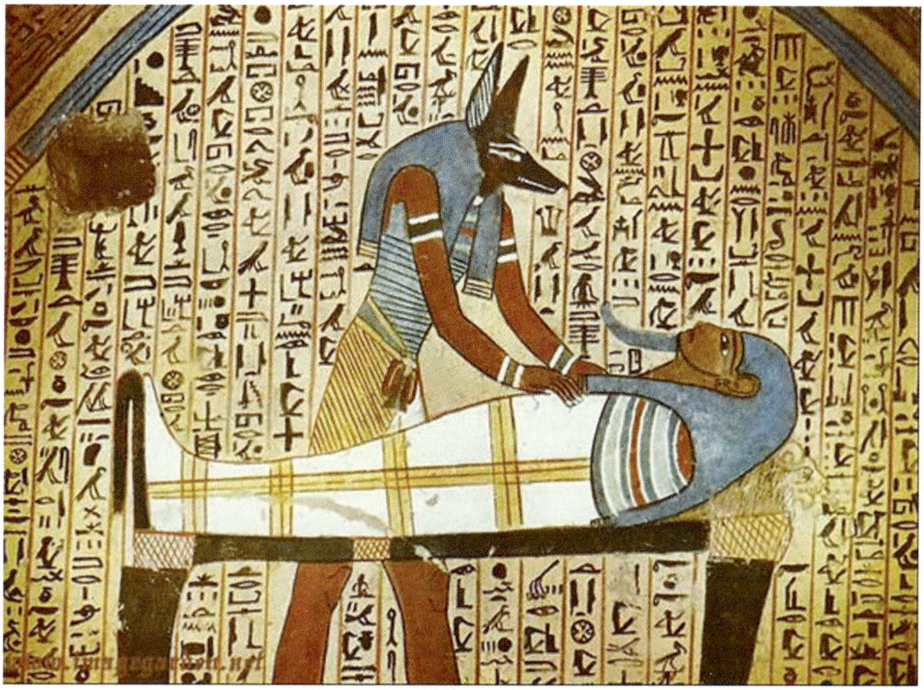

Nagrobne malowidło przedstawiające balsamowanie króla przez boga Anubisa

Kolumny świątyni w Luksorze

Część największych na świecie ruin świątynnych w Karnaku

Kolosy Memnona usytuowane przy wejściu do pałacu Amenhotepa III

towną. Wkrótce po tym Tutmosis III kazał rozbić jej posągi, wymazać jej imię z pomników, w zamian wstawiając imię swojego ojca lub dziadka. Rozważając, w jaki sposób pozyskać sławę zdobywcy tak jak Tutmosis I, przedsięwziął pierwszą wyprawę, niewiele miesięcy po rozpoczęciu samodzielnych rządów. Podczas niej doszło do słynnej bitwy pod Megiddo. Od tego momentu, prawie co roku wkraczał do Palestyny i Syrii, razem 17 wypraw. Bogactwo Azji Przedniej płynęło do Egiptu, który osiągał szczyt potęgi.

Rozkaz zabijania dzieci hebrajskich został prawdopodobnie cofnięty w czasach, gdy Mojżesz pasał owce na Synaju lub podczas rządów Hatszepsut, ponieważ liczba Hebrajczyków zwiększyła się, jak czytamy w *Biblii*. Egipcjanie widocznie zrozumieli, jak korzystne mogłoby być wykorzystanie ich jako taniej siły roboczej, zwłaszcza, że Tutmosis III posiadał wielki program budowniczy i potrzebował setek tysięcy niewolników. Część z nich to byli Hebrajczycy, pomijając niewolników rekrutujących się z jeńców wojennych. Tutmosis III wyraźnie wspomina, że do prac budowlanych zatrudniał semickich niewolników.

Nigdzie nie można tak plastycznie uprzytomnić sobie wydarzeń tej epoki jak w ruinach starożytnych Teb. Reliefy, malowidła, napisy na ścianach świątyń i grobów, zapisane w zapomnianych, a dopiero niedawno odczytanych językach, umożliwiają nam wierne zrekonstruowanie historyczno-kulturalnego tła *Starego Testamentu*.

12

Tabliczki amarneńskie i zajęcie Kanaanu

W roku 1887 pewna Egipcjanka ze wsi Amarna kopała w ziemi, szukając „sebakh" w pobliżu ruin starożytnej osady. „Sebakh" jest egipskim terminem oznaczającym śmieci lub odpadki wykopywane z ruin. Ze względu na wysoką zawartość azotu „sebakh" jest używany w rolnictwie jako nawóz. Przy tej pracy wspomniana kobieta znalazła dużą ilość wypalonych tabliczek glinianych z jakimś tekstem. Uznała, że chodzi o osobliwe „anticas", załadowała je do worka i sprzedała za kilka groszy sąsiadowi ze wsi.

Ten załadował worki na osły i przewiózł ponad 300 km na północ, do Kairu. Podczas tej długiej podróży obchodził się z workami niezbyt delikatnie, tak że wiele tabliczek rozbiło się. W Kairze antykwariusze nie odważyli się dać za to pieniędzy. Jeszcze nigdy w Egipcie nie znaleziono tabliczek z pismem klinowym, co było zwyczajną rzeczą w Mezopotamii, gdzie kliny były znane od stuleci. Z tej przyczyny handlarze ocenili, że tabliczki z Amarny są falsyfikatami.

Posiadacz nie mógł ich zbyć w Kairze. Załadował więc worki z powrotem na osły i pociągnął na południe, aż do Luksoru oddalonego o 650 km od Kairu.

Także tym razem częste załadowywanie i wyładowywanie zawartości worków nie wyszło tabliczkom na dobre — znowu wiele uległo zniszczeniu. W Luksorze wędrówki starożytności znalazły swój szczęśliwy koniec. Zobaczył je pewien uczony, który zaraz rozpoznał ich wartość i mógł zapobiec dalszym szkodom. Większość tabliczek została potem zakupiona przez muzea w Berlinie i Londynie, kilka z nich znalazło się w innych zbiorach.

Interesujący okres

Gdy te odkrycia zostały potwierdzone, świat uczonych stwierdził, że odkryto polityczne archiwa dwóch egipskich królów, składające się z setek listów pisanych w Palestynie, Syrii, Babilonii i innych krajach Bliskiego Wschodu w okresie inwazji Izraelitów na Kanaan. Mało było w dziejach odkryć, które rzuciłyby większe światło na międzynarodowe powiązania i stosunki kulturalne tego okresu. Szczególnie dla biblistów „listy amarneńskie" są bardzo ważne.

Po tym odkryciu Sir Flinders Petrie, ojciec naukowej archeologii Egiptu, podjął wykopaliska w Tell el-Amarna i odkopał długo zapomnianą stolicę Egiptu. Późniejsze ekspedycje kontynuowały jego pracę i powiększyły informacje o najburzliwszym okresie egipskiej historii.

Około 1400 roku p.n.e., gdy Egiptem rządził bogaty lecz słaby władca Amenhotep III, w azjatyckich posiadłościach kraju doszło do obfitych w następstwa przewrotów. W Syrii próbowali osiąść Hetyci. Wielu tamtejszych królów lennych zbuntowało się przeciwko egipskiemu panu i dążyło do niezależności. Do Palestyny wdarli się od wschodu Hebrajczycy (nazwani Habiru) i zajmowali jedną część kraju za drugą. Kanaanejscy książęta, wierni swemu królowi, słali do Egiptu rozpaczliwe wezwania o pomoc w walce przeciw nielojalnym elementom wewnątrz kraju i najeźdźcom z zewnątrz — Hetytom i Hebrajczykom. Jednak rzadko otrzymywali odpowiedź, jeszcze rzadziej rzeczywiste wsparcie. Egipskie panowanie w Azji upadło wskutek politycznej słabości administracji państwowej.

Amenhotep III, słaby władca

Nie najlepsza sytuacja za Amenhotepa III pogorszyła się, gdy następca tronu, Amenhotep IV, został współregentem z ojcem. Nie bardzo zainteresowany polityką, w dziedzinie religii poszedł bardzo daleko. Wprowadził zwyczaj monoteistycznego ubóstwiania słońca — kult Atona czyli tarczy słonecznej. Walka z resztą tradycyjnych egipskich bóstw postawiła go w bardzo drażliwej sytuacji i wyzwoliła jedynie opozycję starego kapłaństwa. Amenhotep IV (zmienił imię na Echnaton) poniósł tego konsekwencje. Gdy po śmierci ojca został jedynym władcą, pojął, że niemożliwą rzeczą jest przeprowadzenie reformy religijnej w starej stolicy, Tebach. Tradycyjny kult był tu zbyt głęboko zakorzeniony. Wobec tego zerwał z przeszłością; założył nową stolicę mniej więcej w połowie drogi pomiędzy Tebami (dzisiejszy Luksor) i Memfis (w pobliżu Kairu).

Stolica Echnatona

Echnaton wybrał dziewicze miejsce dotychczas nie zasiedlone. Na granicach nowej rezydencji ustawił stele graniczne z napisami, które informowały o silnym zamiarze króla uczynienia z tego miasta centrum nowej religii. Miejsca tego nigdy nie opuścił. Całe jego życie było wypełnione ciągłym wznoszeniem coraz to nowych budowli. W nowym mieście, które otrzymało nazwę Achetaton, czyli „horyzont" (słonecznego dysku) Atona, wzniósł wielką świątynię solarną i liczne wspaniałe pałace.

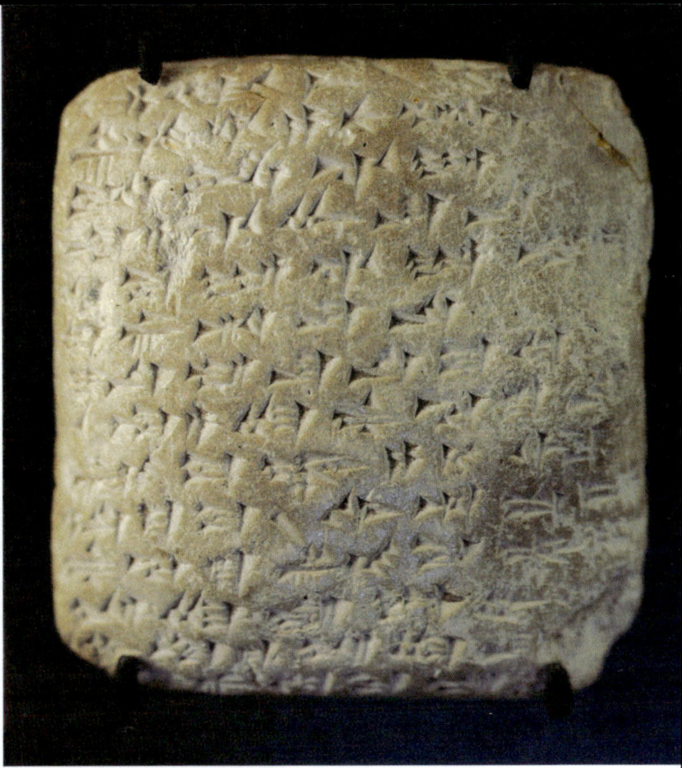

Tabliczki gliniane znalezione w Tell el-Amarna, tzw. listy amarneńskie, które książęta kananejscy posyłali do króla Egiptu. Prosili w nich o pomoc przeciwko ludom najeżdżającym Palestynę.

W stromych ścianach skalnych kazał wykuć dla siebie, swych krewnych i dworzan grobowce. Szczodrze rozdzielał godności swoim zwolennikom. Jego stronnicy przemierzali cały kraj, prześladowali wiernych starym bóstwom i wymazywali imiona tych bóstw z monumentów.

Odnosi się wrażenie, że z piękną żoną Nefretete i sześcioma córkami prowadził Echnaton szczęśliwe życie rodzinne bez zwracania uwagi na kiepskie położenie imperium.

Za jego rządów wpłynęło setki listów dotyczących niebezpieczeństwa zagrażającego azjatyckim posiadłościom. Wołania lenników o pomoc pozostały bez odpowiedzi. Ponieważ król zwyczajnie nie był w stanie ich spełnić, śpiewał hymny do boga słońca i upiększał stolicę, podczas gdy państwo upadało.

Kilka cytatów z listów amarneńskich wyraźnie pokazuje, jak wyglądały błagania o pomoc kanaanejskich lenników będących w opresji.

Abdu-Heba, władca Jerozolimy, już kilkakrotnie domagał się pomocy przeciw Habiru, którzy zdobywali jedno miasto za drugim. Teraz żali się na bezczynność Egipcjan i pyta się w końcu głównego pełnomocnika w Egipcie: „Dlaczego lubisz Habiru, a nienawidzisz władcy?" (list nr 286). W tym liście zapewnia, że posiadłości faraona byłyby do utrzymania, gdyby jeszcze w tym roku wysłał oddziały wojska. Nie nadeszli jednak żadni wojownicy i władca Jerozolimy był zgubiony.

Pomoc nie przybywa

W innym liście ten sam król donosi o kapitulacji króla Sychem, Labaya, przed Habiru (list 289). Fakt ten wyjaśnia, dlaczego Jozue i Izraelici mogli się zgromadzić na górach Gerizim i Ebal, leżących w bezpośredniej bliskości Sychem (zob. Joz 8,30-35). Do tego listu Abdu-Heba dodaje żarliwą prośbę do egipskiego pisarza, który odczytywał królowi korespondencję, aby przedłożyć tę sprawę faraonowi w wymownych słowach. Dalsze naglące wołanie o pomoc nadeszło do Egiptu, gdy ofiarą Habiru padło sąsiednie miasto Jerozolimy, Betlejem (list nr 290). W końcu Abdu-Heba prosił, aby król wysłał pełnomocnika i zabrał go do Egiptu. Chciał umrzeć w pobliżu faraona, jeśli król egipski nie był zainteresowany wspieraniem lojalnych poddanych w trudzie obrony egipskich posiadłości (list nr 288).

Wszystkie starania pozostały daremne. Hebrajczycy pod dowództwem Jozuego i wodzów plemiennych zajęli dużą część Kanaanu i osiedlili się w nim bez jakiegokolwiek sprzeciwu Egipcjan. Powodzenie w zajęciu kraju musimy uważać za zrządzenie Boga. Gdyby egipskie mocarstwo było w pełni sił, Hebrajczycy z pewnością wróciliby do jeszcze cięższego położenia, w jakim znajdowali się przed wyjściem.

Dla młodego narodu, który w poszukiwaniu nowej ojczyzny wyłonił się z pustyni Synaju i Zajordanii, okres politycznej słabości Egiptu znaczył bardzo wiele.

Amarna dzisiaj

Często czytałem dzieje religijnej reformy Echnatona, której idea umarła wraz z nim; widziałem także wiele ówczesnych dzieł sztuki, których piękno i realizm przewyższały wszystko, co wydał na świat starożytny Egipt. Najsłynniejszym zabytkiem tego okresu jest popiersie Nefretete w berlińskim muzeum Charlottenburgu. Z tego powodu przez długi czas nosiłem się z zamiarem odwiedzenia Tell el-Amarna i przestudiowania malowideł grobowych, które odzwierciedlają życie królewskiego miasta w tamtych czasach.

Najbliższa stacja kolejowa Der el-Muwas leżała na zachodnim brzegu Nilu, podczas gdy interesujące nas miejsce leżało na wschodnim. Po przybyciu do Der el-Muwas przepłynęliśmy wezbrany Nil w małej łodzi żaglowej, tak jak wcześniej uczyniliśmy w Beni Hasan. Na wschodnim brzegu znaleźliśmy szefa wioski, miłego i przyjacielskiego człowieka, który zgodnie z arabskim zwyczajem zaraz zaprosił nas na śniadanie. Załatwił nam także przewodnika i odporne na trudy osły, których oczywiście bardzo potrzebowaliśmy, gdyż sporo czasu zajmowało przejście przez równinę, na której leżała starożytna Amarna.

Nigdy nie wyobrażałem sobie rozległych pozostałości miasta i byłem zdumiony, że Echnaton wybrał właśnie tę pustynną równinę na miejsce nowej stolicy. Wszędzie jak okiem sięgnąć tylko żółtobrunatny piasek. Granice olbrzymiego obszaru tworzą dalekie wzgórza, w których wydrążono groby dla Echnatona

Piramidy w Gizie

i dworskiej służby. Reliefy i inskrypcje, znalezione w tych grobowcach i w wielu innych miejscach, są głównym źródłem naszej wiedzy o historii tego okresu.

Spojrzenie na sztukę amarneńską

Gdy przeszliśmy równinę pomiędzy rzeką a wzgórzami, zwiedziliśmy kilka grobów z malowidłami prezentującymi tzw. sztukę amarneńską. Prawie w każdym grobie uwiecznione są sceny z życia Echnatona; królewska rodzina ukazująca się w okresie audiencjonalnym, rozdzielająca dary, wyznaczająca urzędników lub wyjeżdżająca w powozach wśród radosnych okrzyków mieszkańców miasta. Inne malowidła ukazują domowe życie króla z żoną i córkami bardzo kochanymi przez władcę. Nigdzie indziej egipska rodzina królewska nie została tak realistycznie przedstawiona jak w Amarnie, na przykład król całujący swą kochaną córkę i pieszczący żonę.

Po zwiedzeniu grobów południowych skierowaliśmy się do północnych wzgórz, gdzie odszukaliśmy inne grobowce, w których miejsce spoczynku znaleźli urzędnicy Echnatona — najwyższy kapłan świątyni solarnej, dwaj nadzorcy królewskiego haremu i lekarz nadworny. Droga powrotna przebiegała przez monotonne pola pokryte ruinami, które stanowią całą pozostałość po wspaniałym mieście. Achetaton miało być według woli budowniczego centrum potężnego imperium, ale już wkrótce po śmierci Echnatona miasto opuszczono i nigdy więcej nie odbudowano.

Wykopaliska, które z przerwami trwały 70 lat, odsłoniły pozostałości wspaniałych pałaców i wielkiej świątyni solarnej. Lecz piasek bardzo szybko na nowo pokrył to, co z takim trudem odsłaniali archeolodzy. Przeminie kilka dziesięcioleci i wszystko zostanie zasypane tak jak przed rozpoczęciem wykopalisk.

Lekcja płynąca z Amarny

Wizyta w takim miejscu jak Amarna inspiruje do różnorodnych przemyśleń. Przekonujemy się, jak Boża Opatrzność jest widoczna w historii, gdy wielkie imperium we właściwym czasie zostało osłabione, aby według Jego woli lud Boży wziął w posiadanie Ziemię Obiecaną. Przekonujemy się o daremności ludzkich planów zdobycia sławy i doczesnych dóbr. Amarna uczy, że wszystko, co materialne, przemija i tylko duchowe rzeczy przetrwają. Jednakże wielką pomocą dla nas są listy znalezione w Amarnie, które w końcu XIX wieku n.e. uzyskały szczególne znaczenie dzięki odparciu niepohamowanej krytyki *Biblii*. Równocześnie rzuciły większe światło na ważne okresy historii starożytnej, przede wszystkim na epokę, w której naród wybrany ukazał się na arenie międzynarodowej.

13

Elefantyna potwierdza Ezdrasza i Nehemiasza

Odwiedziny w Asuanie należą do przeżyć długo pozostających w pamięci. Miasto leży prawie tysiąc kilometrów na południe od Kairu, na granicy Egiptu z Nubią. Sceneria tej części kraju nad Nilem jest bardzo malownicza dzięki pierwszej katarakcie na rzece, kilku cudownym wyspom, szczególnie wyspie File ze świątynią należącą do najlepiej zachowanych budowli sakralnych starożytności.

Asuan zawsze słynął z różowego granitu, który był wysyłany nie tylko do całego Egiptu, lecz także do innych krajów. Używano go do dekoracji świątyń i pałaców, wykonywano z niego rzeźby i obeliski. W podróży przez Bliski Wschód zidentyfikowałem w ruinach Egiptu, Syrii i Libanu liczne bloki i kolumny z tego różowego kamienia. Starożytne kolumny ze świątyń zostały później tu i tam ponownie zużytkowane do upiększenia kościołów i meczetów, w których można je jeszcze dzisiaj zobaczyć.

W kamieniołomach Asuanu od czasów starożytnych leży nie ukończony obelisk kolosalnych rozmiarów. Kamieniarze zaprzestali prac na krótko przed jego wykończeniem w momencie, gdy spostrzegli, że granitowy blok posiadał wadę. Obelisk, prawie 52 m długi i ponad 4 m szeroki, gdyby został dokończony ważyłby 1168 ton.

Ogromnie interesujące są skalne grobowce za zachodnim brzegu Nilu, wykute w III tys. p.n.e. przez władców najbardziej na południe wysuniętej prowincji Egiptu. Jak w każdym grobowcu malowidła ukazują życie płynące w mieście z czasów piramid. Harchuf, namiestnik Elefantyny, pozostawił po sobie informacje, że był cztery razy wysłany do Nubii jako dowódca ekspedycji w celu zbadania drogi i nawiązania stosunków handlowych. Z głębi Afryki powrócił z egzotycznymi towarami. Przywiózł na statkach kość słoniową, skóry, pawie i małpy. Z czwartej podróży powrócił nawet z Pigmejem — „tańczącym karłem". Gdy 18-letni król Pepi II dowiedział się o tym, napisał do dowódcy ekspedycji entuzjastyczny list ze słowami: „Napisałeś w liście, że przywiozłeś z kraju mieszkańców horyzontu karła boskich tańców, jakiego w czasach Asosi zwycięzca boga Bawerdjeda przyprowadził z kraju Punt. Napisałeś mojemu Majestatowi, że nikt z dawniej podróżujących do kraju Jam nie przywiózł takiego jak ten karła. Zaprawdę, zapewne rozumiesz teraz, co Twój Pan życzy sobie, pochwala i rozkazuje, a Jego Majestat wypełni Twoje liczne zacne życzenia tak, że przyniesie to jeszcze korzyść synom Twoich synów... Przybądź zaraz z prądem rzeki do rezydencji, zostaw wszystko i przywieź ze sobą tego karła, którego masz z kraju mieszkańców Horyzontu, żywego, całego i zdrowego, aby tańczył przed bogami, rozweselał serce króla Pepi II. Gdy wsiądziesz z nim na statek, przygotuj niezawodnych ludzi, którzy będą za nim i obok niego. Uważaj, aby nie wpadł do wody. Gdy w nocy pójdzie spać, weź godnych zaufania ludzi, aby stali za nim w jego pomieszczeniu. Kontroluj ich dziesięć razy w nocy. Mój Majestat życzy sobie widzieć tego karła bardziej

Posąg Ramzesa II

Wejście do świątyni Abu-Simbel. Siedzące kamienne giganty mają 20 metrów wysokości i przedstawiają Ramzesa II.

niż wyroby z Synaju i kraju Punt. Gdy dotrzesz do rezydencji, a karzeł będzie żywy, cały i zdrowy, Mój Majestat wielce Ciebie nagrodzi" (Walter Wolf, *Kulturgeschichte des Alten Agypten*, Stuttgart 1962, s.117). Harchuf był tak dumny z otrzymania królewskiego listu, że jego treść uwiecznił na ścianie swojego grobu. Z listu wynika, że wiadomość o karle wywarła na dziecinnym królu głębokie wrażenie.

Afrykańskie przedsięwzięcie Harchufa przypomina nam podobną wyprawę królowej Hatszepsut i ekspedycję Salomona do kraju Ofir (l Krl 9,26-28; 10,22).

Znaczenie Asuanu dla Egiptu

Już w czasach Starego Państwa (ok. 2700—2300 p.n.e.) Asuan osiągnął duże znaczenie. Górny i Dolny Egipt tworzyły wtedy jedno zjednoczone państwo leżące pomiędzy pierwszą kataraktą na południe od Asuanu a Morzem Śródziemnym. W celu lepszego wykorzystania wód Nilu przeprowadzono jego regulację. System kanałów i zapór wodnych został wykonany niezwykle mądrze. Ponieważ Nil w Asuanie przeciska się przez stosunkowo wąskie progi granitowe, już starożytni inżynierowie myśleli o spiętrzeniu rzeki, aby spuszczać wodę odpowiednio do potrzeb w różnych porach roku.

Ta idea regulacji Nilu, rozpoczęta w starożytności, znalazła urzeczywistnienie na przełomie XIX i XX stulecia. Od 1892 do 1902 r. angielscy inżynierowie, Sir William Garstin i Sir William Wilcocks, budowali tu słynną tamę 5 km na południe od Asuanu, powyżej katarakty. Tama była podwyższana w 1912 i 1932 r. Zapora ma 2140 m długości i 51 m wysokości, spiętrza w sztucznym jeziorze — 300 kilometrowej długości — około 5,5 miliarda m^3 wody, która może być spuszczana przez 180 stalowych śluz.

Siedem kilometrów na południe od pierwszej tamy wybudowano z radziecką pomocą jeszcze potężniejszą zaporę Sadd el-Ali, która ma 3,5 km długości i 110 m wysokości. W 600 kilometrowym zbiorniku pomieści się w pełnym spiętrzeniu 135 mld m^3 wody. Powierzchnia uprawna w Egipcie zwiększyła się o 1/3. Także dla Sudanu, w którego granice głęboko wcina się wielkie jezioro, spiętrzenie Nilu jest wielką korzyścią gospodarczą. Zaplanowane siłownie mogą produkować 10 mld kilowatogodzin prądu rocznie.

Ponieważ jezioro zaporowe zagrażało wielu starożytnym zabytkom, państwo egipskie w połączeniu z UNESCO zorganizowało jednorazową, szeroko zakrojoną akcję ratunkową. Ekspedycje zagraniczne prowadziły przyspieszone wykopaliska. Specjalne grupy przeniosły na wyższe miejsce najsłynniejsze świątynie w Abu Simbel i Kalabsza.

Wyspa File

Smutek często ogarniał archeologów na widok wyspy File. Leżała bezpośrednio za starą zaporą i była zalewana rokrocznie od grudnia do maja. Po ukończeniu nowej wysokiej tamy znalazła się ona całkowicie pod wodą. Szczęśliwym trafem odwiedziłem Asuan zanim wybudowano wysoką tamę. Śluzy zapory, były wówczas otwarte i poziom wody był niski. Mogłem więc przejść na wyspę i podziwiać prawdziwy klejnot Egiptu — wyśmienicie zachowaną świątynię z czasów Ptolemeuszy. Kolory malowideł i napisy hieroglificzne zatarły się wskutek działania wody, a cienka, szara warstwa szlamu nilowego pokrywała wszystkie ściany.

Po zakończeniu operacji ratunkowych na południe od wysokiej tamy przystąpiono do ratowania świątyni na wyspie File. Wzniesiono nieprzepuszczalny stalowy mur dookoła wyspy w łożysku rzeki, a wodę ze środka wypompowano. Wyspę na tyle osuszono, że można było rozebrać świątynię kamień po kamieniu i ponownie wznieść na wyżej położonej wyspie. W ten sposób architektoniczna perła starożytnego Egiptu została zachowana dla przyszłych pokoleń.

Elefantyna — wyspa na Nilu

Jednak ani wyspa File, ani naturalna przegroda, pierwsza katarakta na Nilu, ani nawet malowniczy krajobraz nie były przyczyną mojej podróży do Asuanu. Pragnąłem przede wszystkim zobaczyć nilową wyspę, Elafantynę. Przez stulecia wyspa była graniczną fortecą starożytnego Egiptu i centrum kultu Chnuma, boga z baranią głową, którego świątynię odkopano.

Pobyt na Elefantynie przejął mnie dziwnym dreszczem, ponieważ od dłuższego czasu pracowałem nad żydowskimi dokumentami pochodzącymi właśnie z tej wyspy. Nabrały one nieocenionego znaczenia, gdyż potwierdzają pewne informacje biblijne. Teksty z Elefantyny poświadczają prawdziwość ksiąg Ezdrasza i Nehemiasza. Udowodniły one także, że Żydzi posiadali w czasach Nehemiasza cywilny kalendarz, zaczynający się jesienią, który został użyty także w *Księdze Nehemiasza*. Dzięki niemu znaleziono dowód na bardzo ważną datę w historii biblijnej, która jest także punktem wyjścia dla najdłuższego okresu proroczego w *Biblii* — 2300 dni — lat z *Księgi Daniela* 8,14. Pod koniec ubiegłego wieku rozgorzał gwałtowny spór o auten-

Po Egipcie po Nilu pływają łodzie żaglowe zwane felukami

tyczność ksiąg Ezdrasza i Nehemiasza. Wybitny niemiecki historyk starożytności, Edward Meyer, po samodzielnym, dogłębnym studium tych ksiąg doszedł do przekonania, że są one autentyczne. „Gdyby oficjalne dokumenty Persów zostały odnalezione, zniknęłyby ataki na *Księgę Ezdrasza*" (Edward Meyer, *Julius Wellhausen und meine Schrift: Die Entstehung des Judentums*, Halle 1897, s.11). Jego marzenia spełniły się kilka lat później, gdy na początku XX w. na Elefantynie odkryto kilka papirusów. Zostały one nabyte przez Sir Roberta Monda i Lady William Cecil.

Papirusy, opublikowane później przez profesorów Sayce'a i Cowley'a, wywołały wielką sensację w świecie uczonych. Spowodowany szok sprawił, że nie wierzono w ich autentyczność. Jednak niemiecka ekspedycja odkryła w 1906 roku podobne papirusy w pobliżu miejsca pierwszego znaleziska. To odkrycie obaliło wszelkie zarzuty co do prawdziwości tych dokumentów jak również ksiąg Ezdrasza i Nehemiasza. Od czasów tego wielkiego odkrycia znaleziono kilka dalszych małych fragmentów, które uzupełniły uzyskane wcześniej informacje.

Pierwsze odkrycia na Elefantynie

Zupełnie nieoczekiwanie w 1947 r. odkryto kolejne aramejskie papirusy, tym razem w Ameryce! W pewnym nowojorskim magazynie leżał od ponad pół wieku stary, podróżny kufer. Gdy go otworzono, znaleziono w nim wiele papirusów, które zostały zakupione jeszcze w 1893 r. Te dokumenty opublikował w 1953 r. prof. Emil G. Kraeling. Było to pierwsze z szeregu wielkich odkryć na Elefantynie. Lecz ich nabywca Charles E. Wilbour zmarł w drodze powrotnej z Egiptu do Ameryki, a kufer z bezcennymi tekstami został zamknięty w magazynie do czasu, gdy przeszedł w 1947 r. w posiadanie Brooklyn Museum. Gdyby te papirusy wyszły na światło dzienne w czasie pierwszego odkrycia, wywołałyby z pewnością wielką sensację. A w tej sytuacji były jedynie miłym uzupełnieniem bogatego materiału będącego już w dyspozycji badaczy.

Dokumenty zostały napisane po aramejsku czyli w języku, w którym zredagowano część ksiąg Ezdrasza i Daniela. Język ten był w powszechnym użyciu w czasach imperium perskiego.

Z tych tekstów dowiadujemy się o koloni żydowskich żołnierzy najemnych w służbie królów egipskich, stacjonujących na Elefantynie, prawdopodobnie od czasów ostatnich królów Judy. Wybudowali oni świątynię dla swego Boga Jahu (Jahwe), lecz poza tym czcili szereg obcych bóstw. Ich religia była podobna w ogólnych zarysach do religii Żydów przed niewolą babilońską. Persowie, którzy za Kambyzesa podbili Egipt, zniszczyli większość świątyń, także świątynię egipskiego boga Chnuma na Elefantynie. Ale oszczędzili żydowską świątynię na tej samej wyspie. Prawdopodobnie Żydzi byli życzliwie usposobieni do Persów.

Fragment papirusowego zwoju znalezionego na wyspie Elefantyna zawierającego wzmiankę o Sanballacie i najwyższym kapłanie z Jerozolimy Johananie

Wydaje się, że pomiędzy Żydami a egipskimi sąsiadami panowało na wyspie znaczne napięcie. Jednakże kilka przykładów prozelityzmu miało miejsce. Najwięcej dokumentów z archiwów elefantyńskiej kolonii traktuje o prywatnych sprawach mieszkańców gminy. Istnieje jednak kilka dokumentów innej natury i posiadających bardziej interesującą treść.

Zniszczenie i odbudowa świątyni

Z dokumentów wynika, że żydowska świątynia na Elefantynie została zniszczona w 410 r. p.n.e. podczas nieobecności perskiego satrapy w Egipcie. Wprawdzie po jego powrocie główny prowodyr zajść został ukarany ku satysfakcji Żydów, lecz z decyzją o rozpoczęciu odbudowy świątyni na razie się wstrzymano. Perski satrapa zażądał najpierw zezwolenia na to jerozolimskiej władzy. Bez tego prośba o dokonanie odbudowy nie mogła być spełniona. Wobec tego Żydzi z Elefantyny poprosili listownie najwyższego kapłana w Jerozolimie, Johanana, o wyrażenie na to zgody. Żydzi palestyńscy, którzy przeszli szkołę Ezdrasza i Nehemiasza, nie byli radzi z istnienia oddzielnej świątyni dla egipskich Żydów. Uważali, że rzeczą najrozsądniejszą będzie zignorowanie listu i nie wysyłanie żadnej odpowiedzi.

Trzy lata później Żydzi z Elefantyny ponowili prośbę. Tym razem skierowali ją do perskiego namiestnika Judei, Bigevai. Dali do zrozumienia, że przyłączą się do Samarytan w przypadku odrzucenia ich żądania. W tej sprawie pisali już wcześniej do dwóch synów Sanballata, namiestnika Samarii. To skryte odgrażanie zaniepokoiło władze jerozolimskie. Z tej przyczyny właśnie dali zezwolenie na odbudowę elefantyńskiej świątyni jednak pod warunkiem, że w niej nie będą składane żadne krwawe ofiary.

Zaledwie Żydzi odbudowali świątynię, w Egipcie wybuchło powstanie przeciwko Persom i królowi Artakserksesowi II. Niestety o tych czasach nasze źródła nic nie donoszą. Nie wiemy, co się stało z żydowską kolonią po odzyskaniu przez Egipcjan niezależności. Możliwe, że Żydzi z Elefantyny zostali zmasakrowani lub wypędzeni, a nowo odbudowana świątynia — zniszczona.

Dokumenty z Elefantyny mają dużą wartość, ponieważ udowadniają autentyczność spornych informacji biblijnych. Wzmiankują one nie tylko znane postaci, jak Sanballat — ciągły wróg Nehemiasza, i Johanan — najwyższy kapłan w Jerozolimie (obaj często wymieniani w *Księdze Nehemiasza*), lecz informują nas także, że Sanballat był namiestnikiem Samarii, o czym nie mówi *Pismo Święte*. Dopiero teraz, znając jego silną pozycję, możemy zrozumieć ciągłe trudności, jakie miał Nehemiasz w pracy nad odbudową świątyni.

Z papirusów przechowywanych obecnie w Brooklyn Museum dowiadujemy się, że według kalendarza używanego przez Żydów w Elefantynie rok rozpoczynał się na jesieni. Istnienie takiego kalendarza w Judei jest wprawdzie udokumentowane w *Księdze Nehemiasza*, lecz uczeni często w to powątpiewali. Funkcjonowanie takiego kalendarza na Elefantynie i do tego w tym samym V wieku p.n.e. popiera dane z *Księgi Nehemiasza*. Poza tym, dzięki temu kalendarzowi ustalono bezsprzecznie datę powrotu Ezdrasza do Judei — 457 p.n.e., data która jest punktem wyjścia do najdłuższego okresu proroczego z *Księgi Daniela* 8,14.

Jak wynika z powyższych uwag, wizyta na tej historycznej wyspie ma szczególne znaczenie. Przechadzka wśród ruin żydowskiej osady była niezapomnianym przeżyciem. W ostatni wieczór mojego pobytu w Asuanie stałem na brzegu potężnego Nilu, tarcza księżyca oświetlała malowniczą wyspę z jej bujną roślinnością. Współczesna wieś na Elefantynie pogrążona była w ciemności, lecz można było słyszeć arabskie pieśni dobiegające od strony starożytnych murów, gdzie 2400 lat temu rozbrzmiewały melodie żydowskich psalmów ku czci Jahwe i innych bogów.

Pogrążyłem się w myślach nad Opatrznością Bożą, która w oddalonym zakątku świata kazała zachować przez stulecia pod piaskiem i gruzem bezcenne dokumenty. Dzisiaj, razem z innymi świadectwami potwierdzają prawdziwość biblijnych sprawozdań.

14

W Muzeum Kairskim

Egipt jest rajem dla archeologów. Kraj ten obfituje w historyczne pozostałości jak żaden inny na świecie. Majestatyczne ruiny starożytności — piramidy, świątynie i groby — przyciągały niezliczonych podróżników od czasów klasycznej Grecji aż do dziś. Prawie nieograniczone ilości dzieł sztuki, np. rzeźb, ornamentów znajdowały się w chroniącym je egipskim piasku. Dziś znajdują poczesne miejsce w kolekcjach całego świata.

Egipskie skarby w różnych częściach świata

Suchy klimat Egiptu stworzył jedyne w swoim rodzaju sprzyjające warunki do przetrwania zabytków przez tysiąclecia. W żadnym innym miejscu nie odkryto tylu pozostałości ilustrujących życie i obyczaje w biblijnych czasach. Wystarczy spojrzeć do słownika biblijnego, aby znaleźć tego potwierdzenie. Naszą wiedzę o wyglądzie instrumentów muzycznych, sprzętu domowego, mebli, broni, narzędzi i części ubiorów wszystkich epok zawdzięczamy zwłaszcza bogatym, historycznym skarbcom Egiptu. Tylko tu dzieła sztuki i przedmioty codziennego użytku mogły dotrwać w stanie nienaruszonym do naszych czasów i to w takich ilościach, że wielkie muzea Ameryki i Europy nie uskarżają się na brak setek a nawet tysięcy egipskich eksponatów.

Widząc ogrom zabytków nagromadzonych w muzeach Starego i Nowego Świata, nasuwa się pytanie, ile przedmiotów sztuki pozostało w takim razie w rodzimym muzeum w Kairze. Zwiedzający Egipskie Muzeum w Kairze nie będą jednak rozczarowani. Jest tam wiele tysięcy eksponatów ze wszystkich okresów starożytnej historii Egiptu — fachowiec potrzebowałby miesięcy gruntownych studiów, aby dokładnie zwiedzić wszystkie sale wystawowe. Nawet turysta, któjy zawsze się spieszy i nie interesuje się archeologią, nie powinien pozbawiać się przyjemności zobaczenia bajecznych skarbów w kamieniu, metalu i innym materiale, nagromadzonych w tym wielkim budynku.

W jednej z sal pośrodku parteru znalazłem trzymetrową granitową stelę Merneptaha. W krótkich słowach donosi na niej o swych zwycięstwach nad Libijczykami i innymi ludami, wśród których znajdują się Izraelici. Odkopał ją pod koniec XIX w. sławny archeolog Flinders Petrie. Leżała w głębokim wykopie odwrócona tekstem do dołu. Nie powstrzymało to egiptologa Spiegelberga od zamiaru odczytania napisu jeszcze przed wyciągnięciem steli na górę. Kazał uprzątnąć część ziemi, wczołgał się pod kamienną płytę i leżąc na wznak przez długie godziny odszyfrowywał tekst.

Gdy w końcu wygrzebał się stamtąd, powiedział do Petrie'go: „Są tam nazwy kilku miast syryjskich oraz jedna, której nie znam, Isirar". Słowo „Isirar" było napisane egipskimi hieroglifami. Geniusz Petriego od razu pojął, że musi chodzić o określenie Izrael. Hieroglificzna litera „r" była używana także dla oznaczenia głoski „l". Petrie powiedział do współpracownika, że ta stela będzie najsławniejsza w świecie spośród wszystkich rzeczy, które dotychczas odkrył. I miał rację.

Stela Merneptaha pochodzi z końca XIII w. p.n.e. i jest najstarszym w oryginale zachowanym źródłem, wzmiankującym nazwę Izrael. Jest to ogromnie ważna informacja dotycząca historii tego narodu. Wszystkie nazwy ludów i krajów są poprzedzone w tej hieroglificznej inskrypcji znakiem, który tłumaczony jest „obcy kraj". Nazwa Izrael jest poprzedzona hieroglifem siedzącego mężczyzny, siedzącej kobiety i znakiem liczby mnogiej. Oznacza to, że autor uważał Izrael za naród, który nie był całkowicie osiadły, aby używać znaku (determinatywy) „obcy kraj". To spostrzeżenie zgadza się dokładnie z warun-

Wejście do Muzeum Kairskiego

kami, w jakich żył naród izraelski w okresie sędziów, wtedy gdy nad Egiptem panował Merneptah i walczył w Palestynie. Izrael nie osiadł jeszcze całkiem w Kanaanie, lecz prowadził mniej lub więcej nomadyczny tryb życia.

Jest to doprawdy swoiste przeżycie, stać przed kamiennym świadkiem Izraela, mającym obecnie 3200 lat i kopiować tekst, który wspomina lud Boży we wczesnym okresie historii świata. Ten dokument zawiera mocny dowód przeciw teorii, że Ramzes II był faraonem czasów niewoli, a Merneptah faraonem czasów wyjścia narodu wybranego. Gdyby Izraelici rzeczywiście wyszli z Egiptu za Merneptaha, który panował stosunkowo krótko, nie mógłby ich spotkać pod Gezer i Aszkalon, jak wyraźnie oznajmia jego inskrypcja. Jak wiadomo, Izraelici od opuszczenia Egiptu do zajęcia Kanaanu wędrowali 40 lat przez pustynię. Wierzymy natomiast informacji z 1 Krl 6,1 umiejscawiającej exodus 480 lat przed czwartym rokiem panowania Salomona. Według tej wzmianki wyjście przypada na XV w. p.n.e. i nie zachodzi tu żadna historyczna czy chronologiczna sprzeczność pomiędzy biblijnym podaniem a egipską stelą z XIII w. p.n.e.

Obiekty z grobu Tutanchamona

Żaden turysta nie oprze się silnemu wrażeniu, oglądając przedmioty znalezione w grobie Tutanchamona. Ponad 1700 eksponatów udostępnionych jest zwiedzającym. Znacznie mniej wartościowe leżą w muzealnych magazy-

Tron Tutanchamona wykładany złotem

nach. Duże, długie sale i jedno mniejsze pomieszczenie są całkowicie wypełnione przedmiotami z grobu faraona. Największa uwaga turystów skupia się na lśniących skarbach, takich jak maska króla ze szczerego złota lub bezcenna biżuteria. Lecz mnie interesowały bardziej niepozorne przedmioty z żelaza.

Zwiedzającym pokazano piękny sztylet ze złotą rękojeścią zakończoną gałką z kryształu górskiego, inkrustowaną szkłem. Lecz ostrze wykonane zostało z nierdzewnego żelaza. Poza tym żelazny amulet w formie oka; żelazna miniaturka wezgłówka i kilka modeli narzędzi z tego samego materiału. Te przedmioty udowadniają, że żelazo było używane do wielorakich celów już w czasach Tutanchamona (XIV w. p.n.e.), a więc w okresie bezpośrednio po zdobyciu Kanaanu przez Izraelitów. Według sprawozdania biblijnego Kanaanejczycy posiadali „żelazne wozy". Rozumiano przez to zapewne, że elementy tych wozów były wykonane z żelaza.

Krytycy *Biblii* długo utrzymywali, że wzmianka o żelazie w *Księdze Jozuego* 17,16.18 i *Sędziów* 1,19; 4,3.13 zdecydowanie dowodzi późniejszej daty zredagowania tych ksiąg. Powoływano się na przesłankę, że przed XII wiekiem p.n.e., żelazo nie było używane. Przedmioty z grobu króla Tutanchamona pokazały, że krytycy mylili się, a żelazo było używane o wiele wcześniej. Podczas nowszych wykopalisk w krajach biblijnych znaleziono dalsze przedmioty z żelaza. Potwierdzają one historyczną wierność opisów biblijnych. Chociaż są podlejsze i mniej atrakcyjne od złota i srebra i z ich powodu nie zwiększy się liczba odwiedzających muzeum, lecz bez porównania odkrycia te są ważniejsze dla ludzi pragnących zrozumieć *Biblię* i historię tamtych czasów.

Najwcześniejsze pismo alfabetyczne

Muzeum w Kairze posiada kilka niepozornych tabliczek kamiennych z niezdarnie wyrytym napisem. Większość zwiedzających niedbale przechodzi obok nich. Te brązowe kamienie odkryto w 1905 roku w starożytnych kopalniach miedzi, na Półwyspie Synajskim. Ich odkrywca, Flinders Petrie, nie mógł rozpoznać rodzaju pisma. Pierwsze sukcesy w odszyfrowaniu osiągnął podczas I wojny światowej znany egiptolog angielski, Alan Gardiner. Naszą wiedzę o tych tekstach poszerzyli później inni badacze, jak Cowley, Sethe, Albright. Kamienne napisy przestały być tajemnicą.

Pod względem treści prezentują małą wartość historyczną. Ich znaczenie zawiera się w tym, że stanowią jeden z pierwszych zarodków rozwiniętego pisma alfabetycznego. Kilku palestyńskich robotników zatrudnionych w egipskich kopalniach miedzi na Synaju było jako tako zapoznanych z pismem egipskich panów. Jednemu z nich musiała przyjść mądra myśl do głowy, aby egipskie znaki obrazkowe, wyrażające pojęcie lub całe słowa, użyć do oddania pojedynczych zgłosek.

Wynalazca synajskiego alfabetu używał na przykład hieroglifu oznaczającego egipskie słowo „woda" (linia falista) na oddanie początkowej zgłoski semickiego wyrazu „majim" (woda) czyli „m". Wynalezienie tej zasady to narodziny przodka naszego współczesnego pisma. Pismo z Synaju było najwybitniejszym osiągnięciem w dziedzinie sztuki pisania. Niewątpliwie pierwszy alfabet kilkakrotnie udo-

Maska pośmiertna pokryta złotem i masą perłową.
Skarby znalezione w grobowcu Tutanchamona przechowywane są obecnie w Muzeum Kairskim.

skonalano, lecz nigdy nie zastąpiono go czymś zasadniczo lepszym. Główne tendencje form dotrwały do dziś. I tak na przykład w naszej literze „m" zachowała się, wprawdzie trochę skrócona, falista linia synajskiego pisma.

Ten wynalazek został dokonany na krótko przed wygnaniem i pobytem Mojżesza w górach Synaju. Miał on więc do dyspozycji pismo, którego znajomość nie była przywilejem tylko kilku uczonych pisarzy, mających w głowie kilkaset różnych znaków, lecz także człowieka z przeciętnym wykształceniem. Były więc podstawy, aby *Pismo Święte* stało się dobrem ogólnoludzkim.

Gdy przypatrywałem się brązowym kawałkom piaskowca z Synaju z niedołężnie wyrytymi napisami palestyńskich górników, uświadomiłem sobie z wdzięcznością, że dzięki Bogu wynalazki i odkrycia zdarzały się zawsze wtedy, gdy zaistniała tego potrzeba. Gdy Mojżesz, pierwszy współautor *Biblii*, otrzymał polecenie spisania początków historii ludzkiej, miał do dyspozycji pismo, które w pełni odpowiadało temu zamierzeniu. Gdy na początku czasów nowożytnych Bóg powołał reformatorów mieli oni do dyspozycji niedawno wynaleziony druk, przez co mogli rozwinąć działalność na szeroką skalę. I teraz, gdy ostatnie Boże poselstwo jest skierowane do świata, współczesne możliwości dostarczają środków, aby misjonarze podróżowali szybciej, a ich głos rozbrzmiewał donioślej, rozgłaszając dobrą nowinę na cały świat.

Te i inne myśli przyszły mi do głowy, gdy studiowałem synajskie inskrypcje, najwcześniejsze przekazy napisane w piśmie alfabetycznym. Prawie żaden turysta w Kairskim Muzeum nie zauważa ich, choć stanowią bardzo ważne ogniwo w przekazie woli Bożej rodzajowi ludzkiemu jako środek, przez który Boża wola mogła być spisana i zachowana dla przyszłych pokoleń w jak najprostszej formie.

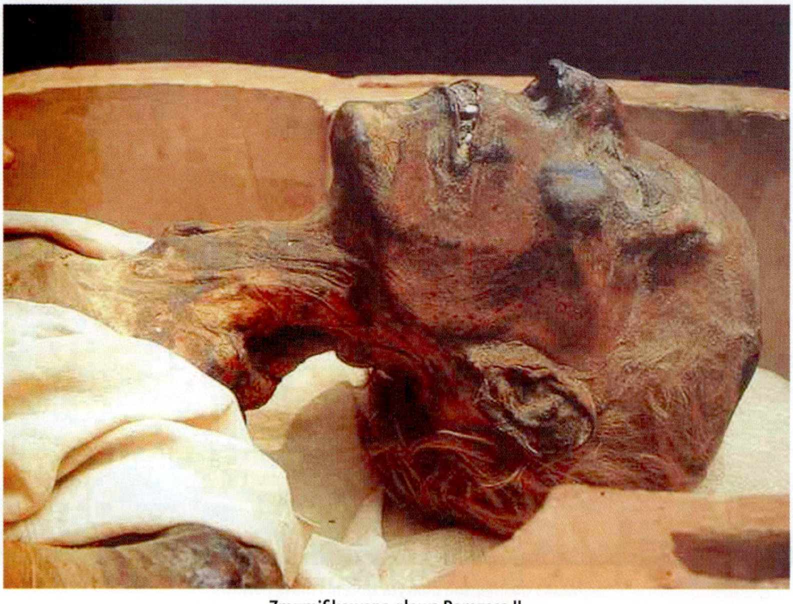

Zmumifikowana głowa Ramzesa II

PERSJA

Morze Czarne
Morze Kaspijskie
CHOREZM
SOGDIANA
BAKTRIA
GANDARA
Bizancjum
ARMENIA
(= URARTU)
ANATOLIA
LIDIA
Jonia
Sardes
Karia
Egea
Eufrat
Tygrys
ZAGROS
MEDIA
PARTIA
Teheran
AFGANISTAN
ARACHOZJA
ASYRIA
Arbela
GUTIUM
Ekbatana (= Hamadan)
ARABIA
AKKAD
BABILONIA
Opis
Behistun
ANSZAN
Indus
SIND
Sydon
Tyr
Damaszek
Sippar
Suza
ELAM
Samaria
Jerozolima
Babel
(= Babilon)
Pasargadai
Persepolis
PERSJA
Zatoka Perska
SYNAJ
Petra
Teima
Morze Czerwone
km 250 500

15

Ekbatana i Medowie

Hamadan, lepiej znany pod grecką nazwą Ekbatana, leży w zachodnim Iranie, na urodzajnym płaskowyżu u podnóży góry Elvend o wysokości 3600 m, której nagie lub pokryte śniegiem granitowe szczyty tworzą malownicze tło starożytnej metropolii.

Położona na wysokości 1800 m npm., w gorącej porze roku posiada przyjemny klimat, w przeciwieństwie do długich, chłodnych zim. Miasto leżało na ważnym trakcie karawanowym, który łączył Azję Wschodnią z doliną Mezopotamii. Z tego powodu Ekbatana była bardzo ważnym centrum handlowym. Karawany przywożące na zachód bogactwo Indii, Afganistanu i Persji jeszcze przed odkryciem drogi wodnej do Indii przechodziły z reguły przez to miasto.

Wprawdzie dzisiaj Hamadan stracił na ważności, lecz ciągle jest daleki od utraty znaczenia. Jako centrum produkcji wyrobów ze skóry i dywanów cieszy się pewnym dobrobytem. Jeszcze przed kilkoma laty jego wygląd z wąskimi i ciemnymi uliczkami był typowo orientalny. Taki opis znajduje się przy jego nazwie w przewodnikach i encyklopediach. Dzisiaj, turysta, który przybędzie do Hamadanu, będzie zaskoczony widokiem szerokich bulwarów i wieloma nowoczesnymi budynkami. Hamadan może się nawet mierzyć z Teheranem — stolicą Iranu.

Hamadan zasługuje na uwagę czytelników *Biblii*, ponieważ był w starożytności stolicą Medów, nieposkromionego i okrutnego narodu, któremu Bóg kazał powstać przeciwko Babilonowi (zob. Iz 13,17-18). W *Starym Testamencie* wspomniana jest Ekbatana pod hebrajską nazwą Achmeta. Tutaj został odnaleziony w czasach Dariusza I dekret Cyrusa, który zezwalał Żydom na powrót do swojej ojczyzny i odbudowę świątyni (zob. Ezd 6,2-12). Z tego wynika, że miasto posiadało wielkie znaczenie, lecz bardzo mało wiemy o początku dziejów Ekbatany jak i Medów.

Są dwie główne przyczyny opłakanego stanu materiałów źródłowych. Po pierwsze, dzisiejszy Hamadan leży dokładnie na starożytnej Ekbatanie. Każde badania archeologiczne są przez to uniemożliwione. Tylko przy okazji kładzenia fundamentów pod nowe budynki wychodzą na jaw medyjskie starożytności. Drugą przyczyną jest zupełny brak dokumentów medyjskich. Sądzi się, że Medowie w ogóle nie znali sztuki pisania. Dotąd nie odnaleziono żadnych oddzielnych dokumentów, które można byłoby przypisać temu starożytnemu narodowi. Wszystkie wiadomości dotyczące jego historii pochodzą z asyryjskich, babilońskich, perskich i greckich źródeł oraz z *Biblii*.

Medowie, lud indoeuropejski, pojawili się po raz pierwszy w historii jako barbarzyńcy, przeciwko którym walczył asyryjski król Salmanassar III (859-824 p.n.e.). Po stuletnim milczeniu źródeł pojawili się znowu w zapiskach Sargona II (722-705 p.n.e.), który miał zwyciężyć Medów pod wodzą króla Daiaukku. Ponieważ Asyryjczycy masowo przesiedlali całe narody, jest bardzo możliwe, że przeprowadzili deportację Medów do innych części asyryjskiego imperium, a opustoszałe miasta zaludnili obywatelami innych podbitych ludów. Taki wniosek możemy wyciągnąć na podstawie informacji podanych w *Biblii*. Gdy Samaria dostała się w 722 roku p.n.e. w ręce Sargona II, wielu nieszczęśliwych mieszkańców zostało osiedlonych „w miastach medyjskich" (2 Krl 18,11).

Jest wątpliwe, czy Daiaukku z inskrypcji Sargona jest identyczny z Dejokesem, któremu Herodot przypisuje stworzenie imperium medyjskiego i założenie stolicy Ekbatany. Równie dobrze może chodzić o dwóch różnych ludzi z tym samym imieniem, gdyż wydaje się, że Dejokes Herodota panował po śmierci Sargona od ok. 700 do 647 p.n.e. W tych latach Assarhadon prowadził walki z medyjskimi plemionami, a potem zawarł umowę z Ramateją, jednym z ich przywódców (672 p.n.e.). Wiemy o tym z tabliczki glinianej o wymiarach 30x45 cm z 600 wierszowym tekstem klinowym. Prof M. E. L. Mallowan znalazł ją wiosną 1955 roku w Nimrud, biblijnym Kalach. Odkryto tam również rzeźby z kości słoniowej, które przedstawiały Medów przynoszących trybut Asyryjczykom.

Po Dejokesie następował jego syn, Fraortes, rządzący około 22 lata (647-625 p.n.e.). Rozszerzył swą władzę na perskie plemiona i włączył ich obszary do medyjskiego państwa.

Następny król, Kiaksares, syn Fraortesa, panował 40 lat (625-585 p.n.e.) W babilońskich źródłach klinowych wspomniany jest jako sprzymierzeniec Nabopolassara, króla Babilonu, przeciw Asyrii. Kiaksares wydał swą córkę za Nebukadnesara, ówczesnego następcy tronu w Babilonii. Po zdobyciu Assur (614 p.n.e.), jednej z pierwszych stolic Asyrii, Kiaksares i Babilończycy skierowali się przeciw Niniwie. Wielka metropolia upadła po trzymiesięcznym oblężeniu (612 p.n.e.). Jej król, Sinsza-riszkun, wraz z całym dworem zginęli w płonącym pałacu. Zwycięzcy podzielili się asyryjskim państwem. Babilończycy wzięli bardziej cywilizowaną południową część, podczas gdy Medowie, twardzi mieszkańcy gór, wzięli w posiadanie górzyste kraje Urartu (Armenia) i Wschodniej Azji Mniejszej.

Kiaksaresowi przypisuje się także zwycięstwo nad Scytami, barbarzyńcami, którzy z Bałkanów wtargnęli na Bliski Wschód. Natomiast jego wojna z Lidyjczykami nie została rozstrzygnięta. Zaćmienie słońca w maju 585 roku p.n.e. sprawiło, że przesądni żołnierze obu armii (medyjskiej i lidyjskiej) zaprzestali walki, ponieważ uwierzyli, że bogowie nie pochwalają tej wojny.

Ostatni władca państwa medyjskiego

Następcą Kiaksaresa był jego syn, Astyages, ostatni władca państwa medyjskiego. Mało wiemy o jego 35-letnim panowaniu (585-550 p.n.e.). Grecy donoszą o próbach Astyagesa pozbycia się jego wnuka, Cyrusa. Astyages wydał córkę Mandane za Kambyzesa I, wasalnego władcy Persów. Lecz gdy Mandane urodziła syna, Cyrusa, Astyages obawiał się, że w przyszłości pozbawi on go tronu. Ile jest prawdy w legendzie o różnych próbach podejmowanych przez Astyagesa, aby zabić Cyrusa, i późniejszej ucieczki, nie wiemy. Obawy Astyagesa nie były pozbawione podstaw. Po śmierci ojca Cyrus objął perski tron i zbuntował się przeciw medyjskiemu panu, który był jego dziadkiem. Cyrus wprawdzie został dwa razy pokonany przez armię Astyagesa, lecz dzięki zdradzie Harpagosa, dowódcy wojsk medyjskich, który przeprowadził armię na stronę perską, w końcu zwyciężył. Ekbatana, stolica Medów, dostała się prawdopodobnie w ręce Cyrusa ok. 550 roku p.n.e.

Cyrus był na tyle mądry, że wielu Medów pozostawił na stanowiskach urzędowych i w wojsku. Aby uspokoić Medów, być może zezwolił nawet synowi Astyagesa, Dariuszowi z *Księgi Daniela* 6, wstąpić na medyjski tron jako „malowany król". Ekbatana stała się jedną ze stolic nowego imperium perskiego. Królewski dwór spędzał tu letnie miesiące, gdyż okolica charakteryzowała się przyjemnym, chłodnym klimatem, podczas gdy w innych miejscach panował nieznośny upał. Odnalezienie w Ekbatanie (Achmeta) rozporządzenia Cyrusa dotyczącego powrotu Żydów do ojczyzny (zob. Ezd 6,2) świadczy o tym, że Cyrus wydał ten edykt zapewne podczas pobytu w tym mieście latem 537 roku p.n.e.

Chociaż Ekbatana nie była najwspanialszą ze stolic Persów, to jednak podczas całego okresu perskiego zatrzymała wiele ze swej świetności. Jej bogactwo opisywali Grecy, którzy towarzyszyli Aleksandrowi Wielkiemu w wyprawie na Wschód. Po raz pierwszy Aleksander wkroczył do Ekbatany w 330 roku p.n.e. w pościgu za Dariuszem III. Drugi raz bawił tam wracając z Indii w 324 roku p.n.e. Według relacji, w jego ręce dostały się skarby wartości 180 tys. talentów. Pałac królewski w w Ekbatanie posiadał konstrukcję z cedrów i drewna cyprysowego powleczonego złotem i srebrem. Dach był pokryty srebrnymi dachówkami. Większość tego kosztownego materiału została zdemontowana i wywieziona. Tylko główna świątynia zachowała srebrny dach aż do 209 p.n.e., gdy Antioch Wielki kazał go zdjąć i wybić monety o wartości 4 tys. talentów.

Według Herodota — miasto było otoczone siedmioma murami, każdy innego koloru: zewnętrzny miał być biały, drugi czarny, trzeci purpurowy, czwarty niebieski, piąty pomarańczowy, szósty i siódmy pokryte były srebrem i złotem. Nie wiemy, czy ten opis pokrywał się z rzeczywistością, lecz inna informacja Herodota wydaje się być wiarygodna — zewnętrzny mur był mniej więcej tak długi jak mur Aten z V w. p.n.e., czyli ok. 6,5 kilometra. Przeczy temu relacja Diodora, który twierdzi, że mury Ekbatany miały 250 stadionów tj. około 46 km. Bez wątpienia przesadził, chyba że chodziło mu o całkowitą długość wszystkich siedmiu murów.

Inskrypcje Dariusza I i Kserksesa

Będąc w Hamadanie nie można pominąć skalnych napisów dwóch perskich królów, Dariusza I (522-486 p.n.e.) i Kserksesa (486-465 p.n.e.), umieszczonych wysoko na górze Elvend. Do napisu prowadziła stroma droga, która przekształciła się w szlak biegnący wzdłuż szumiącego potoku górskiego.

Nasuwało się pytanie, dlaczego obaj królowie perscy uwiecznili swoje proklamacje na tej niemal niedostępnej skalnej ścianie. Aby czytelnik udzielił sobie tej odpowiedzi, cytujemy tłumaczenie napisu Dariusza I: „Wielki jest bóg Ahuramazda, który tę ziemię stworzył dla ludzi, który Dariusza uczynił królem ponad innymi królami, niezrównanym władcą nad wieloma. Ja, Dariusz, wielki król, król królów, król krajów wielu ludów, król na tej wielkiej, rozległej ziemi, syn Hystaspesa, Achemenida" (F. N. Weissbach, *Die Achamenideninschriften zweiter Art*, Lipsk 1890, s. 77).

Koniec monarchii, koniec sławy

Świetność Ekbatany skończyła się wraz z upadkiem państwa perskiego, chociaż miasto na nowo stało się stolicą potężnego królestwa Partów, którzy przez kilka stuleci mieli tam rezydencję. Lecz późniejsze bogactwo Ekbatany było raczej rezultatem handlu niż politycznego prestiżu.

Informacja o Ekbatanie byłaby niepełna, gdybyśmy nie wspomnieli o tradycyjnym grobie królowej Estery i jej wuja Mordochaja, znalezionym w centrum miasta. Prosta, surowa budowla z dwoma sarkofagami pod centralną kopułą jest w posiadaniu i pod opieką Żydów. Nie da się udowodnić historycznej wierności tradycji tego grobu, chociaż Żydzi od stuleci pielgrzymują do tego miasta. Dla nich jest to pomnik pamięci dwojga bohaterów, którzy w trudnym okresie historii żydowskiej okazali chwalebną postawę. Pamięć o Esterze i Mordochaju przez stulecia podtrzymywała wśród Żydów nadzieję ucieczki i przeżycia w czasach prześladowań.

Biblia tylko raz wspomina Ekbatanę i wydaje się, że zajmowała mało ważne miejsce w historii biblijnej. Lecz czytelnik *Biblii* nie powinien zapomnieć, że Medowie i Persowie, których stolicą była Ekbatana, byli właściwie pierwszymi, którzy założyli indoeuropejskie imperium. Medowie i Persowie przerwali semicką dominację i wprowadzili nowe moralne i duchowe wartości. Byli tolerancyjni wobec podbitych narodów i obcych religii, przez co zostały stworzone warunki do dalszego istnienia Żydów po niewoli babilońskiej. To stanowisko ostatecznie doprowadziło do adopcji nowych koncepcji rządu. Rozwinięte w następnych wiekach przez Greków i Rzymian umożliwiły chrześcijaństwu opanowanie świata w niewiarygodnie krótkim czasie.

„Oto ja objawię ci, co się będzie dziać pod koniec czasu gniewu, bo widzenie dotyczy końca czasu. Baran z dwoma rogami, którego widziałeś, oznacza królów Medii i Persji. A kozioł, to król grecki, a wielki róg, który jest między jego oczami, to król pierwszy. A to, że został złamany, a cztery inne wyrosły zamiast niego, znaczy: Z jego narodu powstaną cztery królestwa, ale nie z taką mocą, jaką on miał. Lecz pod koniec ich królowania, gdy zbrodniarze dopełnią swej miary, powstanie król zuchwały i podstępny. Siła jego będzie potężna i spowoduje okropne nieszczęścia; i szczęśliwie mu się powiedzie w działaniu, i zniszczy możnych i lud świętych. Działając podstępnie dzięki mądrości, będzie miał powodzenie; będzie pyszny w sercu i wielu zniszczy niespodzianie. Lecz gdy powstanie przeciwko księciu książąt, zostanie zmiażdżony bez udziału ludzkiej ręki" (*Księga Daniela* 8,19-25).

16

Cyrus Wielki i Pasargadai

Moja wizyta w ruinach Pasargadai, starożytnej stolicy i ostatnim miejscu spoczynku Cyrusa Wielkiego, przypominała mi czyny tego prawdziwie wielkiego monarchy starożytnego świata. Przez przyjaciół podziwiany, przez wrogów poważany, a przez *Biblię* chwalony. Izajasz, jeden z największych proroków *Starego Testamentu*, wspominał imię Cyrusa na ponad sto lat przed jego urodzeniem; przepowiedział jego dojście do potęgi, zdobycie Babilonu i obwieszczenie przyjacielskiego dekretu wobec Izraelitów (zob. Iz 44,28 do 45,8; 41,2-6; 46,11). Cyrus otrzymał taką charakterystykę, jaka nie przypadła w udziale żadnemu pogańskiemu władcy wspomnianemu w *Biblii*.

Jak już powiedziałem, Cyrus był synem Kambyzesa I, perskiego wasala króla Medów, i Mandane, córki Astyagesa, który był ostatnim rzeczywistym władcą imperium medyjskiego. Greckie zapiski mówią, jak Astyages, dziadek Cyrusa, czynił kilka prób zabicia perskiego wnuka i zbieg okoliczności uratował mu życie. Cyrus odziedziczył po ojcu władztwo nad perskim ludem w południowym Iranie. Astyages słusznie obawiał się Cyrusa, który dążył do niezależności. Po szczęśliwie zakończonym buncie ok. 550 p.n.e. Cyrus wziął w posiadanie imperium, które rozciągało się od pustyń wschodniego Iranu do centralnej Anatolii, od wysokich armeńskich gór do gorących wybrzeży Zatoki Perskiej.

Błyskawiczny wzlot Cyrusa zaskoczył okoliczne ludy. Po słusznej ocenie sytuacji Nabonid z Babilonu, Amasis z Egiptu, greckie miasto-państwo Sparta i Krezus z Lidii w Azji Mniejszej zawarli sojusz przeciw Cyrusowi, lecz każdy opór przeciw dynamicznemu, młodemu władcy Wschodu okazywał się bezskuteczny.

Zaledwie Cyrus utrwalił swoją potęgę i zmobilizował oddziały, skierował się przeciw lidyjskiemu państwu w zachodniej części Azji Mniejszej. W 547 p.n.e. uderzył na króla Krezusa i zdobył Sardes, ufortyfikowaną stolicę, ogólnie uważaną za nie do zdobycia; przyłączył Lidię do państwa perskiego, które odtąd sięgało do Morza Egejskiego.

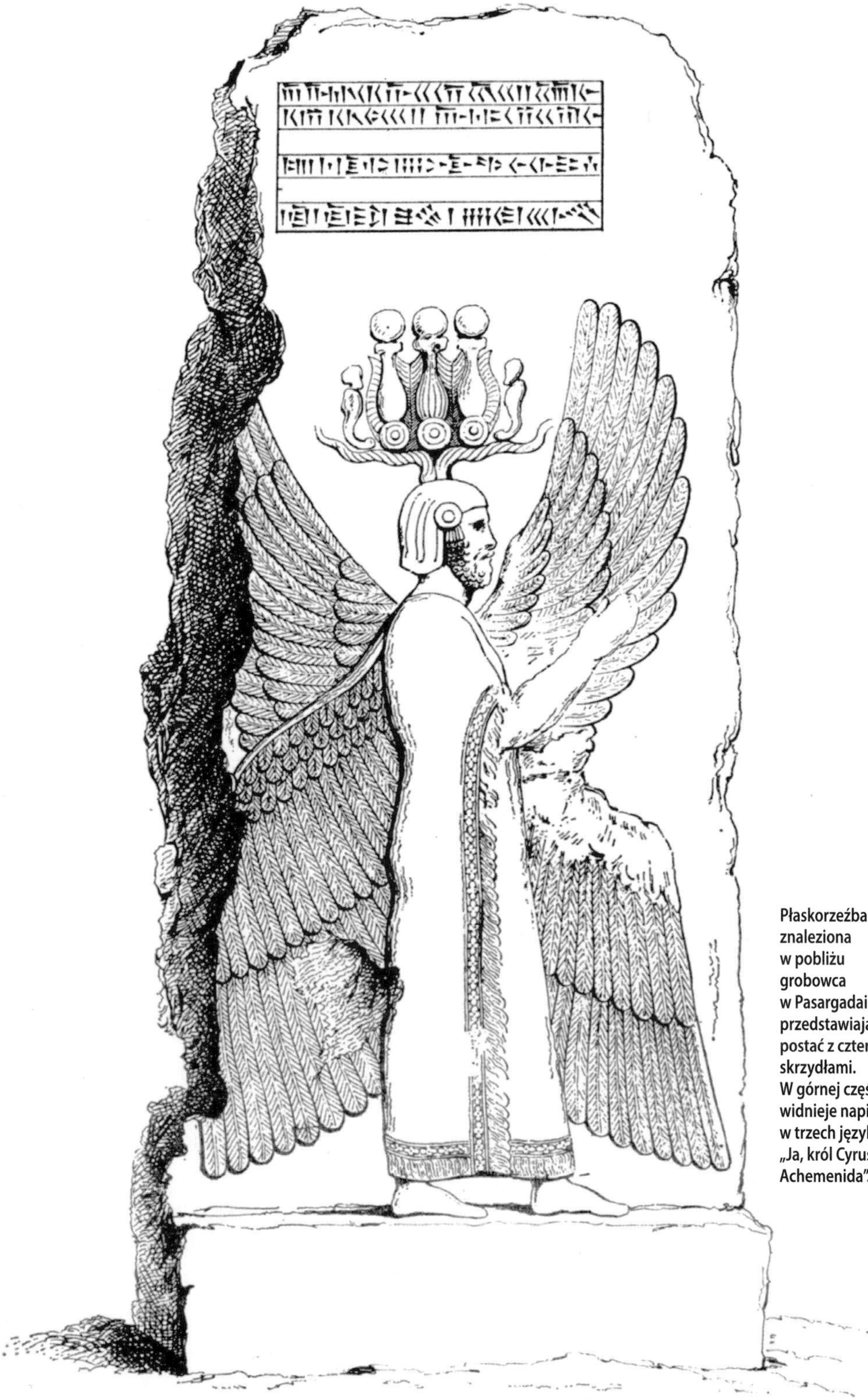

Płaskorzeźba znaleziona w pobliżu grobowca w Pasargadai przedstawiająca postać z czterema skrzydłami. W górnej części widnieje napis w trzech językach: „Ja, król Cyrus, Achemenida".

Rozstrzygająca rozprawa z Babilonem

Kilka lat później, po utrwaleniu władzy nad zachodnimi terytoriami, Cyrus był gotowy do rozprawy z Babilonem. Nabonid, ostatni król Babilonu, być może przewidział, że nie będzie mógł utrzymać stolicy wobec nacierających sił Medów i Persów. Dlatego wybudował drugą stolicę w Tema (Arabia). Rządy w Babilonie przekazał zwyrodniałemu synowi, Belsazarowi. Nie pomogły jednak żadne środki zaradcze. Cyrus pozyskał najpierw wschodnią prowincję Babilonii, Gutium, którą zdradziecki namiestnik wydał Persom. W 539 p.n.e. Cyrus zaatakował Babilończyków pod Opis nad Tygrysem, w pobliżu wału wybudowanego przez Nebukadnesara w razie inwazji z północy. Persom udało się przekroczyć Tygrys i pokonać spiesznie zgromadzone siły Babilończyków. Skierowali się przeciw głównym miastom Babilonii, podczas gdy cały kraj leżał otwarty przed niezwyciężonymi zdobywcami. Sippar, leżące ok. 40 km na zachód od Opis, upadło kilka dni później. Babilon, rzekomo nie do pokonania, Persowie zajęli niespodziewanym atakiem w dwa dni po zdobyciu Sippar. Zabili króla, który w pałacu urządził właśnie wielką ucztę. Jak sprawozdaje *Biblia*, kilka godzin wcześniej w sali ukazała się tajemnicza ręka, która na ścianie nakreśliła los Babilończyków.

Sława Cyrusa wyprzedzała go w każdym kraju i w mieście; gdziekolwiek się zjawił, był witany jako oswobodziciel i przyjaciel. Ze źródeł historycznych wiemy, że nie tylko narody deportowane (jak Żydzi) cieszyły się z wyzwoliciela, lecz nawet sami Babilończycy — niezadowoleni ze złych rządów Nabonida i Belsazara, przyjęli z radością nowego pana. Cyrus nikogo nie zawiódł. Wydał następujące rozporządzenie korzystne dla Żydów: „Wszystkie królestwa ziemi dał mi Pan, Bóg niebios. On też rozkazał mi, abym zbudował mu świątynię w Jeruzalemie, które jest w Judzie" (Ezd 1,2-4). Dzięki temu edyktowi trzymani w niewoli Żydzi mogli wrócić do domu.

W podobnej proklamacji adresowanej do Babilończyków (zapisanej klinami na glinianym cylindrze odnalezionym w Babilonie podczas wykopalisk w 1879 r.) donosi: „[Marduk] przyglądał się bacznie wszystkim krajom, rozglądał się za przyjacielem. Zgodnie z sercem pochwycił ręką sprawiedliwego władcę, Cyrusa, króla Anszanu. Powołał go, aby rządził całym światem i nazwał go swoim imieniem... [Ja Cyrus] zwróciłem się do miast [po tamtej stronie] Tygrysu, których świątynie były zniszczone, oddałem im ich bogów, a ludziom kazałem wrócić na ich miejsca".

W ten sposób Cyrus wypełnił oczekiwania i nadzieje uciskanych ludów. Jak nikt dotąd na świecie rządził po ludzku i tolerancyjnie. Lecz już 9 lat po zdobyciu Babilonu stała się tragiczna rzecz dla imperium i całego świata. Cyrus poniósł śmierć w wyprawie przeciw buntującym się plemionom. Słusznie uzyskał przydomek „Wielki" nie tylko z powodu zasług i sukcesów, lecz bardziej dlatego, że położył dobre fundamenty pod budowę imperium. Państwo perskie trwało jeszcze 200 lat, a dla porównania państwo Nebukadnesara upadło już 20 lat po śmierci wielkiego Babilończyka, a potężne imperium Aleksandra przetrwało zaledwie rok po śmierci swego twórcy. Znaczenie władcy mierzy się nie tylko geograficznymi rozmiarami państwa lecz także jego wewnętrzną mocą i trwałością. Z tego względu zasłużył Cyrus na zaliczenie go w poczet niewielu rzeczywiście wielkich królów, których wydał ten świat.

Wizyta w mieście Cyrusa

Zwiedzając ruiny miasta warto zapoznać się z historią człowieka, który to miasto założył. „Miasto Cyrusa", lepiej znane pod grecką nazwą Pasargadai, leży ok. 50 km na północ od Persepolis, na drodze z Teheranu do Zatoki Perskiej. Miasto słynie z powodu dobrze zachowanego mauzoleum Cyrusa, symbolu tej krainy. Gdy po raz pierwszy zbliżałem się do Pasargadai, spenetrowałem lornetką cały horyzont, aby zobaczyć słynny grobowiec Cyrusa, który historycy opisywali od czasów Aleksandra Wielkiego. Czytając wcześniej

W 1879 roku znaleziono gliniany cylinder z pismem klinowym zawierającym posłanie Cyrusa do Babilończyków. Jest ono zbliżone do orędzia Cyrusa zanotowanego w pierwszym rozdziale *Księgi Ezdrasza*.

relacje o wizycie Aleksandra przy grobowcu i oglądając wiele jego ilustracji, wzruszyłem się niemało, gdy w końcu w oddali odnalazłem na tle góry interesującą mnie budowlę.

Do Pasargadai dojechaliśmy podrzędną, niezbyt dobrą drogą. W cieniu grobu wielkiego Persa Beduini rozbili obóz. Właściwy grób, wykonany z wapiennych bloków w formie domu z dwuspadowym dachem, stoi na bazie z sześciu stopni w kształcie piramidy. Budowla licząca 11 metrów wysokości jest w swej prostocie pełnym godności monumentem wywierającym duże wrażenie. Jest nadspodziewanie dobrze zachowana — wyrwane zostały jedynie żelazne klamry łączące kamienne bloki.

Gdy Aleksander pokonał perskiego króla, Dariusza III, wkroczył do Pasargadai i znalazł grób Cyrusa w starannie utrzymanym ogrodzie pałacowym. Greccy pisarze donoszą, że zwłoki Cyrusa leżały jeszcze w złotym sarkofagu, w komnacie grobowej. Na kamiennych płytach znajdujących się w ścianie nad wejściem i po jego dwóch stronach widniały napisy w staroperskim języku, które według greckiego przekładu (Strabon 15,3.7) brzmiały: „O człowiecze, jestem Cyrus, który zdobył władzę dla Persów, król Azji. Nie zazdrość więc mi tego grobowca". Inny grecki przekład (Plutarch, *Aleksander* 69) oddaje następująco ten tekst: „O człowiecze, ktokolwiek jesteś, skądkolwiek przychodzisz — ponieważ wiem o tym, że przyjdziesz — jestem Cyrus, który zdobył władzę dla Persów. Nie żałuj mi tego małego kawałka ziemi, który przykrywa moje ciało".

Tablice z oryginalnym napisem dawno zaginęły, ale nisze, w których były przytwierdzone, są jeszcze widoczne. Od greckich pisarzy dowiadujemy się, że Aleksander po obejrzeniu prochów Cyrusa zapieczętował wejście, a grobu kazał strzec swoim żołnierzom. Później, jak to zwykle bywało, grób został splądrowany i teraz jest pusty.

Autentyczność grobowca

W islamskich czasach, w tylnej ścianie komory grobowej wycięto niszę modlitewną, a w bocznej ścianie wykuto fragment tekstu z *Koranu*. Ponieważ nie znano pierwotnego przeznaczenia monumentu, a wszystkie budowle starożytności łączono ze znanymi bohaterami z *Biblii* lub Koranu, grób Cyrusa uważany był przez długi czas przez okoliczną ludność za „grób matki Salomona". Historyczne i archeologiczne badania ostatnich dekad rozproszyły jednak wątpliwości, co do identyfikacji tego zabytku. Teraz jest już powszechnie uważany za rzeczywisty grób Cyrusa Wielkiego.

Ruiny miasta Pasargadai nie są tak dobrze zachowane jak Persepolis. Istnieje jeszcze trochę pozostałości po pałacu Cyrusa i innych budynkach. Przeprowadzono tam w ostatnich latach wykopaliska. Z wielkiej sali wejściowej do kompleksu pałacowego zachowały się zaledwie fundamenty. Można tam znaleźć fragmenty posągów uskrzydlonych byków z ludzką głową, co świadczy, że bramy sali wejściowej były zapewne podobne do tych w Persepolis, które są w znacznie lepszym stanie. Jedyna, dobrze zachowana rzeźba z tej sali przedstawia istotę w rodzaju cheruba z czterema skrzydłami i w egipskiej koronie. Nad nią wykuty był napis w trzech językach: „Ja, król Cyrus, Achemenida". Inskrypcja została ostatni raz skopiowana w 1840 roku. Niestety nie przetrwała dalszych 150 lat. W wielkiej sali audiencyjnej stoi jeszcze jedyna 12-metrowa kolumna, z pozostałych zachowały się tylko bazy i kilka dolnych fragmentów.

Tak samo jak inne perskie pałace, także i tu ściany zrobiono z cegieł, które już dawno się rozsypały. Pozostało jedynie kilka słupów drzwiowych i progów wykonanych z kamienia. Każda cegła bez wyjątku nosi krótki napis klinowy w perskim, elamickim i babilońskim piśmie i języku. Inskrypcje, które Cyrus kazał umieścić, zanim został królem całego imperium, brzmiały prosto: „Ja, Cyrus, król Achemenida". W późniejszym czasie formułka zmieniła się: „Cyrus, wielki król Achemenida". Rozkopano także mieszkalną część pałacu. Także i tu fundamenty, kilka baz kolumn, słupy drzwiowe i potłuczone rzeźby są milczącymi świadkami dawnego splendoru pałacu.

Niedaleko pałacu znajdują się ruiny budowli podobnej do wieży, którą okoliczni mieszkańcy nazywają „więzieniem Salomona". Niektórzy uczeni widzą w tym świątynię ognia, inni natomiast sądzą, że chodzi o grób Kambyzesa, syna i następcy Cyrusa, który podbił Egipt. Gdy Kambyzes przebywał w Egipcie, doszła go wiadomość o zamachu stanu „fałszywego Smerdisa". W drodze powrotnej umarł.

Wokół ruin Pasargadai można rozpoznać marne resztki dawnych murów. Na jednym z wysuniętych wzgórz wznosi się masywna platforma wykonana z potężnych bloków kamiennych. Posiada 12 m wysokości i 80 m długości. Nazywa się ją dzisiaj „tronem matki Salomona", lecz jej rzeczywiste przeznaczenie nie jest dokładnie znane. Najbardziej przekonywające wyjaśnienie jest takie, że na platformie posiadającej duże znaczenie obronne stał skarbiec Cyrusa, w którym gromadził bogactwa Medów po zdobyciu Ekbatany.

Ludzie zajmujący się szczegółowo historią wielkiego Cyrusa nie mogą oprzeć się osobliwemu wdziękowi wypływającemu z tej ludzkiej i barwnej postaci. Jest zrozumiałe, że Bóg nazwał go „moim pasterzem" i „pomazańcem... którego ująłem za jego prawicę" (Iz 44,28; 45,1). Wizyta w starożytnej stolicy Cyrusa jest pasjonująca i wysoce pouczająca.

„Rzekł Pan do swojego pomazańca Cyrusa, którego ująłem za jego prawicę, aby przed nim zdeptać narody i odpiąć pas na biodrach królów, aby przed nim otworzyć podwoje i aby bramy nie były zamknięte" (*Księga Izajasza* 45,1).

17

Dariusz i skała Behistun

Kulminacyjnym punktem mojej pierwszej podróży przez Iran (dawniej Persja) było zwiedzenie słynnej skały Behistun. Od tysiącleci podróżnicy, karawany i armie przechodzą obok wysokiej, 1200-metrowej skały i patrzą na fascynujące reliefy wykute 100 m ponad drogą. Zdumienie wywoływały także długie inskrypcje otaczające relief, wykute w kilku kolumnach. Przez stulecia nieznany był autor oraz znaczenie inskrypcji i rzeźb reliefowych.

Dzisiaj przeczytanie i zrozumienie tekstu nie sprawia już trudności. Wiemy także, który starożytny naród wykuł go w skale. A wszystko zawdzięczamy geniuszowi Henry Rawlisona. Już jako dziecko z wielkim zapałem czytałem o tym, jak Henry Rawlison wspinał się na skałę i ryzykując własnym życiem, kopiował napisy. Jakże zdumiał się świat, gdy Rawlison znalazł w tych tekstach klucz do odszyfrowania pisma klinowego. Przez ten czyn starożytność została wskrzeszona na nowo, odtworzono historię wielu zapomnianych ludów. Lecz zanim zajmiemy się pionierskim dziełem i długą historią badań skalnych napisów, pragnąłbym krótko naświetlić historię króla, który w nagiej skale donosi o wstąpieniu na tron i militarnych sukcesach.

Spadkobiercy Cyrusa

Inskrypcje są dziełem króla Dariusza I, syna Hystaspesa. Czytelnikom *Biblii* jest on znany z *Księgi Ezdrasza* jako jeden ze wspaniałomyślnych perskich władców. Był to drugi następca Cyrusa Wielkiego, z którym był daleko spokrewniony. Gdy w 530 roku p.n.e. zginął Cyrus, pozostawił dwóch synów — Kambyzesa, następcę tronu, który panował przez 8 lat, i Smerdisa. Kambyzes w przeciwieństwie do ojca był ponurym i nieszczęśliwym człowiekiem. Wiedział, że nie jest popularny i że poddani chętniej widzieliby na tronie jego brata, Smerdisa, postać znacznie sympatyczniejszą.

Zanim Kambyzes opuścił Persję w 525 r. p.n.e., aby podbić Egipt, kazał potajemnie zabić swego brata, Smerdisa, z obawy przed zagarnięciem przez niego tronu podczas swej nieobecności. Trzy lata później, po szczęśliwym podbiciu Egiptu otrzymał wiadomość, że na jego tronie osiadł uzurpator podający się za Smerdisa. Bezzwłocznie postanowił wrócić do Persji, lecz po drodze, gdzieś w Syrii, zginął w nieszczęśliwym wypadku lub popełnił samobójstwo. Ponieważ nie pozostawił męskiego potomka, władzę zagarnął Dariusz, jego daleki krewny. Nowy władca wiedział, że prawdziwy Smerdis nie żyje, a uzurpator nie mógł być w żadnym wypadku bratem Kambyzesa.

W ciągu następnych dwóch lat Dariusz ciężko walczył, aby się utrzymać przy władzy. Najpierw musiał usunąć fałszywego Smerdisa, który zginął w pałacu. Potem tłumił zbrojnie bunty licznych ludów i walczył z pretendentami do tronu. W końcu, w 2 lata po śmierci Kambyzesa stał się faktycznym władcą całego imperium. Teraz mógł zacząć długie i spokojne panowanie, często wspominane w historii. Dopiero w ostatnich latach życia padł cień na jego rządy. Rozruchy wśród jońskich Greków w zachodniej Azji Mniejszej skłoniły

Skała Behistun

go do rozpoczęcia osławionych wojen perskich. Z biegiem czasu przyniosły one liczne klęski wojskom perskim i były zapewne przyczyną późniejszego upadku imperium.

Dariusz uznany jest w *Biblii* jako dobroczyńca Żydów. Poprzez dotacje pieniężne z królewskiej kasy umożliwił im dokończenie budowy świątyni. Przychylność okazywał również innym podbitym narodom. Ochraniał ich wiarę, budował świątynie, troszczył się o sprawiedliwe rządy w prowincjach, a szczególnie zajął się ochroną parków i lasów na obszarze całego imperium. Wprowadził jednolity system monetarny obowiązujący od Indii aż do Egiptu. Stworzył pierwszy w historii system pocztowy, wykorzystywany do przekazywania urzędowych informacji do najdalszych zakątków państwa w niezmiernie krótkim czasie. Poza tym znalazł czas na wybudowanie wspaniałych pałaców w Suzie i Persepolis. Pałac w Suzie został przez wieki zupełnie zniszczony, lecz ruiny pałacu w Persepolis jeszcze stoją i są najwspanialsze na całym Bliskim Wschodzie.

Dariusz uwiecznia swe zwycięstwo

Gdy Dariusz wzmocnił swą władzę, powziął plan uwiecznienia historii swego wstąpienia na tron i utrwalenia swej potęgi. Na ścianie skały Behistun, przy głównym szlaku łączącym Persję z Mezopotamią, wykuł reliefy i napisy opowiadające jego dzieje. Relief przedstawia króla w towarzystwie dwóch dworzan; król występuje jako zwycięzca nad dziewięcioma wrogami; ośmiu z nich, skrępowanych więzami, stoi przed nim, a fałszywy Smerdis leży pod jego nogami. Relief otoczony jest 1306 wierszami pisma klinowego w staroperskim, babilońskim i elamickim języku.

Imiona przodków Dariusza są wykute głębiej w skale niż inne słowa, a zagłębienia były wypełnione ołowiem, aby dodać tym imionom blasku. Odkrył to dopiero prof. Cameron. W świetle tego faktu zrozumiały staje się tekst biblijny z *Księgi Hioba*, który wcześniej był dla komentatorów niezrozumiały. Hiob życzył sobie, „oby były zapisane moje słowa, oby były utrwalone w księdze żelaznym rylcem i ołowiem, wykute w skale na zawsze" (Hi 19, 23-24). Ponieważ ołów jest za miękki, aby z niego wykonywać narzędzia do kucia skały, a nie znano jeszcze napisów ze znakami wypełnionymi ołowiem, sądzono, że nigdy nie dowiemy się, co Hiob miał na myśli. W rozwiązaniu zagadki pomógł jednak napis Dariusza na skale Behistun.

Dariusz wiedział, że wielu ludzi próbowało wymazać pamięć o jego przodkach. Usiłował temu zapobiec, każąc umieścić w prawie niedostępnym miejscu wspaniały relief zwycięstwa z napisami. Gdy zakończono prace, kazał zatrzeć ścieżkę prowadzącą do reliefu. Od tego czasu do reliefu można było dotrzeć z wielkim narażeniem życia. Woli króla stało się zadość: dzieło na skale Behistun jest lepiej zachowane niż podobne inskrypcje zwycięstwa znajdujące się w innych miejscach.

Chociaż te środki zapobiegawcze zachowały relief, jednak przyczyniły się do wielkiego utrudnienia jego prac badawczych. Pierwsze próby skopiowania napisów w czasach nowożytnych zawiodły. Dwóch Francuzów z Tulonu, wysłanych przez rząd i francuską akademię, nie dotarło do napisów. Stwierdzili, że tylko jaszczurki mogą się tam dostać.

Następne próby podjął Henry C. Rawlison, młody oficer brytyjskiej armii, stacjonujący w Persji. Posiadając niezwykłe uzdolnienia językowe, z pasją starał się rozgryźć starożytne napisy na pomnikach i skałach Persji. W krótkim, trójjęzycznym napisie skalnym Dariusza i Kserksesa na górze Elvend pod Hamadanem udało mu się odszyfrować staroperską partię tekstu. Gdy potrzebował dłuższego tekstu do swoich badań, przypomniał sobie o napisie na skale Behistun.

Między 1837 a 1848 r. kilkakrotnie narażał życie, wspinając się na skałę i partiami kopiując tekst. Na małym występie skalnym postawił długą drabinkę groźnie kołyszącą się z boku na bok. Na dole trzymał ją perski chłopiec. Stojąc na górze przytulał się mocno do skalnej ściany i z niezwykłą cierpliwością kopiował znak za znakiem. Gdy opuszczały go siły, a palce zaczynały drętwieć, robił krótką przerwę. Gdy stawał się zbyt nerwowy, opuszczał na chwilę to miejsce, aby wkrótce wrócić. Nie rezygnował wcześniej zanim nie skopiował wszystkich fragmentów, których mógł dosięgnąć. Dotarcie do kilku szpalt tekstu było dla niego niemożliwe, gdyż poniżej nie było żadnego występu skalnego dla drabiny. Równocześnie z kopiowaniem podejmował próby odczytania zagadkowych tekstów, aż w końcu tego dokonał. Odszyfrował najpierw staroperski tekst i przy jego pomocy babiloński i wreszcie elamicki. Wszędzie ze zdumieniem przyjęto do wiadomości, że przy pomocy starożytnych inskrypcji skalnych zaczęto ponownie mówić językami dawno nie istniejących narodów i że przeczytano, co kiedyś napisali starożytni Persowie, Babilończycy i Elamici. Wynikiem tej pracy, która okazała się wielce doniosła, było także potwierdzenie treści biblijnych bezpośrednio przez starożytne zapisy. W wielu krajach biblijnych znaleziono bardzo dużo dokumentów, przez tysiąclecia ukrytych pod piaskiem i gruzem. Ich ponowne odczytanie zawdzięczamy w ogromnym stopniu uporczywości, poświęceniu i uzdolnieniu Henry Rawlisona.

Kopie, które Rawlison z wielkim trudem wykonał, naturalnie nie są bezbłędne. W 1903 r. Amerykanin A.V. Williams Jackson, profesor Uniwersytetu Kolumbijskiego, w taki sam sposób wspiął się na skałę i sprawdził niektóre partie tekstu. Rok później L.W. King i R. Campbell Thompson dostali polecenie z British Museum, aby wykonać nową kopię. Obaj odkryli ścieżkę, która prowadziła do skalnego gzymsu ponad reliefami; stąd spuszczali się w dół w koszach przymocowanych do lin. Zwisając przed ścianą mogli sporządzić nową kopię prawie całego napisu. Tylko te partie, które leżały powyżej nich, były niedostępne, podobnie jak to już było w przypadku Rawlisona. Dlatego też ciągle pobudzały ciekawość uczonych.

Ostatnie tajemnice skalnej ściany

Ostatnie tajemnice wydarł skale w 1948 George G. Cameron, profesor Uniwersytetu Michigan. Przytwierdził stalowe bolce do skalnego gzymsu odkrytego w 1904 r. przez Kinga i Thompsona. Przymocowano do niego rodzaj pomostu spuszczonego w dół na stalowych linach. Przy pomocy tego urządzenia mógł Cameron dotrzeć do części skały, która zawierała nie skopiowany dotąd fragment 2300-letniego tekstu. Musiał jednak zawiedziony stwierdzić, że nieznany fragment nie zawierał żadnych nowych informacji, lecz jedynie paralelne teksty do znanych już partii inskrypcji z Behistun. Przedsięwzięcie nie doprowadziło więc do nowych odkryć. Przyszłość także już nic nie przyniesie, gdyż skała nie ma nic więcej do zaoferowania. Ponad stuletnie badania można było uznać za zakończone, gdy Cameron wykonał nową lateksową kopię całego napisu.

Historia Dariusza I i słynnej skały jak żywa przebiegała mi przed oczami, gdy stałem przed nią. Leży ona na równinie, jest z dala widoczna ze wszystkich stron. Droga przebiega bezpośrednio u podstawy niemal pionowej ściany. Wioska Bizutun, leżąca u podstawy góry w pobliżu źródeł czystej i zimnej wody, dała skale nazwę. My jednak znamy ją lepiej pod zniekształconą nazwą Behistun. Z towarzyszami wdrapaliśmy się na najwyższy punkt, który można osiągnąć bez drabiny, około 30 m poniżej reliefów. Stąd przez lornetkę mogliśmy przyglądać się reliefom. Oglądając postać Dariusza, przypomniałem sobie, co ten król napisał w sąsiedniej inskrypcji: „Ahuramazda, Bóg Ariów, przyszedł mi z pomocą... ponieważ nie byłem niena wistny i nie byłem kłamcą i złoczyńcą — ani ja, ani mój ród... nikomu nie uczyniłem krzywdy" (F.W. Weissbach, *Die Achamenideninschriften zweiter Art*, Lipsk 1890, s.73-75).

Jaki kontrast z samochwalnymi inskrypcjami okrutnych Asyryjczyków, którzy sławili ujarzmianie słabych ludów i gnębienie biednych. Bóg pozwolił Cyrusowi i Dariuszowi dojść do potęgi, aby z ich pomocą sprowadzić naród wybrany do ojczyzny i odbudować świątynię, czego nie mógł uczynić żaden asyryjski lub babiloński monarcha. Także i w tym rozwoju wypadków można dostrzec Opatrzność Bożą.

18

Miasto królowej Estery

Podczas zwiedzania Suzy czytelnik *Biblii* przypomni sobie podstępnego dworzanina, Hamana, bogobojnego Mordochaja, króla Achaszwerosza (Kserksesa) i piękną królową Esterę. Pomyśli także o proroku Danielu, który jedną ze swoich wizji otrzymał w twierdzy w Suzie, w krainie Elam (zob. Dn 8,2). Najokazalszą budowlą w Suzie jest tradycyjny grób Daniela z wysoką, żłobkowaną kopułą widoczną z dalekiej odległości. Ponieważ Daniel uchodzi za proroka także u mahometan, budowla jest świętym miejscem. Chrześcijanie mogą wejść tylko do zewnętrznych pomieszczeń, w żadnym wypadku do środkowej części, gdzie znajduje się domniemany sarkofag Daniela. Nie ma żadnych historycznych dowodów na to, że miejsce to było faktycznym grobem proroka.

W zimowej rezydencji Persów

Dzisiejszy następca starożytnej Suzy, irańskie miasteczko Szusz, leży w górach Zagros w dolinie, przez którą przepływają liczne rzeki wpadające do Zatoki Perskiej. Ponieważ gorący wiatr od Zatoki Perskiej (jeden z najgorętszych regionów świata) wieje przez dolinę jak przez tunel, upał w Suzie w czasie letnich miesięcy jest prawie nie do wytrzymania. Z tej przyczyny perscy królowie, którzy kilka wielkich miast przeznaczyli na swe rezydencje, zamieszkiwali Suzę tylko w zimie. Archeolodzy poszli ich przykładem i ograniczyli pracę w ruinach tylko do miesięcy zimowych. Na wschód od dzisiejszego miasta wznoszą się na obszarze 2 tys. hektarów liczne pagórki o wysokości od 35 do 40 metrów. Zidentyfikowano je jako pozostałości starożytnej Suzy. Najpierw przez setki lat była stolicą Elamitów, potem jedną ze stolic perskiego imperium. Swym obszarem niewiele ustępowała Babilonowi.

Nad pagórkami sterczy olbrzymia budowla podobna do średniowiecznego zamku europejskiego. Wybudowana ona została przez pierwszych archeologów, którzy pojawili się w Suzie; była to główna kwatera francuskiej ekspedycji. Wzniesiona została z niezliczonych cegieł pochodzących ze starożytnych pałaców. Wiele cegieł nosi napisy w piśmie klinowym. Niektórzy ambitni zbieracze pełni zazdrości stwierdzali, jak wiele starożytnego materiału zużyto tu na budowę, że nawet dziedziniec i stajnie zostały wybrukowane cegłami pokrytymi inskrypcjami.

Suza została odkryta i zidentyfikowana przez angielskiego badacza W.K. Loftusa w 1850 roku. Była to później przez długi czas perła francuskiej archeologii na Bliskim Wschodzie.

W 1884 roku Marcel Dieulafoy i jego żona, Jane, rozpoczęli wykopaliska na rozległych pagórkach. Rozkopali część pałacu o pow. 50 ha z czasów perskiego imperium. Jedenaście lat później Francuzi nabyli od perskiego rządu wyłączne prawo do prowadzenia wykopalisk w Persji gdziekolwiek zechcą. Persja zezwoliła im także na zatrzymanie wszelkich zabytków odkrytych w czasie prac poszukiwawczych. Wskutek narastających trudności umowa została rozwiązana 40 lat później.

Dzięki temu Francuzi zgromadzili w paryskim Luwrze jedyny w swoim rodzaju zbiór wschodnich starożytności. Ale nie tylko; zachęciło to rząd fran-

Dekoracje na ścianie w perskim pałacu królewskim w Suzie. Widoczne na zdjęciu lwy z ludzkimi głowami i dwoma skrzydłami były symbolami heroldów w imperium perskim. Obecnie znajdują się w zbiorach Luwru.

cuski do inwestowania pieniędzy w perskie wykopaliska. Zyskała na tym cała bliskowoschodnia archeologia, chociaż inne kraje zazdrościły Francji tego wyróżnienia.

Kodeks Hammurabiego

W latach 1897-1912 Jacąues J.M. de Morgan, przedtem dyrektor departamentu starożytności w Egipcie, kontynuował wykopaliska w Suzie i poczynił kilka fenomenalnych odkryć. Najbardziej doniosłe dla archeologii biblijnej było znalezienie w grudniu 1901 i styczniu 1902 zbioru praw Hammurabiego. W ciągu tych dwóch miesięcy Morgan wydobywał z gruzu pokryty znakami obelisk z czarnego bazaltu, rozbity na trzy części. Ku zdumieniu uczonych z całego świata wysoki na 2,5 m kamień zawierał nieznany zbiór praw słynnego babilońskiego króla, Hammurabiego, który panował w Mezopotamii w pierwszej połowie II tys. p.n.e.

Tylko niewielu uczonych sądziło, że skodyfikowane prawa istniały w tak wczesnym okresie. Dlatego też uważano powszechnie, że niemożliwe jest, aby prawa zawarte w *Pięcioksięgu* pochodziły w czasów Mojżesza. Odnalezienie kodeksu Hammurabiego było ciosem dla tych niezwykle krytycznych uczonych. W ten sposób wytrącono im najsilniejszy argument przeciwko Mojżeszowemu autorstwu *Pięcioksięgu*.

Jeszcze pod innym względem znalezisko stało się ważnym świadectwem wiarygodności *Biblii*. Ponieważ prawa Hammurabiego pochodzą z czasów patriarchów, rzucają światło na ich historię, a będąc źródłem pozabiblijnym, udowadniają, że *Księga Rodzaju* wiernie oddaje panujące wówczas stosunki, o których pisze. Jej autor wiedział więc, o czym pisał.

Kamienny słup Hammurabiego stał pierwotnie w Babilonii. Miał informować każdego obywatela podlegającego procedurze sądowej o jego prawnym położeniu. Później, gdy Elamici zdobyli Babilon, wywieźli obelisk wraz z innymi pomnikami jako łupy wojenne. Jako trofeum wystawili go w swej stolicy, Suzie. W późniejszych czasach Suzę spotkał ten sam los, co Babilon. Najeźdźcy, którzy zajęli miasto rozbili pomnik na części. Zapomniany leżał pod gruzami zamku, aż do ponownego odkrycia w czasach nowożytnych. Gdy Mordochaj był urzędnikiem króla w Suzie, a Estera mieszkała w królewskim pałacu, nikt już nie słyszał o słynnej steli Hammurabiego.

Nie możemy zatrzymywać się dłużej przy wszystkich ważnych odkryciach dokonanych w Suzie od początku wykopalisk w 1881 roku. Chodzi o wiele zabytków z czasów Sargona z Akkadu i Naramsina, dwóch wielkich zdobywców przed Abrahamem, liczne, wspaniałe dzieła sztuki Elamitów i Persów i mistrzowsko wy konane barwne reliefy z glazurowych cegieł znajdujących się po bokach schodów perskich pałaców, dalej wiele innych, miłych i wielkich znale-

Zbiór praw Hummurabiego zapisanych na steli z czarnego kamienia.
Odkrycie to w znacznym stopniu uwiarygodniło tekst *Biblii* (ze zbiorów w Luwrze).

zisk, które są dziś do obejrzenia w Luwrze. Potężne gruzowiska okazały się niemal niewyczerpanym źródłem zabytków archeologicznych.

Chociaż dokładnie przejrzałem opracowania wykopalisk, plany i rysunki stanowiska, zadziwiły mnie ogromne rozmiary wzgórz ruinnych. Zawierają w sobie budowlany gruz i pozostałości po bardzo długim zasiedleniu. Suza posiadała dużą liczbę mieszkańców. Dowodem tego są niezliczone miliony skorup z garnków, które wychodziły za każdym zagłębieniem łopaty. Wprawdzie rozbite garnki występują w dużej liczbie we wszystkich starożytnych osadach Bliskiego Wschodu, lecz nigdzie nie widziałem tak olbrzymich ilości jak właśnie tutaj.

Ruiny pałaców

Ci, którzy przybywają do Suzy, aby zwiedzić pozostałości pałacu Dariusza i Kserksesa, doznają zawodu. Pozostały jedynie ruiny apadany, wielkiej sali bankietowej, w której prawdopodobnie odbyła się uczta Achaszwerosza (Kserksesa), opisana w *Księdze Estery* 1.

Żadna z 72 wysokich kolumn nie stoi, a ich bazy są rozbite i porozrzucane. Chociaż kolumny leżą między ruinami porośniętymi zielskiem, to jednak można sobie wyobrazić plan i wielkość sali. Jest ona bardzo podobna do apadany z Persepolis; lecz o niej w następnym rozdziale.

Z przylegającej królewskiej rezydencji również niewiele się zachowało. Została wybudowana przez Dariusza I. Inskrypcja odnaleziona podczas wykopalisk opisuje wspaniałość budowli. Napis głosi, że do jej powstania przyczyniły się wszystkie kraje perskiego imperium, dostarczając materiału budowlanego i siły roboczej.

Babilończycy wykopali doły pod fundamenty, ale byli także murarzami; Asyryjczycy, Karyjczycy i Jończycy byli odpowiedzialni za transport drewna cedrowego z Libanu. Złoto sprowadzono z Sardes i Baktrii, lapis lazuli (niebieski kamień półszlachetny) i karneol z Sogdiany, turkus z Chorezmu, srebro i drewno hebanowe importowano z Egiptu, kość słoniową z Etiopii i Arachozji, a inne dekoracyjne elementy z Jonii.

Oprócz wymienionych już Babilończyków zatrudniono jońskich i lidyjskich kamieniarzy, medyjskich i egipskich złotników oraz sardejskich i egipskich cieśli. W wyniku ich pracy powstał potężny i wspaniały pałac podobny w planie do południowego pałacu w Babilonie, który mógł służyć jako pierwowzór.

Jednak nie obejrzymy już jego wspaniałości. To, czego przez stulecia nie zniszczyli ludzie i przyroda, rozkopali archeolodzy. Nędzne pozostałości wystarczyły do względnie autentycznego odtworzenia planu pałacu i rozpoznania funkcji poszczególnych jego części. Dla nas na pocieszenie pozostały tylko ruiny. Minęło ponad 100 lat, gdy Dieulafoy odkopał pierwszą część pałacu, a ponad 70 lat od opuszczenia ruin przez Morgana. Ostatnio, aby turyści mieli jasne wyobrażenie o lokacji, planie i rozmiarach pałacu, rząd Iranu z pomocą francuskiego personelu ekspedycji wzniósł niskie mury na starożytnych fundamentach.

Osoba studiująca *Biblię* znajduje się z pewnością w szczególnym nastroju podczas zwiedzania tego słynnego miasta. Otacza ją tutaj pamięć o wielkich ludziach przeszłości i bohaterach wiary, którzy przez wierność i odwagę uratowali lud izraelski z ciężkiego położenia. Król Achaszwerosz z *Księgi Estery*, znany jako Kserkses (486-465), zniszczył Babilon i w ten sposób wypełnił proroctwo biblijne, które czytamy w 13,19-22 i Jr 51,37-41. Pokonał buntowniczy Egipt i przedsięwziął kilka niefortunnych wypraw przeciw Grecji.

W przeciwieństwie do swego ojca, Dariusza I, Kserkses był człowiekiem o słabym charakterze, którym rządziły namiętności, eunuchowie i żony z jego haremu. To, czego dowiedzieliśmy się o nim ze źródeł pozabiblijnych, dobrze pasuje do opisu, który podaje *Stary Testament*. Był człowiekiem zdolnym do różnych rzeczy: jednego dnia mianuje swego przyjaciela najwyższym urzędnikiem, a następnego każe go powiesić. Gdy był w dobrym humorze, mógł spełnić każde życzenie swej ulubionej żony, lecz mógł ją także zabić, gdy poprosiła o przysługę w nieodpowiedniej chwili. Zwiedzając Suzę, widownię wielu różnych wydarzeń, mimowolnie przychodzi na myśl historia Kserksesa, którą przekazała nam *Księga Estery* i starożytni dziejopisarze.

Wdrapując się na ruiny pałacu, przypomniałem sobie także opis największych uroczystości weselnych w historii świata. Aleksander Wielki, jak donoszą antyczni historycy, chciał po powrocie z Indii (325 p.n.e.) zademonstrować całemu światu i potomności, że Europa i Azja miały być zjednoczone. Uczynił to przez spektakularny i symboliczny akt. Nowe imperium wybudowane na sile armii powinno być zgodną i współpracującą wspólnotą narodów. Mówiąc ściślej, poślubił Stateirę, perską księżniczkę królewskiej krwi, a swym generałom i innym oficerom kazał brać za żony szlacheckie mieszkanki Persji. Oprócz tego zarządził, aby 10 tys. jego żołnierzy ożeniło się z Azjatkami. Ceremonia weselna, która odbyła się w pałacu w Suzie z tysiącami narzeczonych i towarzyszącymi rozrywkami, była wielkim i niespotykanym widowiskiem. Marzenia Aleksandra oczywiście nie spełniły się. Azja i Europa poszły różnymi drogami. Wielkie imperium rozpadło się chwilę po tym, jak młody Aleksander zamknął oczy.

19

Persepolis, perła wśród bliskowschodnich ruin

Persepolis to temat niewyczerpany. Jeden rozdział nie wystarczy nawet na pobieżny jego opis. Cała książka byłaby potrzebna, by sprostać wymaganiom i przedstawić cudowne dzieła tego miasta. W ramach naszego rozdziału możemy jedynie udzielić ogólnych informacji, co dzisiaj można zwiedzić w Persepolis.

W przeciwieństwie do innych miejsc na Bliskim Wschodzie w Persepolis nie ma ani świątyń, ani teatrów, lecz są za to najwspanialsze ze wszystkich krajów biblijnych ruiny pałaców. Miasto zostało wybudowane przez Dariusza I i jego następców około 50 km na południe od Pasargadai — starej stolicy Cyrusa Wielkiego. Zaplanowane jako nowa stolica, Persepolis miało przewyższać wszystkie inne starożytne metropolie w sławie i okazałości. I rzeczywiście, w ciągu 150 lat istnienia było to jedno z najwspanialszych miast świata. Perscy królowie nie byli usatysfakcjonowani jedną stolicą, lecz wraz z dworem zmieniali miejsce pobytu z jednej stolicy do drugiej zgodnie ze zmianą pór roku. Takie miasta, jak Babilon, Suza i Ekbatana, które właśnie spełniały rolę stolic u Persów, były założone przez inne ludy i w związku z tym posiadały obcy charakter. Zaś Dariusz chciał mieć typowo perską stolicę. Persepolis stało się tym gigantycznym wytworem rodzimej sztuki i architektury oraz centrum życia kulturalnego. Położone w sercu perskiego kraju i otoczone rozległymi pustyniami było najpewniejszym miejscem do składowania skarbów, które przez ponad dwa wieki wlewały się do kies perskich królów.

Nagły upadek miasta pałaców był dziełem Aleksandra Wielkiego. Młody zdobywca uczynił z niego najwspanialszą ruinę świata. W zasadzie nie niszczył miast zwyciężonych ludów, lecz pałace Persepolis spalił w zemście

Ruiny Persepolis, jednej z perskich stolic.

za zniszczenie Aten przez Kserksesa w 480 roku p.n.e. Zanim to uczynił, na 7 tys. wielbłądów wyekspediował z miasta skarby, a żołnierzom dał rozkaz plądrowania. Rozniecony potem ogień był tak potężny, że ceglane ściany popękały i rozkruszyły się. Z bezcennych pomników i dzieł sztuki pozostał jedynie gruz.

Jak się zdaje, wkrótce po zniszczeniu Persepolis zostało opuszczone. Jedynie niewielka część jego gruzów została ponownie wykorzystana w przeciwieństwie do praktyk stosowanych w innych starożytnych miastach. Leżąc na rzadko zamieszkałym terenie, z dala od ważnych dróg karawanowych, ruiny Persepolis przez 22 wieki pozostały praktycznie nietknięte.

Pierwszym Europejczykiem, który w 1320 r. zwiedził ruiny Persepolis, był wędrowny mnich Odericus. Opisał miasto tylko w dwóch zdaniach. Następny opis pochodzi od weneckiego posła Barbaro, który dotarł do starożytnych budowli w 1472 r. i przypisał je, jak to czynili okoliczni mieszkańcy, królowi Salomonowi. Trzecim Europejczykiem, który w 1586 r. przybył w to miejsce, był augustiański zakonnik, de Gouvea.

Pierwszym, który słusznie zidentyfikował miasto jako Persepolis, często wzmiankowane w greckich źródłach, był markiz de Bedmar. Do tego wniosku doszedł w 1619 r. Thomas Herbert był pierwszym Anglikiem, który w 1634 r. był w Persepolis. Pisał, że „miasto leży niedaleko drogi. Lecz choćby leżało tysiące razy dalej opłacałby się trud dotarcia do niego, gdyż jest wyjątkowym starożytnym monumentem nie tylko w Persji, lecz na całym Wschodzie". Od tego czasu podróżnicy wielokrotnie opisywali Persepolis. Kopie napisów wziętych z budowli miasta były pod koniec XVIII i na początku XIX wieku pierwszym materiałem użytym do odszyfrowania tajemniczego pisma klinowego.

Ruiny były w większej części widoczne, tylko niektóre leżały pod gruzami i piaskiem. Partie budowli przez wiele wieków wystawiane na działalność deszczu, wiatru i promieni słonecznych bardzo ucierpiały, gdyż nikt nie zajął się osłabieniem wpływu warunków atmosferycznych. Pierwsi podróżnicy zaświadczają, że stało 40 kolumn całych i uszkodzonych. Dzisiaj w apadanie (sali biesiad) stoi 13, a w bramie wejściowej tylko 2 kolumny. Prace wykopaliskowe w Persepolis zainicjował w 1931 r. James Henry Breasted z Instytutu Orientalnego w Chicago. Prof. Ernst Herzfeld, wybitny orientalista, został pierwszym dyrektorem ekspedycji z Chicago. Po 1934 r. pracę kontynuował Erich F. Schmidt, archeolog z długoletnim doświadczeniem zdobytym w Turcji i Iraku. Wybuch II wojny światowej zmusił do przerwania badań. Do tego czasu odkopano z piachu dwie trzecie wszystkich ruin, dokonano wielu sensacyjnych odkryć, a większość budowli odrestaurowano.

Na szczególną uwagę zasługuje harem Kserksesa, odbudowany całkowicie przez ekspedycję z Chicago. Zasadniczo wygląda teraz tak, jak przed zniszczeniem i służy częściowo jako muzeum, częściowo jako główna kwatera ekspedycji. Rząd Iranu na nowo podjął wykopaliska w Persepolis i wkrótce ostatnie partie ruin zostaną odkryte*.

Wszystkie budowle pałacowe Persepolis stały na sztucznej terasie o wysokości 12 m, długości 400 m i szerokości 300 m. Platforma posiadała nieregularny plan i leżała na płaskim, zachodnim krańcu góry Kuh-i-Rahmat. Już sama konstrukcja terasy z potężnych bloków wapiennych była wielkim wyczynem. Ponieważ wszystkie założenia pałacowe — brama, sala biesiad, sala tronowa, pomieszczenia mieszkalne króla, skarbiec — stały na tej wysokiej terasie, były więc widoczne z dużej odległości.

Tylko jedno wejście prowadziło na terasę — imponujące, dobrze zachowane schody o dwóch ciągach stopni z małą pochyłością tak, aby jeźdźcy na koniach z łatwością mogli tędy przejeżdżać. Wielki blok kamienny, wbudowany w południową fasadę terasy, nosi kilka długich inskrypcji Dariusza I. Są to modlitwy do jego boga za dynastię i kraj. Wśród różnych próśb widniało życzenie: „Niech bóg zachowa ten kraj od wrogów, głodu i fałszu".

Osiągając górny koniec schodów stajemy przed ruinami bramy wejściowej, wybudowanej przez Kserksesa. Ten monument często jest zwany „Bramą Wszystkich Ludów", ponieważ trójjęzyczna inskrypcja wykuta przy wejściu oznajmia, że budowla została wzniesiona jako „brama wszystkich krajów". Naśladując wejścia do asyryjskich świątyń i pałaców, bramę flankowały potężne, uskrzydlone byki z ludzkimi głowami, dwa z nich są całkiem dobrze zachowane i wywierają duże wrażenie na oglądających. Jednocześnie świadczą o zmyśle artystycznym i rzemieślniczych umiejętnościach starożytnych Persów. Inny napis przy wejściu świadczy, że Persowie całkowicie zdawali sobie sprawę ze swych zdolności. „To mówi król Kserkses — dzięki łasce Ahuramazdy wybudował tę bramę... Wiele innych pięknych dzieł (jest) w tej Persji, które uczyniłem i które ojciec uczynił. Wszystkie dzieła są piękne

* Harem króla Kserksesa (486-465 p.n.e.), który jest wspomniany również w ***Księdze Estery***, został całkowicie odkopany i udostępniony do zwiedzania.

te uczyniliśmy przez łaskę Ahuramazdy" (F.H. Weissbach, *Die Achamenideninschriften zweiter Art*, Lipsk 1890, s. 83).

Kierujemy swój wzrok na południe i idziemy w kierunku rozległej sali biesiad, której posadzka leży 2 metry ponad poziomem terasy. Na złotych i srebrnych tabliczkach fundacyjnych, odkopanych podczas badań Herzfelda, widnieje imię Dariusza I jako budowniczego apadany. Sala posiada identyczny plan jak apadana w Suzie. Z 72 kolumn o wysokości 18 m 13 jeszcze stoi. Dwa rzędy monumentalnych, podwójnych schodów prowadziły do północnego i wschodniego przedsionka przepysznej budowli. Kamienna fasada i balustrada tych schodów pokryta jest mistrzowsko wykonanymi reliefami, majstersztyk wschodniej sztuki. Oprócz perskich, medyjskich i elamickich wojowników, reliefy ukazują także przedstawicieli różnych narodów z wielu prowincji perskiego imperium. Ubrani są w typowe stroje narodowe, w różnych fryzurach, obuwiu i z bronią. Przynoszą rodzime i egzotyczne zwierzęta, klejnoty, naczynia, rozmaite przedmioty sztuki i codziennego użytku i ofiarują je bogato przystrojonemu królowi.

Te płaskorzeźby zawierają mnóstwo informacji o starożytnej kulturze i etnografii i są bogatym materiałem do studiów. Podczas pierwszej wizyty w Persepolis siadywałem przez kilka godzin przed długimi reliefami; przypatrywałem się szczegółom. Dobrze się stało, że nad wschodnimi schodami umieszczono dach, aby uchronić bezcenne dzieła przed promieniami słońca i deszczem. Schody w każdym razie są dobrze zachowane, gdyż od czasów Aleksandra Wielkiego aż do ich odkrycia leżały pod grubą, ochronną warstwą gruzu.

Od południa z apadaną sąsiaduje mały, prywatny pałac Dariusza, wzniesiony na jeszcze wyższym poziomie. Popularnie nazywany jest „salą luster", gdyż kilka otworów okiennych obłożonych jest czarnym bazaltem wypolerowanym 24 wieki temu i ciągle posiadającym silny połysk, który może się wydawać lustrzanym odblaskiem. Dobrze zachowane słupy i progi drzwiowe posiadają wiele pięknych płaskorzeźb. Przypominam sobie wizerunek dziewczyny, prawdopodobnie niewolnicy, która przynosi królowi butelkę z perfumami lub maścią, na jej lewym ramieniu wisi ręcznik. Naturalny urok tej prostej rzeźby zrobił na mnie silne wrażenie.

Gdyby na to pozwalały ramy tej książki, opisałbym szczegółowo dobrze zachowany centralny pałac z salą kolumnową i schodami upiększonymi po bokach płaskorzeźbami lub rozciągające się na południowym krańcu terasy budowle wzniesione przez Kserksesa. Wśród nich znajduje się prywatny pałac Kserksesa i wspomniany już harem.

Koniecznie należy wspomnieć o wielkiej sali tronowej Dariusza z ośmioma bramami i stu kolumnami. Nazywana jest ona także „salą stu kolumn". Na kilku bramach widnieje wizerunek Dariusza udzielającego audiencji, inne ukazują go w walce z Arymanem, uosobieniem zła, które przedstawione jest za pomocą różnych symboli, w tym przypadku w postaci uskrzydlonego lwa z ogonem skorpiona.

W południowo-wschodniej części znajdowało się kilka budowli służących do przechowywania skarbów państwowych. Obecnie pozostały po nich jedynie fundamenty. Tutaj składowano ogromne bogactwa imperium perskiego, które wpadły w ręce Aleksandra Wielkiego. Resztki z tych skarbów znaleźli archeolodzy w grubej warstwie gruzu: rozbite naczynia z biało-czarnego granitu, żółtego alabastru, niebieskiego lapis lazuli, czarnego diorytu, szarego wapienia, słojowatego onyksu, prążkowatego agatu i pięknego warstwowego sardoniksu. Oprócz tego brązowe figurki koni i brązowy stojak złożony z figurek trzech lwów. Wszystkie te przedmioty były odrzucone przez Greków, ponieważ były już uszkodzone, część być może przeoczyli w pośpiechu. Archeolodzy mieli także szczęście — w tym miejscu odnaleźli kilka tysięcy tabliczek z elamickim pismem klinowym o treści administracyjnej.

Rozdział dotyczący Persepolis byłby niepełny, gdyby przynajmniej nie wspomnieć siedmiu grobów perskich królów. Zostały wykute w skałach Kuh-i-Rahmat na wschód od terasy pałacowej i w Naksz-i-Rustam, 7 km na północ od Persepolis. Wszyscy królowie imperium, począwszy od Kambyzesa, znaleźli pod Persepolis ostatnie miejsce spoczynku. Wyjątkiem jest Dariusz III, którego grób nie był wykończony, gdy umarł. Wszystkie siedem grobów królewskich są podobne w formie, sposobie wykonania i wielkości. Fasady w kształcie wielkiego krzyża zostały wykute w prawie pionowej ścianie skalnej. Dolne drzwi prowadzą do skalnej komnaty, gdzie stoi kilka sarkofagów królewskiej rodziny, również wykutych w rodzimej skale. Górna część „krzyżowej fasady" zaopatrzona jest w naturalnej wielkości reliefy — każdy pokazujący przedstawicieli 28 narodów, które zgodnie z tradycją tworzyły państwo perskie, niosących platformę, na której stoi przed ołtarzem ogniowym król z łukiem w ręce. Nad całą sceną unosi się uskrzydlony perski bóg narodowy, Ahuramazda, i tarcza słoneczna.

W Persepolis znajdujemy najlepszy materiał do studiów na temat wschodnich pałaców starożytności. Nie wiemy, czy Ezdrasz i Nehemiasz — postacie *Pisma Świętego*, służyli perskiemu królowi, w tym, czy innym mieście; ale jest całkiem możliwe, że przechodzili przez ozdobione rzeźbami bramy pałacu i przedkładali swe petycje w stukolumnowej sali.

PALESTYNA

Tyr
Dan
Jezioro Hule
Jordan
Akka
Hajfa
GALILEA
Jezioro Genezaret
GÓRY
Morze Śródziemne
Nazaret
RÓWNINA
KARMEL
Megiddo
JEZREEL
SZARON
SAMARIA
RÓWNINA
Samaria
EBAL
Sychem
(= Nablus)
GERISIM
Afek
Lebona
Sylo
Tel Aviv / Jaffa
EFRAIM
Amman
Betel
Michmas
Jerycho
Gezer
Nob
Mispa
Chirbet
Qumran
Gibea
Heszbon
Aszdod
Jerozolima
Góra
Oliwna
Ain Feszcha
FILISTEA
Betlejem
W. Murabba'at
Aszkelon
JUDEA
Morze Martwe
Hebron
Machareus
Lachisz
En Gedi
Gaza
Szaruhen ?
Beerszewa
NEGEW
MOAB
km
25
50

20

Ziemia Święta

Ziemia Święta jest niewielką krainą w południowo-wschodnim zakątku basenu Morza Śródziemnego. Zachodnia Palestyna posiada 15 tys. km^2 i chociaż doliczymy 10 tys. km^2 obszaru leżącego na wschodnim brzegu Jordanu, który w czasach biblijnych był zasiedlony przez Izraelitów, to i tak otrzymamy powierzchnię mniejszą od Belgii lub Albanii. Kraina ta jest stosunkowo biedna w bogactwa naturalne. Jednak posiada znaczenie odwrotnie proporcjonalne do wielkości i naturalnych bogactw.

Są tego dwie przyczyny. Po pierwsze, Palestyna tworzy geograficzny pomost między dwoma kontynentami. Po drugie, jest ojczyzną dwóch ważnych religii — judaizmu i chrześcijaństwa. Jej stolica, Jerozolima, jest świętym miejscem dla setek milionów chrześcijan, żydów i również mahometan. W starożytnych czasach ten mały kraj zawdzięczał swe polityczne znaczenie położeniu pomiędzy wielkimi cywilizacjami i światowymi potęgami — Egiptem na południu, Hetytami, Asyryjczykami lub Babilończykami na północy lub północnym wschodzie.

Ziemia Święta jest krajem kontrastów. Posiada taką różnorodność krajobrazów, że mogłyby charakteryzować kontynent, a nie obszar o długości 250 km i szerokości od 110 do 160 km. Wyobraźmy sobie, że podróżujemy z Tel Avivu nad Morzem Śródziemnym do Ammanu, obecnej stolicy Jordanii, na północny-wschód od Morza Martwego. Załóżmy, że podróżujemy w grudniu. Poprzez naszą wyimaginowaną podróż lepiej zrozumiemy, na czym polega ta różnorodność.

Tel Aviv, leżący na śródziemnomorskim wybrzeżu, posiada łagodny klimat, który nawet w zimie jest raczej przyjemny. Woda w morzu nie jest na tyle ciepła, aby się można było kąpać, za to temperatura powietrza jest tak wysoka, że po plaży możemy spacerować w letniej odzieży. Przed odjazdem do Jerozolimy, w prostej linii 50 km na południowy wschód, spakowaliśmy ciepłe rzeczy zimowe, gdyż w Jerozolimie, leżącej w judejskich górach (800 m npm) moglibyśmy zastać cienką pokrywę śniegu. Będąc już w Jerozolimie stwierdziliśmy, że domy z kamienia są tak zimne, iż przebywanie w środku było niezbyt przyjemne. Opuściliśmy miasto tak szybko jak to było możliwe i kontynuowaliśmy podróż na wschód.

Zjeżdżając w dół do Jerycha szosą pełną ostrych zakrętów minęliśmy tablicę z napisem „Poziom morza". Ciągle zjeżdżając dojechaliśmy w końcu do Jerycha, miasta słynnego przez wiele stuleci. Chociaż leży w prostej linii 25 km od Jerozolimy, w środku zimy posiada subtropikalny klimat. Przyczyną tego jest ponad tysiącmetrowa różnica w wysokości między tymi dwoma miastami. Gdy w Jerozolimie jest mróz w Jerycho rosną palmy daktylowe, drzewa bananowe i inne rośliny tropikalne. Już w księgach *Starego Testamentu* nazywane jest Jerycho „miastem palm" (Pwt 34,3). Herod Wielki cenił ten łagodny klimat. Dlatego wybudował w tym mieście pałac zimowy i wiosną 4 r. p.n.e. zakończył tu życie.

Dolina Jordanu

Podróżowaliśmy dalej na wschód. Zjechaliśmy w dół dalsze 200 m, zanim osiągnęliśmy rzekę Jordan. Przejechaliśmy most Allenby niedaleko miejsca, gdzie Izraelici przekroczyli rzekę, wchodząc do Ziemi Obiecanej. Po kilku kilometrach jazdy znaleźliśmy się u stóp Gór Moabskich, które musieliśmy pokonać, aby się dostać na płaskowyż Transjordanii. Po dalszych 30 km jazdy znowu znaleźliśmy się na wysokości 800 m. npm, gdzie wiał dość ostry, północny wiatr. To jest cała Palestyna — kraj, który w ciągu jednego dnia podróży oferuje prawie wszystkie klimaty ziemi.

Ruiny starożytnego Jerycha

Równie ciekawa może być podróż wzdłuż Jordanu od źródeł na stokach Hermonu aż do ujścia w Morzu Martwym*. Góra Hermon, opiewana przez pisarzy i poetów *Starego Testamentu*, jest pasmem górskim o długości 30 km z najwyższym szczytem 2800 m npm. Jego piękny profil, w zimie pokryty śniegiem, może być widoczny z wielu miejsc w płn. Palestynie.

Cztery źródła Jordanu wypływają ze stoków Hermonu na wysokości od 150 do 490 m npm. Strumyki płynące od źródeł łączą się 11 km na północ od Jeziora Hule. Małe jeziorko 6,5x5,5 km zostało osuszone w naszych czasach. Dno byłego jeziora, leżące 2 m nad poziomem morza, jest do dziś żyzną równiną.

Stąd rzeka na długości 15 km płynie wartko kaskadami w dół, aż wpada do malowniczego Jeziora Galilejskiego, 209 m poniżej poziomu morza. Sterczące naokoło góry, białe żagle łodzi rybackich na ciemnoniebieskiej, spokojnej wodzie, wspomnienie zbawczej działalności Jezusa nad tym jeziorem, staną się niezapomnianym przeżyciem dla każdego.

Jordan przepływa 20 kilometrowe jezioro i wpływa do doliny o długości 105 km. Jednak rzeka na tym odcinku tworzy tak dużo zakoli, że właściwie przemierza trzykrotną długość tej doliny, tj. ponad 300 kilometrów. W sumie rzeka liczy 600 km długości.

Dolina Jordanu jest niezwykle gorąca do tego stopnia, że w kilku miejscach rozwija się bujna, tropikalna roślinność. Natomiast nad Morzem Martwym i w nim samym nie ma żadnego biologicznego życia. Morze Martwe ma 74 km długości i 10-16 km szerokości, leży 394 m poniżej poziomu morza. Jest najniżej położonym jeziorem świata, posiadającym 400 m głębokości**.

Morze Martwe nie ma żadnego odpływu, skutkiem czego z biegiem czasu gromadzą się w wodzie potężne masy osadów mineralnych. Proces ten pogłębia się przez stopniowe rozpuszczanie pokładów soli w płd.-zach., górzystym regionie. Woda Morza Martwego wykazuje dzisiaj 28% zasolenia i ma najwyższy ciężar właściwy ze wszystkich jezior i mórz świata. Zasolenie Wielkiego Jeziora Słonego w stanie Utah (USA) wynosi przeciętnie 10% i często zmienia swą wielkość. Sól Morza Martwego zawiera znaczny udział chlorku magnezowego. To wpływa na wstrętny smak wody. Nie można w niej także utonąć ani dobrze pływać, lecz tylko poruszać się jak korek od butelki lub siedzieć w niej jak w koszu.

Geograficzne przemiany

Palestyna jest osobliwym krajem zadziwiającym turystę niezależnie od tego, w którym kierunku się uda. Znajdują się tu rozległe pustynie na po-

---

* Już od wielu lat Jordan nie wpływa do Morza Martwego, ponieważ zarówno Izrael, jak i Jordania czerpią z niego wodę do celów spożywczych. Z tego powodu Morze Martwe systematycznie się kurczy.

** Obecnie lustro wody znajduje się na wysokości 418 m ppm i ciągle się obniża. Powierzchnia wynosi 1027 km^2, a maksymalna głębokość – 377 m. Długość jeziora wynosi 76 km, a szerokość 4,5-16 km.

Wadi el-Keltin i klasztor św. Grzegorza niedaleko Jerycha położony w pobliżu starej drogi z Jerozolimy do Jerycha.

Być może Dawid w 23 psalmie mówiąc o „ciemnej dolinie" porównywał ją do tych okolic.

łudnie od Beerszewy, górskie pustkowie na wschód od Morza Martwego, żyzne doliny i równiny nadmorskie, wysokie niezalesione góry i głęboko pocięte przez potoki wąwozy na zachód od Jordanu. Podróżujący nie może wyjść z podziwu nad geograficznymi różnorodnościami w tak małym kraju.

Większość odwiedzających przeważnie jest zdziwiona przyjeżdżając do Ziemi Świętej, ponieważ pod niejednym względem nie odpowiada ich oczekiwaniom. Ilustracje do historii biblijnej wytworzyły od średniowiecza wiele fałszywych wyobrażeń tego kraju. Według relacji biblijnej „Ziemia Obiecana" powinna być „mlekiem i miodem płynąca". Każdy turysta wysnuwa stąd wniosek, że obecna Palestyna jest bardzo urodzajna, przynajmniej tak jak najżyźniejsze obszary jego własnego kraju. Lecz gdy na własne oczy zobaczy, że góry są pozbawione lasów, ziemia w znacznej części jałowa, że na dużych przestrzeniach wegetuje zaledwie kilka drzew, czuje się oszukany i rozczarowany.

Ale nie można zapominać, że Palestyna bardzo się zmieniła od czasów patriarchów i proroków — niezliczone wojny spustoszyły ją, kilkusetletnia rabunkowa gospodarka połączona z bezmyślnością wytrzebiła lasy, ze stoków gór została zmyta żyzna warstwa gleby, opady deszczu były coraz rzadsze.

Staroegipskie dokumenty zaświadczają, że Palestyna była bogata w lasy i wszelkie rośliny. Taki obraz utrwalony jest w *Starym Testamencie*. Izraelitom, którzy przybyli z pustyni, bogaty we wszelką roślinność kraj wydał się „opływający w mleko i miód" (Lb 13, 23.27). Ale zanim go posiedli, Mojżesz ogłosił, że na wszystko spadnie przekleństwo, jeżeli naród nie będzie spełniać ustaw Bożych (zob. Pwt 28,22-24.32-40). To przekleństwo spełniło się; naród izraelski obrał kurs przeciwny ustawom Bożym. Kraj jest targany nie tylko sporami politycznymi. Uboga roślinność, szczególnie w górskich partiach, przynosi w rezultacie ubóstwo mieszkańcom.

Nie tylko miłośnik przyrody lecz także archeolog biblijny dozna w Palestynie zawodu, ponieważ kraj jest ubogi w zabytki starożytności zarówno pod, jak i nad ziemią. Nie stoją tu żadne monumentalne budowle w rodzaju piramid i świątyń egipskich. Nie ma tu wzgórz uformowanych z ruin pełnych rzeźb i starożytnych bibliotek, jak ma to miejsce w Mezopotamii.

Głównym winowajcą tego niedostatku pozostałości archeologicznych są niezliczone wojny, które ciągle niszczyły tutejsze miasta. Poza tym wilgotny klimat odbił się niekorzystnie na stanie nietrwałego materiału. Nadto trzeba pamiętać, że Palestyna nigdy nie była centrum wielkiego i bogatego państwa i nie posiadała żadnych monumentalnych budowli — z wyjątkiem zniszczonej świątyni w Jerozolimie. Nie posiadała także żadnych miast, które mogłyby równać się z Niniwą, Babilonem, Suzą, Memfis, Tebami, Atenami lub Rzymem. Tylko w czasach Dawida, Salomona i Heroda Wielkiego kraj był centralnie rządzony. W pozostałych okresach istniało na tym terenie wie-

Okolice Jeziora Galilejskiego

le małych państewek, które bez wyjątku były biedne i bez znaczenia w porównaniu z bogatymi narodami żyjącymi nad Nilem, Tygrysem i Eufratem.

W świetle tych faktów zrozumiemy, dlaczego Ziemia Święta jest uboga w zabytki archeologiczne, imponujące ruiny, inskrypcje sławiące czyny królów i skarby, jak te z grobu Tutanchamona w Egipcie lub z grobów królewskich w Ur, w Mezopotamii.

Palestyna zaskakuje także bardzo małymi rozmiarami starożytnych miast. Mieszkańcy współczesnych dużych miast Europy lub Ameryki z trudem mogą pojąć, że Lachisz, jedno z największych odkopanych miast Palestyny — poza Jerozolimą i Hazor, posiadało 8,5 ha powierzchni, a słynne na cały świat Jerycho w czasach swego rozkwitu miało około 300 m długości i 150 m szerokości.

Mimo wszystko, a może właśnie dlatego, wizyta w Palestynie przyniesie wiele duchowych korzyści i może skorygować nieprawdziwe wyobrażenie o geograficznym tle wydarzeń biblijnych. Wędrówka po miejscach, gdzie Abraham rozbijał namiot, gdzie śpiewał Dawid, pasąc owce, gdzie Eliasz osądził kapłanów Baala i gdzie nauczał Mistrz z Nazaretu, jest wielkim przeżyciem.

Ziemia Święta jest krajem kontrastów i niespodzianek, lecz równocześnie krajem, gdzie *Biblia* nabiera znaczenia, a jej historia nabiera realnych kształtów.

21

Jerozolima — miejsca uświęcone tradycją

Co roku do Jerozolimy przybywają tysiące ludzi, spodziewając się religijnych przeżyć i pogłębienia duchowych doświadczeń. Wielu osiąga ten cel, inni natomiast odczuwają zawód, wyjeżdżając z tego świętego miasta. Jedno jest pewne, że każdy chrześcijanin przebywając w historycznych miejscach tego szacownego miasta, nie oprze się pewnym uczuciom. Takie symbole jak np. Góra Oliwna, obszar świątynny, Dolina Cedron i sadzawka Siloe są tak ściśle związane z wydarzeniami z życia królów, proroków i Jezusa z Nazaretu, że każdy miłośnik *Biblii*, odwiedzający Jerozolimę, ciągle przypomina sobie historie, które opowiadano mu od dzieciństwa.

Z drugiej strony — w Jerozolimie jest wiele miejsc, które zostały uświęcone wyłącznie przez tradycję. Służą interesowi i przypominają bardziej niechrześcijańskie świątynie z bożyszczami niż miejsca nabożeństw naśladowców Chrystusa. Niemało chrześcijan podczas zwiedzania czuje niechęć, szczególnie gdy poznaje pewne zwyczaje, które są tam praktykowane. Istnienie takich kultowych form wywodzi się od manii gromadzenia relikwii przez średniowiecznych chrześcijan. Mniej lub bardziej dowolnie połączyli wydarzenia z działalności Jezusa w Jerozolimie z pewnymi miejscami. Tam wznieśli domy modlitw, które później stały się dobrym źródłem dochodów.

Jako przykład niech służy Góra Oliwna — świadek wielu zdarzeń z ostatnich dni życia Jezusa. Tam, gdzie teraz stoi kościół „Pater Noster", według tradycji miał Jezus nauczyć uczniów Modlitwy Pańskiej. Inna kaplica, została wybudowana w miejscu, gdzie Chrystus płakał nad Jerozolimą. Kaplica franciszkanów kryje według podań kamień, na który stanął Jezus, gdy zsiadł z osła, wjeżdżając do Jerozolimy. Na zachodnim stoku góry dwa chrześcijań-

W pobliżu grobu ogrodowego znajduje się wzgórze. Według wielu opinii jest to wzgórze Golgoty.

skie klasztory kłócą się o prawdziwe położenie ogrodu Getsemane, w którym Chrystus spędził ciężką noc przed śmiercią. Odwiedziłem tylko jedno miejsce. Pokazano mi dokładnie, gdzie Judasz zdradził mistrza pocałunkiem, gdzie spali uczniowie i — jako szczególnie święte miejsce — gdzie modlący się Zbawiciel został wzmocniony przez anioła.

Islamska budowla zawiera wczesnochrześcijańską kaplicę na domniemanym miejscu wniebowstąpienia Chrystusa. Pokazuje się tam ślady odbicia Jego stóp na skale. Zidentyfikowano także miejsce, gdzie stali uczniowie, gdy po wniebowstąpieniu Jezusa do nieba ukazali się dwaj aniołowie, aby oznajmić im, że Jezus jeszcze raz przyjdzie, tak jak wstąpił do nieba.

Także w samej Jerozolimie jest wiele „świętych miejsc". Każdego piątkowego popołudnia o godz. 15.00 spod tradycyjnego miejsca sądu Piłata wyrusza procesja udająca się do Bazyliki Grobu Pańskiego. Czternaście stacji — najwięcej leży na słynnej Via Dolorosa — oznaczają etapy ostatniej drogi Jezusa od sali sądowej rzymskiego namiestnika do miejsca ukrzyżowania i złożenia do grobu. Na każdej stacji odmawia się modlitwy, między innymi tam, gdzie Jezus Chrystus został skazany i ubiczowany, gdzie włożono Mu krzyż na ramiona, gdzie upadł pod ciężarem, gdzie Szymon z Cyreny pomógł Mu nieść krzyż, w miejscu przybicia Chrystusa do drzewa, gdzie stał krzyż i w miejscu pochowania Chrystusa.

Potężna Bazylika Grobu Pańskiego należy do najszacowniejszych budowli Jerozolimy. Składa się z kompleksu przeróżnych budynków położonych wokół i nad pierwszym kościołem wybudowanym przez cesarza Konstantyna w IV wieku nad domniemanym grobem Chrystusa.

W następnych wiekach różne chrześcijańskie denominacje sprzeczały się o to miejsce — raz o prawo posiadania, a potem o prawo odprawiania nabożeństw. Dzisiaj, różne kościoły wschodniego i zachodniego chrześcijaństwa — armeński, grecko-ortodoksyjny, koptyjski i rzymskokatolicki —

Poniżej Kościół Wszystkich Narodów, w sąsiedztwie którego, jak się powszechnie wierzy, znajduje się ogród Getsemane.

Przypuszczalne miejsce grobu Jezusa w Kościele Grobu Świętego (inna nazwa: Bazylika Grobu Pańskiego). Ostatnie badania potwierdzają, iż to miejsce znajdowało się poza murami miasta.

podzieliły budowlę między siebie i w różnych częściach kościoła sprawują święte ceremonie.

Chociaż wszyscy odprawiają nabożeństwa w tych samych budynkach, panuje między nimi taka niezgoda, że nie mogą pogodzić się, w jaki sposób dbać o kompleks budowli, który miliony ludzi uważa za święty. Gdy po pierwszej wojnie światowej wielka kopuła groziła zawaleniem, ówczesna administracja obszaru mandatowego musiała przejąć inicjatywę w celu uratowania jej. Wybudowano brzydkie, drewniane i stalowe rusztowanie, które podtrzymywało kopułę przed zerwaniem na czas, kiedy właściciele kościoła pogodzą się między sobą i ustalą, co należy uczynić, aby budynek wyremontować, W latach sześćdziesiątych różne chrześcijańskie organizacje kościelne po blisko 40-letnich negocjacjach osiągnęły porozumienie i rozpoczęły prowadzenie niezbędnych prac restauracyjnych.

Niewątpliwie wyznawcy różnych wschodnich Kościołów oraz Kościoła rzymskokatolickiego czerpią z wizyty w tym miejscu i z udziału w uroczystościach duchowe korzyści. Natomiast protestantów często odpycha to, co tam widzą, czują wręcz niechęć do tej budowli. Ich odczucia są całkiem zrozumiałe. Wielu z nich sądziło, że miejsce, w którym słychać ciągłe zwady i w którym dokonują się podejrzane interesy, nie może być identyczne z miejscem, gdzie Chrystus cierpiał, umarł i powstał do nowego życia.

To nie była jedyna przyczyna, z powodu której protestanci, głównie w minionych 150 latach, powzięli wysiłki odszukania prawdziwego grobu Chrystusa. Zaproponowano każdą możliwą lokalizację z całej okolicy Jerozolimy — od Góry Oliwnej na wschodzie, po miejsce na zachód od Jerozolimy i od Góry Złej Rady i Doliny Hinnom (Gehenna) na południu, po dzielnicę Betezda na północy. Pod uwagę wzięto nawet obszar byłej świątyni, kiedy James Ferguson bronił hipotezy, że meczet „Kopuła Skały” miał być wzniesiony nad grobem Chrystusa.

Złota Brama. Kiedyś prowadziła na wzgórze świątynne. Dzisiaj zamurowana.

Większość tych lokalizacji, z jednym wyjątkiem, nie znalazła wielu zwolenników. Chodzi o tzw. Grób Ogrodowy, który leży niedaleko Bramy Damasceńskiej w kierunku północnym, w starannie utrzymanym ogrodzie. Pochodzi z czasów rzymskich, składa się z dwóch pomieszczeń wykutych w skale, do których prowadziło wejście zastawione niegdyś dużym kamieniem w kształcie walca. Niestety kamień ten nie zachował się do dzisiaj. Kilka metrów dalej widnieje naga, stercząca skała, która z daleka przypomina wielu turystom czaszkę i dlatego jest identyfikowana z Golgatą.

Po raz pierwszy skałę tę utożsamił z Golgotą gen. Charles Gordon, znany z wojny z Mahdim w Sudanie, który w 1883 r. złożył krótką wizytę w Jerozolimie. Z tej przyczyny miejsce to nazywa się Golgotą Gordona. W jej sąsiedztwie w 1867 r. odkryto wspomniany już Grób Ogrodowy. Kilka lat później zrodziła się sugestia, że ten grób mógłby być miejscem ostatniego spoczynku Jezusa. Hipoteza ta została podchwycona przez grupę wpływowych brytyjskich obywateli, którzy kupili to miejsce, poświęcili je i stworzyli wokół bardzo miły ogród. Obecnym właścicielem jest Towarzystwo Grobu Ogrodowego — organizacja, która utrzymuje ogród w należytym porządku. Od tego czasu tysiące odwiedzających znalazło tam oazę spokoju i medytacji. Nie sądzono, że w Jerozolimie jest tak miły zakątek.

Podczas pierwszej wizyty w Jerozolimie, tak jak i innych zwiedzających, nurtowało mnie pytanie, gdzie jest rzeczywisty grób Chrystusa. Uczeni w Amerykańskiej Szkole Badań Orientalnych (teraz Instytut Badań Orientalnych im. W. F. Albrighta), którzy przez kilka tygodni pobytu w Jerozolimie byli moimi gospodarzami, zapewnili, że jest to jedno z pierwszych pytań, które stawia prawie każdy nowy przybysz. Od wielu dziesięcioleci istnieje namiętny spór — nie między historykami a archeologami, lecz pomiędzy chrześcijańskimi duchownymi i laikami. Przynależność konfesyjna posiada naturalnie duży wpływ na wydanie osądu w tej sprawie. Tylko niewielu jest zdolnych do wolnego od uprzedzeń i bezstronnego omówienia problemu. Wszyscy uczeni zgadzają się powszechnie z tym, że nie ma żadnego dowodu na identyczność Grobu Ogrodowego z miejscem spoczynku Jezusa. Jest on jedynie protestanckim odpowiednikiem „świętego grobu". Grób jest typowym późnorzymskim założeniem, jak wiele innych, które odnaleziono w okolicy Jerozolimy. Archeolodzy stwierdzają, że może być wytworem dopiero bizantyńskich czasów. Dalekie podobieństwo sąsiedniej skały do czaszki ludzkiej nie istniało prawdopodobnie w starożytności — badania dostarczyły wskazówek, że w nowożytnych czasach trzęsienie ziemi spowodowało oderwanie się części tej skały.

Chociaż Grób Ogrodowy nie jest faktycznym miejscem spoczynku Jezusa, to jednak ma swoje zalety jako piękne i spokojne miejsce w dzisiejszej Jerozolimie pełnej hałaśliwego, wschodniego życia.

Odrzucenie tw. Grobu Ogrodowego nie znaczy, że trzeba uznać pretensje Bazyliki Świętego Grobu do właściwej lokalizacji. Jest prawdą, że na początku IV w. n.e. jerozolimscy chrześcijanie wskazywali to miejsce jako faktyczne miejsce złożenia Chrystusa do grobu. Czy ta tradycja wzięła początek w godnym zaufania źródle, nie da się dzisiaj stwierdzić. Również nie da się udowodnić tezy przeciwnej. Ci, którzy nie są dobrze obeznani z topografią

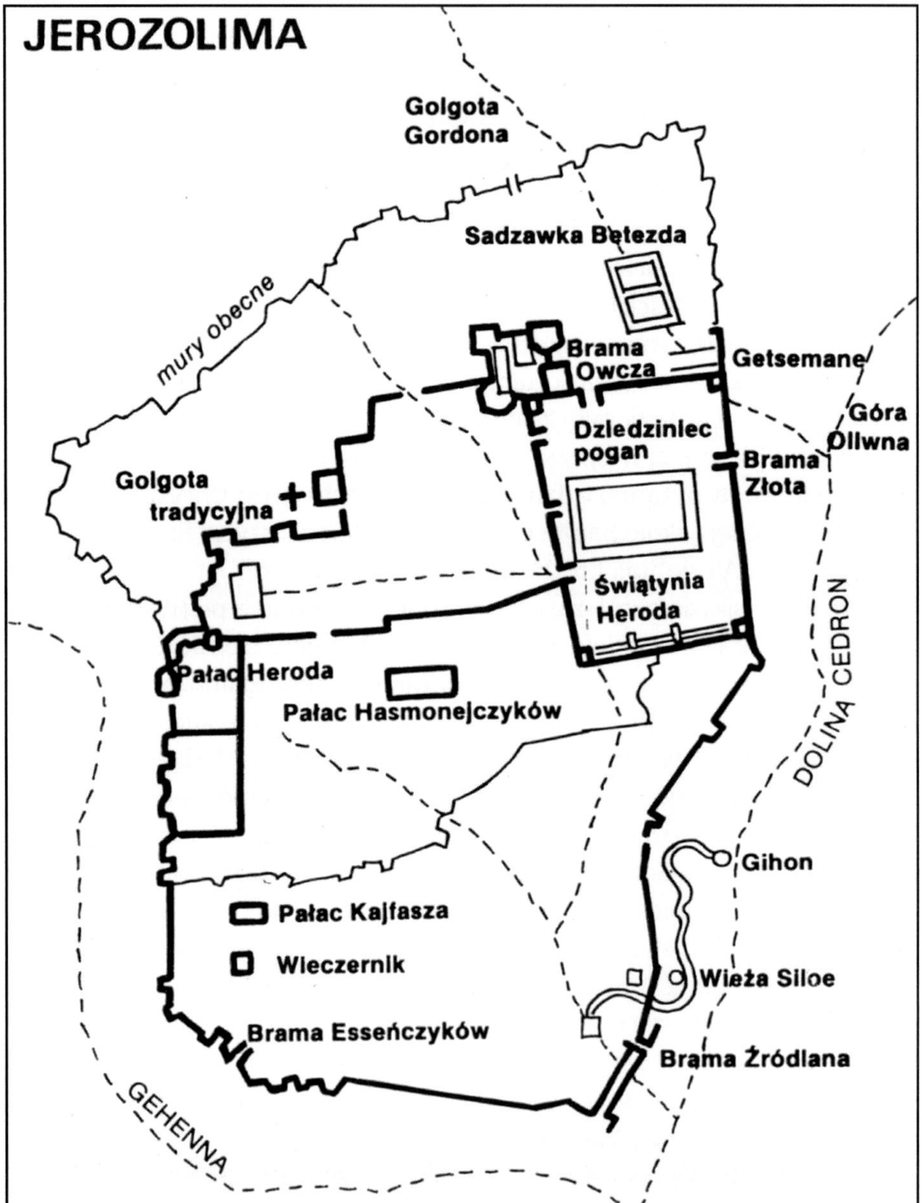

historycznej Jerozolimy, spostrzegą przekonywujący dowód przeciw autentyczności tego miejsca: Bazylika Grobu Pańskiego stoi wewnątrz murów miejskich Jerozolimy, podczas gdy ewangelie wyraźnie sprawozdają, że Chrystus został ukrzyżowany poza miastem. Ten pochopny wniosek jest zbyt szybki. Każdy archeolog biblijny wie, że dzisiejsze mury miejskie przebiegają inaczej niż w czasach Jezusa. Już chrześcijanie czasów Konstantyna (pocz. IV w. n.e.) stali przed problemem tej niezgodności. Już wtedy tradycyjne miejsce pochowania Jezusa leżało wewnątrz ówczesnych murów.

Poglądy archeologów na temat dokładnego przebiegu murów miejskich w czasach Jezusa są podzielone. Odkrycia w pobliżu Bazyliki zdają się wskazywać, że mury leżały wtedy na wschód i południe od późniejszego kościoła. To by znaczyło, że tradycyjny grób leżał poza ówczesnym miastem. Fakt ten potwierdziły wykopaliska brytyjskie od 1961 do 1963 r. pod kierownictwem Kathleen Kenyon i niemieckie w latach 1970 i 1971 pod kierownictwem Ute Lux. Badania te prowadzone na południe od Bazyliki wykazały, że obszar ten leżał w I w. n.e. poza obrębem miasta aż do czasów Hadriana (II w. n.e.). Wykopaliska te nie odpowiedziały na pytanie, czy Bazylika Grobu Pańskiego stoi na autentycznym miejscu ukrzyżowania i pochowania Chrystusa, lecz czynią możliwe zaakceptowanie tej tradycji jako prawdziwej.

Stojących na uboczu musi niezmiernie dziwić fakt, z jak wielką namiętnością chrześcijanie sprzeczają się o położenie świętych miejsc w starej Jerozolimie, a jednocześnie są na najlepszej drodze do wyrzucenia za burtę fundamentalnych zasad wiary, uznając je za przestarzałe. Zapalają się wokół prawdziwości grobu Jezusa, nie pokładając nadziei w Jego zmartwychwstaniu ze śmierci do życia. Pierwsi chrześcijanie zapewne nie zwracali zbytniej uwagi na miejsca, gdzie działał Chrystus. Byli bardziej zainteresowani w rozpamiętywaniu i zwiastowaniu ludziom Jego życia, śmierci i zmartwychwstania. Nie potrzebowali relikwii, gdyż żyli nauką Jezusa i pamiętali, co Zbawca dla nich uczynił.

Grób Ogrodowy jest na szczęście jedynym przypadkiem, w którym protestanci skopiowali zwyczaj ustalania mniej lub bardziej prawdopodobnego „świętego miejsca". Właśnie dlatego, że jest to tak cudowny i spokojny zakątek, który zachęca do wewnętrznego skupienia, Grób Ogrodowy łatwo może się ześliznąć do rangi „świętego miejsca" — co byłoby godną pożałowania ewolucją protestantyzmu.

Po tej dyskusji na temat problematycznej lokalizacji wydarzeń biblijnych w następnym rozdziale zajmiemy się miejscami w Jerozolimie i w okolicy posiadającymi prawo, aby je uważać za autentyczne.

22

Historyczne miejsca Jerozolimy

Mury „starego miasta" w Jerozolimie w większej części nie pochodzą z czasów starożytnych. Wybudowali je Turcy, którzy przez stulecia byli panami miasta aż do 1917 roku, gdy zastąpili ich Brytyjczycy.

Najwcześniejsze pozostałości starożytnej Jerozolimy leżą dziś poza murami miejskimi, na południe od świętego miejsca mahometan, okręgu zwanego Haram esz-Szerif. Zbocze wzgórza, na którym mieszkańcy wsi Silwan wybudowali swe domostwa i zasadzili ogrody, jest najstarszą częścią miasta. Miejsce to należało pierwotnie do Jebuzejczyków. Dopiero gdy król Dawid zajął je, otrzymało nazwę Syjon lub Miasto Dawida.

Wykopaliska przeprowadzone w latach 1961-1967 pod kierownictwem Kathleen Kenyon wykryły resztki najstarszego muru Jerozolimy. Wybudowali go Jebuzejczycy jeszcze przed podbiciem miasta przez Dawida. Mur wzniesiono z ciosanych kamieni przez środek zbocza wzgórza, na którym leżała starożytna Jerozolima. W pobliżu nich mogą być widoczne pozostałości murów wybudowanych w późniejszych okresach. Podczas prowadzonych w latach 1923-1925 wykopalisk, którymi kierowali R.A.S. Macalister i J.G. Duncan, odkryto pochyły bastion, który mieli wybudować Jebuzyci, i wieżę przypisywaną działalności budowlanej Dawida. Jednakże wykopaliska pani Kenyon wykazały, że obie konstrukcje powstały w czasach Machabeuszy, być może za króla Jonatana.

Z tej części starożytnych fortyfikacji widać Dolinę Cedronu, w której leży źródło Gihon, zwane teraz źródłem Marii. Zaopatrywało ono Jerozolimę w wodę od czasów powstania miasta, a Jebuzejczycy, najstarsi jego mieszkańcy, połączyli tunelem źródło z leżącą pod miastem grotą. Pionowy, ciasny szyb umożliwiał im wynoszenie wody w skórzanych workach. Źródło leżąc poza murem, było zakryte, gdyż żaden obcy nie mógł się dowiedzieć, że możliwe jest zaopatrzenie w wodę również w czasie oblężenia miasta. Podczas próby zdobycia Jerozolimy przez Dawida obiecano wysoką nagrodę dla tego, kto pierwszy wejdzie do mia-

Potężne bloki „ściany płaczu" są pozostałościami muru, który w czasach Chrystusa otaczał świątynię.

sta. Wydaje się, że Joab zdobył wiadomość o tunelu i szybie. Tekst opisujący to wydarzenie każe przypuszczać, że wraz ze swymi ludźmi odsłonił zamaskowane źródło, przeczołgał się przez wydrążony kanał do rezerwuaru i stąd wdrapał się przez szyb do środka miasta (zob. 2 Sm 5,8; 1 Krn 11,6). Potem dość łatwo przedostał się do bram miejskich, otworzył je, na co czekały wojska Dawida.

Źródło Gihon słynne jest także z tego, że tutaj Salomon został koronowany na króla (zob. 1 Krl 1,33.44). Równocześnie jego brat, Adoniasz, próbował zagarnąć władzę przez ceremonię koronacyjną przy równie sławnym źródle Rogel czyli Foluszników (zob. 1 Krl 1,9). Leży ono ok. 1,5 km na południe od Gihon i jest teraz nazywane Studnią Hioba lub Nehemiasza.

W czasach Hiskiasza (Ezechiasza) wykuto długi tunel, który połączył źródło Gihon ze sztuczną sadzawką leżącą w południowym krańcu miasta otoczonego murem. Z niewyjaśnionych przyczyn tunel ma kształt litery S. Jego długość wynosi prawie 550 m, szerokość między 61 a 69 cm, średnia wysokość 185 cm. Spadek dna na całej długości jest ponad dwumetrowy. Konstrukcja tunelu jest uważana za bardzo dobre osiągnięcie inżynierii starożytnej. Tunel i sadzawka są użytkowane od czasów Hiskiasza do dnia dzisiejszego. „Wody Syloe, które cicho płyną" (Iz. 8,6) ciągle wypływają ze źródła Marii i wlewają się do sadzawki zwanej Syloe. O każdej porze dnia przychodzą tu kobiety ze wsi Silwan i piorą bieliznę oraz napełniają dzbany, które według orientalnego zwyczaju noszą do domów na ramionach.

Do największych przeżyć związanych z pobytem w Jerozolimie należy przebadanie podziemnych tuneli i szybów — wszystkie połączone ze źródłem Gihon. Ze świeczką w ręce brodziłem kilkakrotnie wzdłuż prawie 550 metrowego tunelu Hiskiasza i próbowałem wyjaśnić sobie, w jaki sposób wykuli w rodzimej skale ten kanał starożytni Hebrajczycy. Można rozpoznać ślady używania kilofów, dłut i młotków. Najbardziej interesująca jest ta część, w której spotkały się obie grupy robotników, drążące kanał z przeciwnych stron. Po pewnych znakach można jeszcze dziś stwierdzić, jak precyzyjnie, w oznaczonym z góry miejscu doszło do połączenia drążonych kanałów. Dokonano tego po kilku nieudanych próbach: ślepe przedłużenia tunelu sugerują, że inżynierowie odkryli swoje błędy i skorygowali je, zanim drążenie nie posunęło się za daleko w fałszywym kierunku. W pewnym punkcie tunel na kilka metrów zbliża się do skalnego stoku.

Niedaleko ujścia kanału można zauważyć miejsce, w którym w 1880 roku kilku młodzieńców odkryło słynną inskrypcję, w której budowniczowie opisali metodę drążenia tunelu i podali jego długość oraz głębokość względem powierzchni wzgórza. Wraz z napisem został wycięty również fragment skały — przechowywane są one obecnie w muzeum archeologicznym w Stambule,

W historii Jerozolimy bezsprzecznie najważniejszym miejscem miasta był plan świątynny. Mamy wystarczające archeologiczne i historyczne dowody na to, że dzisiejszy, święty islamski okręg Haram esz-Szerif jest identyczny z terenem byłej świątyni. Miejsce to było święte przez wiele wieków. Jeszcze przed wybudowaniem przez Salomona Domu Bożego na tym miejscu stał Abraham gotowy do ofiarowania swego syna Izaaka. Od Salomona aż do zniszczenia drugiej świątyni przez Rzymian było to najświętsze miejsce dla Żydów.

Później na tym miejscu został wzniesiony chrześcijański kościół, który Arabowie przekształcili w meczet el-Aqsa. Następnie wybudowali kilka innych budowli, z których najpiękniejszą jest Kopuła Skały, wielokrotnie niewłaściwie nazywana Meczetem Omara. Po kamieniu Kaaba w Mekce jest to najświętsze miejsce mahometan. Uczeni zgadzają się z tym, że skała znajdująca się pod Kopułą jest miejscem, na którym w czasach starotestamentowych stał ołtarz ciałopaleń.

Pod skałą znajduje się obszerna grota, która poprzez pionowy otwór połączona jest z wnętrzem dzisiejszego meczetu. Przez ten otwór kapłani prawdopodobnie wrzucali do groty pozostałości ofiar — krew, kości i popiół — w ten sposób oczyszczali ołtarz. Grota połączona była z Doliną Cedron za pomocą tunelu, obecnie zasypanego. Istniała więc możliwość wydalenia z centrum miasta resztek ofiar bez konieczności noszenia ich poprzez dziedziniec świątynny.

Współcześni przewodnicy muzułmańscy podają oczywiście całkiem inną wersję istnienia groty. Wraz ze wszystkimi wyznawcami islamu wierzą, że prorok Mahomet wstąpił z tej skały do nieba. Skała chciała pójść za prorokiem, lecz wtem zjawił się. anioł i zatrzymał ją. I tak skała zawisła w powietrzu, przez co wytworzyła się grota.

Na zachód od dzisiejszej Kopuły Skały musiała znajdować się świątynia Salomona, którą odbudował Zorobabel, a odnowił Herod. Właśnie do świątyni Heroda uczęszczał Jezus. Przy południowo-wschodnim narożniku placu świątynnego leżą podziemne hale, popularnie nazywane „stajniami Salomona", chociaż archeolodzy z naciskiem zaznaczają, że żadna część tej struktury nie została wybudowana za czasów Salomona. Dolne partie ścian i kamiennych filarów pochodzą z czasów Heroda Wielkiego, a wyżej położone mury — z czasów krzyżowców. Dopiero oni sklepioną budowlę wykorzystali jako stajnie.

Także potężne bloki kamienne ze „ściany płaczu" nie pochodzą, jak w to wierzy wielu turystów, z czasów Salomona, lecz Heroda Wielkiego. Są one pozostałością wielkiego muru otaczającego wówczas ze wszystkich stron świątynię. Islamskie władze nie dopuściły do naukowych badań archeologicznych w obrębie byłej świątyni, a dzisiejszego Haram esz-Szerif, dlatego nic pewnego nie wiemy o starożytnych budowlach na placu świątynnym, które są starsze od wyżej wspomnianych. Z dużym prawdopodobieństwem można sądzić, że widoczne dzisiaj pozostałości nie pochodzą ani ze świątyni Salomona, ani Zorobabela, lecz najwcześniej z czasów Heroda Wielkiego.

Wspaniały widok na obszar świątynny rozciąga się z islamskiej szkoły leżącej na północ od Haram esz-Szerif. Jak wiemy z *Nowego Testamentu*, stała tu kiedyś twierdza Antonia, siedziba rzymskich dowódców w Jerozolimie, w której także stacjonował rzymski garnizon. Nazwał ją tak Herod na pamiątkę swego protektora, Marka Antoniusza. Z tej wysokości rzymscy legioniści mogli obserwować dziedziniec świątynny i w razie zamieszek każdorazowo interweniować, tak jak było w przypadku Pawła, gdy podburzeni Żydzi chcieli go zabić (zob. Dz 21,31-32).

Dalszym świadkiem starożytnej Jerozolimy jest cytadela z tzw. Wieżą Dawida, oczywiście nie mającą nic wspólnego z królem, którego imię nosi. Jej dolna część należy do najstarszych widocznych pozostałości Jerozolimy i jest częścią fortyfikacji z herodiańskich czasów. Gdy Tytus w 70 roku zniszczył Jerozolimę miał pozostawić wieżę jako pomnik przestrogi dla przyszłych pokoleń. Po sile tych murów mieli poznawać siłę miasta, które jednak nie oparło się wojskom rzymskim. Wypokaliska w cytadeli pomogły w odtworzeniu historii jej powstania. Nie ma żadnych wątpliwości, że mamy do czynienia z autentycznymi pozostałościami jerozolimskich fortyfikacji z czasów Jezusa.

Począwszy od sześciodniowej wojny w 1967 r. izraelscy archeolodzy podjęli wiele ważnych wykopalisk w różnych miejscach wokół i w samym Starym Mieście. Prof. Nahman Avigad kopał w żydowskiej dzielnicy kompletnie zniszczonej podczas żydowsko-arabskiej wojny w 1948 r. Gdy Żydzi zdobyli ją w 1967 r. zdecydowali się ją odbudować. Avigad wykorzystał sytuację i podjął prace, zanim wkroczyli budowniczowie. Do interesujących odkryć

Panorama Jerozolimy. Stare miasto otoczone jest murami.

należały ruiny domów zniszczonych przez Rzymian w 70 roku n.e. Szczególnie interesujący był dom patrycjuszowski o powierzchni 186 m^2, w którym odkryto delikatne naczynia stołowe, importowane z Italii.

Najważniejszym odkryciem był zachodni mur miejski z czasów *Starego Testamentu*, który odsłonięto na długości ok. 65 metrów. Mur ten o grubości ok. 7 metrów, był wybudowany albo przez króla Hiskiasza, albo jego syna — Manassesa. Odkrycie potwierdziło fakt, że zachodnia część Jerozolimy została włączona w obręb ufortyfikowanego miasta przynajmniej w VII w. p.n.e., jeżeli nie wcześniej.

Na południe od „ściany płaczu" przez ponad 10 lat prof. Benjamin Mazar kierował szeroko zakrojonymi pracami wykopaliskowymi. Oprócz ruin z bizantyńskiego i wczesnoarabskiego okresu odkrył pozostałości Jerozolimy z czasów Heroda. Odkopał wybrukowaną ulicę z I w. n.e., na której leżało wiele dużych bloków skalnych. Były one częścią budowli świątynnych, które zostały zniszczone przez Rzymian. Na południe od placu świątynnego odkryto monumentalne schody o szerokości 63 m. Posiadały one 30 stopni, które prowadziły do ciągle jeszcze widocznej podwójnej bramy w południowym murze wsporczym tarasu świątynnego. Z tyłu znajduje się pochyły podziemny tunel, przez który można było wyjść na zewnątrzny dziedziniec świątyni.

Gigantyczne bloki kamienia, osiągające 10,5 m długości, odkryto w murze wsporczym tarasu, na którym Herod Wielki wybudował monumentalne budowle, takie jak kolumnowy Portyk Królewski. Zachowały się aż 34 rzędy tych bloków, każdy grubości ok. 115 cm. Ponieważ przez ostatnie dziewiętnaście wieków były przywalone gruzem i nie narażone na zgubny wpływ warunków atmosferycznych, zachowane są w prawie doskonałym stanie. Wyglądają tak, jakby niedawno zostały wykonane w kamieniołomie w przeciwieństwie do bardzo zwietrzałych kamieni w „ścianie płaczu", które powstawały w tym samym czasie. Widząc te kolosalne bloki kamienia, można lepiej zrozumieć uczniów Jezusa, mówiących z wielkim podziwem i strachem o budowlach świątyni (zob. Mr 13,1).

Tradycyjne miejsce ogrodu Getsemane na zachodnich stokach Góry Oliwnej jest prawdopodobnie autentyczne. Jednakże znajdują się tam dzisiaj dwa ogrody, oba roszczące sobie prawo do autentyczności. Jeden należy do kościoła rzymskokatolickiego, drugi — do rosyjskiej cerkwi prawosławnej. Jeżeli tradycja obu tych ogrodów, która sięga IV w. n.e. ma historyczne podstawy, jest możliwe, że oba były pierwotnie częściami jednego ogrodu Getsemane. Stare drzewa oliwne, z pewnością kilkusetletnie, nie pochodzą jednak z czasów Chrystusa.

Strome podejście na szczyt Góry Oliwnej (809 m npm) jest szczególnego rodzaju doświadczeniem. Szczyt ten jest jednym z największych w Palestynie. Z kilku wież stojących na niej, żadna nie jest tak wysoka jak wieża rosyjskiego klasztoru, która z daleka wygląda jak igła. Spiralne schody z 214 stopniami prowadzą na górny taras, z którego rozciąga się wspaniały widok nie tylko

Tzw. Kopuła Skały — meczet, który stoi na miejscu starej świątyni jerozolimskiej.

na Święte Miasto, lecz także na dalekie obszary zachodniej i wschodniej Palestyny. Z żadnego innego miejsca (za wyjątkiem samolotu) nie można tak dobrze przestudiować topografii Palestyny, jak właśnie stąd.

U stóp góry leży malownicza Jerozolima z dzielnicami w obrębie starych murów i z nowymi kwartałami mieszkalnymi. Na wschodzie widać Pustynię Judzką, Dolinę Jordanu i Morze Martwe, jak również daleko na horyzoncie Płaskowyż Moabski. Na zachodzie — Góry Judzkie opadające w kierunku Morza Śródziemnego, na południu wyraźnie zarysowuje się Betlejem, a w oddali wznoszą się góry Hebronu i Negew. Na północy spostrzegamy także wiele historycznych .miejsc: Gibeę Saula, Mizpę Samuela, a w przejrzyste dni — góry Ebal i Gerizim w Samarii.

W *Piśmie Świętym* czytamy, że gdy Jezus patrzył na Jerozolimę z Góry Oliwnej, wspominając historię jej licznych apostazji i rozmyślając o odrzuceniu Go jako Zbawiciela, zapłakał nad nią (zob. Łk 19,41). Jak smutny byłby dzisiaj, gdyby patrzył na to samo miasto, które nosi nazwę miasta Pokoju, lecz jest rządzone przez nienawiść i spory, gdzie tak mało ludzi „oczekuje Jego przyjścia w chwale".

23

Rękopisy znad Morza Martwego

Gdy w 1953 r. po raz pierwszy odwiedziłem Palestynę i Jerozolimę, chciałem przede wszystkim zbadać hebrajskie rękopisy, które kilka lat wcześniej odnaleziono na Pustyni Judzkiej. Z niecierpliwością oczekiwałem na wizytę w Muzeum Archeologicznym w Jerozolimie (teraz Muzeum Rochefellera). Grupa badaczy pracowała tam nad setkami fragmentów, które wyszły na światło dzienne od momentu odkrycia groty nr 1 w Qumran w 1947 r. Podczas kilkutygodniowego pobytu w Jerozolimie dane mi było obejrzeć oryginały cennych znalezisk i zapoznać się z uczonymi współpracującymi nad odczytaniem i opublikowaniem dokumentów.

Odtąd dosyć często przyjeżdżałem do Jerozolimy i wielokrotnie przeglądałem rękopisy z grot nad Morzem Martwym. Zwiedziłem także kilkakrotnie groty, które setki lat ukrywały starożytne zwoje. Często przebywałem w ruinach osiedla qumrańskiego, odkopanego w latach 1951—1956, gdzie esseńczycy oddawali się studiom, odprawiali nabożeństwa, pracowali i posilali się (esseńczycy — żydowska społeczność ascetyczna z siedzibą na zachodnim brzegu Morza Martwego, istnieli w latach 200 p.n.e.-70 n.e.). Chodziłem po sali, w której spisali wiele swych zwojów, wchodziłem do cystern, gdzie dokonywali rytualnych kąpieli. Spacerowałem wzdłuż akweduktu, który dostarczał esseńczykom wodę ze źródła położonego w górach. Zwiedziłem także odkopaną w 1958 r. rolniczą osadę w Ain Feszcha z jej prostymi budynkami. Mnisi esseńscy pracowali tam na swe skromne utrzymanie.

W latach pomiędzy odkryciem groty I, a moim pierwszym pobytem w Jerozolimie w 1953 r. odnaleziono dalsze groty, a wśród nich bogatą grotę IV z około 35 tys. fragmentów zwojów. Później, po 1953 r., wytropiono jeszcze kilka nowych grot z papirusowymi skarbami. Istotnie powiększyło to już i tak obfity materiał z pierwszej groty. Tymczasem w Jerozolimie wzniesiono nowoczesny budynek przeznaczony do stałego przechowywania zwojów z Qumran. Nazwano go trochę poetycko — „Świątynia Księgi". W budynku tym zostały stworzone idealne warunki do przechowywania zwojów z Qumran — powietrze w pomieszczeniu jest ciągle kontrolowane, a urządzenia klimatyzacyjne dbają o to, aby bezcennym pismom nie zaszkodził wilgotny klimat Jerozolimy.

Prawie 40 lat upłynęło od pierwszych komunikatów o sensacyjnym odkryciu starożytnych hebrajskich rękopisów biblijnych nad Morzem Martwym. Zainteresowanie uczonych nie opuściło od tego czasu zwojów zachowanych przeważnie we fragmentach. Zaledwie kilka archeologicznych odkryć naszych czasów tak bardzo wzruszyło serca, jak rękopisy z grot w Qumran i z innych wąwozów.

Pewien uczony zaproponował, aby historię badań biblijnych podzielić na dwie epoki — przed i po Qumran. Chociaż twierdzenie to należy uznać za zbyt śmiałe, prawdą jest jednak, że znalezisko to dokonało wprost przewrotu w chrześcijańskiej teologii. Wiele poprzednio uznanych teorii uległo przedawnieniu, do życia została powołana całkiem nowa dziedzina studiów biblijnych. Całkiem słusznie można powiedzieć, że żaden uczony biblista nie może prowadzać swych studiów nie znając treści rękopisów znad Morza Martwego. Praktycznie każda uczelnia teologiczna, włączając również tę, w której pracowałem, prowadzi wykłady z tej dziedziny.

Ilość materiału biblijnego i związanego z *Biblią*, jaka od 1947 roku została nagromadzona, jest imponująca. Żaden badacz w swych najśmielszych ma-

Świątynia Księgi w Jerozolimie jest muzeum wybudowanym w celu eksponowania zwojów znad Morza Martwego

rzeniach nie spodziewał się czegoś podobnego. Grota I w Qumran, na którą przez przypadek natrafił młody arabski pasterz, dostarczyła w pełni zachowany słynny zwój Izajasza, kilka mniej lub bardziej zniszczonych innych zwojów i setki małych fragmentów. Ten materiał, posiadający częściowo biblijną, a częściowo niebiblijną treść, został opublikowany w latach 1950-1955. Przybliżył on nam żydowską sektę esseńczyków, o której dotychczas wiedziano bardzo mało. Uczeni wraz z Beduinami poczukiwali nowych grot z papirusami. I rzeczywiście, odkryli oni 10 dalszych grot w okolicach Qumran, 4 w Wadi Murabba'at, zapomnianym wąwozie na płd.-wschód od Betlejem, i kilka innych w dolinach położonych bardziej na południe, w okolicach Engedi. Poza tym, w czasie wykopalisk w żydowskiej twierdzy Masada odnaleziono biblijne i niebiblijne rękopisy z I w. n.e. Jest to twierdza, która w ręce Rzymian dostała się dopiero w 73 r. n.e., czyli w 3 lata po zniszczeniu Jerozolimy.

Najstarszy manuskrypt pochodzi z III w. p.n.e., najmłodszy — z II w. n.e. Do dnia dzisiejszego opublikowane zostały nie tylko teksty z qumrańskiej groty I, lecz także z grot II, III i od V do X (1962). Dalej, dobrze zachowany zwój z psalmami, znaleziony w grocie XI, został opublikowany w 1965 r. a w 1971 r. — targum (aramejskie parafrazowane tłumaczenie) *Księgi Hioba*. Zwoje odkryte w Wadi Murabba'at opublikowano w 1961 r. Z 35 tys. fragmentów odnalezionych w grocie IV i manuskryptów odkrytych w innych miejscach wydano w 1968 i 1977 r. jedynie teksty komentarza biblijnego, filakterie (zwitki zawierające pewne teksty biblijne, używane do modlitwy) i targumy. Z kategorii innych tekstów jak dotąd zostały opublikowane jedynie próbki. Uczeni, którzy przygotowują materiał do publikacji, ogłosili już wyniki swoich badań. Można więc uzyskać informację, co do charakteru tych dokumentów.

W 1977 r. Yigael Yadin opublikował długi, 8,5 metrowy tzw. „Zwój Świątynny". Został on skonfiskowany w Betlejem podczas sześciodniowej wojny w 1967 r., lecz później odkupiony od właścicieli dla Świątyni Księgi w Jerozolimie. Nie wiadomo, w której grocie został znaleziony. Tekst zawiera wiele religijnych przepisów, listy ofiar i opis, w jaki sposób przyszła świątynia ma być budowana.

Spór o autentyczność i wiek zwojów

Studia nad zwojami odbywały się w kilku etapach. Najpierw prowadzono namiętne dyskusje nad ich autentycznością, później — o wpływie zwojów na *Nowy Testament* oraz na chrześcijańskie posłannictwo i religię. Bezpośrednio po odkryciu dokumetów kilku uczonych z Ameryki i Europy wyraziło powątpiewanie w ich autentyczność, względnie w ich starożytne pochodzenie. Lecz gdy napływało coraz więcej materiałów, a wielu archeologów przeprowadziło naukowe badania nad Morzem Martwym, autentyczność zwojów została ostatecznie potwierdzona. Poza tym znaleziono bezdyskusyjne dowody ich wczesnego powstania. Dziś z pewnością można stwierdzić, że zwoje z kilkoma wyjątkami pochodzą z ostatnich trzech wieków p.n.e. i z pierwszych dwóch wieków n.e. Większość uczonych prezentuje pogląd, że rękopisy znad Morza Martwego w przeważającej części pochodzą z czasów przed zniszczeniem Jerozolimy w 70 r. n.e.

Cennego materiału dowodowego dostarczyły także wykopaliska w Chirbet Qumran, centrum społeczności, która była w posiadaniu zwojów. Okazało się, że miejsce to było zamieszkałe tylko do pierwszej wojny żydowskiej. Później przez krótki czas przebywali tu rzymscy żołnierze. Wydobyta na światło dzienne ceramika z Qumran, która jest dokładnie datowana na podstawie licznych monet znalezionych wraz z nią, jest tego samego typu, co ceramika pochodząca z grot zawierających manuskrypty. Oprócz tego analizy płóciennych pokrowców zwojów metodą węgla radioaktywnego (C-14) określiły ich wiek na I w. n.e., a analiza pisma wykazała, że zwoje pochodzą przeważnie z czasów przed Chrystusem lub z I w. po Chrystusie. Wszystko to przekonało nawet najbardziej sceptycznych uczonych, że zwoje znad Morza Martwego są autentyczne i starożytne.

Spór o wpływ rękopisów na chrześcijaństwo

Drugi spór, który rozgorzał wokół zwojów, był poważniejszy niż pierwszy. Kilku uczonych uważało, że niebiblijne teksty żydowskie, znalezione wśród rękopisów, byłyby dowodem na to, że chrześcijaństwo nie stworzyło żadnych własnych idei lecz tylko nową odmianę wierzeń żydowskiej sekty.

Muzeum Krajów Biblijnych

Jako pierwszy pogląd ten zaprezentował prof. A. Dupont-Sommer z paryskiej Sorbony. Jego publikacje nie wywołały wtedy większego zainteresowania, nie licząc oczywiście świata uczonych. Spopularyzował je dopiero dziennikarz Edmund Wilson w osławionym artykule w „The New Yorker" z 14 maja 1955, wydanym później w formie książkowej pt. *The Scrolls From the Dead Sea*.

Większość osób zajmujących się zwojami nie podchodziła jednak do tych poglądów poważnie. Bomba wybuchła w styczniu 1956 r., gdy prof. John M. Allegro z Uniwersytetu Manchester w dwóch radiowych audycjach BBC postawił tezy, które wydawało się, że wstrząsną podstawami chrześcijaństwa. Ponieważ Allegro był przez pewien czas członkiem zespołu pracującego nad zwojami w Jerozolimie, traktowano go jako osobę kompetentną do przekazywania zawartości zwojów i ich interpretacji. Pamiętam prof. Allegro z naszych wspólnych miłych tygodni, które spędziliśmy jesienią 1953 r. w Jerozolimie, i z podróży przez Transjordanię do Petry i Zatoki Akaba.

Allegro uważał, że znalazł ścisłe analogie pomiędzy historią pojednawczej śmierci Chrystusa a śmiercią „Mistrza Sprawiedliwości", wcześniejszego przywódcy gminy qumrańskiej. Wspomniał, że Aleksander Janneusz, niepopularny arcykapłan i król machabejski (103-76 p.n.e.) uwięził tajemniczego mistrza i oddał go żołnierzom na ukrzyżowanie. Po śmierci mistrza społeczność w Qumran zdjęła złamane ciało swego nauczyciela z krzyża, aby pełnić nad nim straż aż do dnia sądu. Allegro twierdził dalej, że zwoje mówią, jakoby członkowie gminy wierzyli, że ich „Mistrz zmartwychwstanie i wprowadzi swoją trzodę (lud *Nowego Testamentu*, jak sami siebie nazywali) do nowej i oczyszczonej Jerozolimy". W końcu Allegro uczynił następującą uwagę:

„Wcześniej wszystko było tak jasne, lecz teraz wszystko wydaje się być pomieszane jak w tyglu. Jasne jest to, że był dobrze określony wzór esseński, do którego pasuje Jezus z Nazaretu. Co na to powiedzą teolodzy, nie należy do moich kompetencji. Podałem tylko moje ustalenia" („Time", 6 lutego 1956).

Z tych powodów zszokowani słuchacze prof. Allegro wyciągnęli wniosek, że zwoje dostarczają niedwuznacznego dowodu na to, że nauka o ukrzyżowaniu Jezusa Chrystusa była ani nowa, ani też wyjątkowa.

Zaledwie zapoznano się z twierdzeniami Allegro, które dzięki prasie obiegły cały świat, gdy wybuchła nowa batalia za i przeciw rękopisom. Uczeni, którzy pracowali w Jerozolimie nad dokumentami, byli zdumieni i wytrąceni z równowagi, ponieważ nie zdawali sobie sprawy, że zwoje zawierają informacje, które znalazł Allegro.

Ponieważ wszystkie badane przez Allegro teksty znajdowały się w muzeum w Jerozolimie, spędzili kilka dni na dokładnym badaniu rękopisów, nad którymi pracował Allegro i z których wyciągnął takie wnioski. Ustalili, że teksty w żaden sposób nie potwierdzają jego twierdzeń. W komunikacie publicznym podjęli się niemiłego zadania wykazania nierzetelności swego kolegi:

Zwój w języku hebrajskim

„Nie było żadnych niepublikowanych tekstów, które miał do dyspozycji pan Allegro, oprócz tych, które obecnie znajdują się w Palestyńskim Muzeum Archeologicznym, gdzie pracowaliśmy. Szukając cytatów, które prasa zaczerpnęła z audycji radiowej pana Allegro, sprawdziliśmy cały materiał dotyczący tej kwestii — ten opublikowany i nieopublikowany. Nie mogliśmy jednak dostrzec w tekście tego 'odkrycia', jakiego dokonał pan Allegro.

Nie znaleźliśmy żadnego ukrzyżowania 'nauczyciela', żadnego zdjęcia z krzyża oraz 'złamanego ciała ich Mistrza', przy którym miała być pełniona straż aż do dnia sądu... Jesteśmy przekonani, że albo źle odczytał teksty, albo na podstawie domysłów stworzył łańcuszek wniosków, które nie znajdują poparcia w tym materiale" („Time", 2 kwietnia 1956).

Wobec wyjaśnienia dawnych kolegów Allegro przyznał, że czytał bardziej między wierszami, a większość jego twierdzeń polegała na przypuszczeniach.

Po tym częściowym odwołaniu sensacyjne teorie, które zagroziły fundamentom chrześcijaństwa, zostały powszechnie odesłane w sferę fantazji. Burza ustała i jeszcze raz okazało się, że niebiblijne zapisy żydowskie znad Morza Martwego nie podważają chrześcijańskiej nauki. Prof. Millar Burrows wydał w tej sprawie dojrzały osąd, który spotkał się z ogólnym poparciem:

„Mówiło się nawet, że te odkrycia zrewolucjonizują podejście do *Nowego Testamentu*. Może to wywołać trochę emocji. Lecz nie ma niebezpieczeństwa, że zwoje znad Morza Martwego radykalnie przekształcą nasze zrozumienie *Nowego Testamentu* i że zaistnieje konieczność zmian podstawowych zasad chrześcijańskiej wiary. Wszyscy badacze, którzy pracowali nad tymi tekstami, potwierdzą, że tak nie jest i tak nie będzie" (*The Dead Sea Scrolls*, s. 327).

Bez wątpienia można stwierdzić, że bezstronne podejście do rękopisów prowadzi do odrzucenia wszystkich koncepcji, według których Jezus jedynie skopiował „Mistrza Sprawiedliwości", ponieważ czyny, życie i śmierć mistrza w żaden sposób nie przypominają czynów, życia i śmierci Jezusa Chrystusa. Poza tym, oczekiwany przez esseńczyków mesjasz (właściwie było ich dwóch) nie wykazuje żadnych analogii z Chrystusem i jego działalnością kaznodziejską. Chrześcijaństwo z pewnością nie powstało z essenizmu.

Oczywiście należy dodać, że religijna ideologia świata, w którym żyli esseńczycy, wywierała pewien wpływ na chrześcijaństwo. Wyrażenia z *Nowego Testamentu*, które wcześniej uważano za hellenistyczne lub specyficznie chrześcijańskie, były już w użyciu, jak się teraz okazało, w żydowskiej literaturze z czasów Chrystusa. On i jego uczniowie mogli wiedzieć o istnieniu gminy qumrańskiej i być może znali nawet kilka ich pism. Lecz żaden fragment qumrańskiej literatury nie stanowi bliskiej analogii z Chrystusową nauką o zbawieniu lub z Jego pojednawczym życiem i śmiercią. Nie ma tam nic, co dorównywałoby naukom o łasce i sprawiedliwości przez wiarę, tak zdecydowanie wyeksponowanych przez apostoła Pawła.

Znajdujemy natomiast dosyć ścisłe powiązanie z naukami i zwyczajami Jana Chrzciciela. Podobnie jak Jan, członkowie gminy qumrańskiej (prawdopodobnie esseńczycy) żyli na Pustyni Judzkiej i wyrzekli się większości wygód życia. Wierzyli, że poprzez odizolowanie od świata i życie pełne samozaparcia muszą przygotować „drogę Panu", jak to czynił Jan, według Iz 40,3: „Głos się odzywa: Przygotujcie na pustyni drogę Pańską, wyprostujcie na stepie ścieżkę dla Boga naszego". Praktykowali rytualne obmywanie w zbiornikach, rzekach i morzu. Wydaje się, że nowicjusze poddawali się pewnemu rodzajowi chrztu. Doktryna ich pism wykazywała analogie do nauk Jana w kwestii oczekiwania na mesjasza, a także w innych punktach. I tak, niektórzy badacze doszli do wniosku, że Jan przed swą publiczną działalnością mógł być członkiem gminy qumrańskiej i stąd zaczerpnął wiele przekonań i ideałów. Później, gdy usłyszał głos Boga, zerwał z nimi i ich pustelniczym życiem, aby działać wśród ludzi i przygotować drogę Jezusowi.

Wartość zwojów biblijnych

Odkrycie rękopisów znad Morza Martwego głównie dlatego wzbudziło sensację, ponieważ odnaleziono wśród nich bardzo dużo hebrajskich rękopisów biblijnych. Są one średnio o tysiąc lat starsze od najwcześniejszych, dotychczas znanych manuskryptów hebrajskich i dlatego przybliżyły nam starotestamentowych autorów o spory odcinek czasu oraz dostarczyły próbek *Biblii* z czasów Chrystusa i apostołów.

Wszystkie starotestamentowe księgi, z wyjątkiem *Księgi Estery*, są reprezentowane wśród znalezisk jedne tylko przez fragmenty, inne — w bardziej kompletnej formie. Zwój Izajasza z groty I zachował się w całości, Psałterz z groty XI odnaleziono także w dobrym stanie. W grocie IV znaleziono tak wiele fragmentów zwoju Samuela, że prof. F.M. Cross Junior mógł skompletować ponad dwie trzecie tej księgi. Niektóre księgi znaleziono w kilku kopiach.

Najbardziej popularną księgą musiały być *Psalmy* reprezentowane przez 30 manuskryptów; *Księga Powtórzonego Prawa* — 25 manuskryptów i *Księga Izajasza* — 19 manuskryptów. Także *Księga Rodzaju* i *Księga Wyjścia* są reprezentowane częściowo przez 15 różnych zwojów. W sumie, w grotach w Qumran odkryto w całości lub we fragmentach 179 różnych manuskryptów ksiąg biblijnych.

Przyglądając się uważniej rękopisom biblijnym, dochodzi się do wniosku, że tekst masorecki (tekst znajdujący się we wszystkich drukowanych *Bibliach* hebrajskich) pochodzi najpóźniej z początków ery chrześcijańskiej. To zaskoczyło wielu uczonych, którzy byli zdania, że pierwotny tekst *Biblii* hebrajskiej

Ruiny miasta esseńczyków w Chirbet Qumran

uległ w czasach talmudu i masory tj. II-X w. n.e. rozmaitym przekształceniom. Źle zachowany zwój Izajasza z groty I zawiera dla przykładu tekst, który w swej istocie jest identyczny z tekstem masoreckim naszych współczesnych *Biblii* hebrajskich. To samo można powiedzieć o wielu innych manuskryptach w Qumran, Wadi Murabba'at i z Masady. Nawet zwój Izajasza z groty I, posiadający wiele błędów pisowni, ortograficznych wariantów, opuszczeń, wtrąceń i korekt, dość wiernie oddaje tekst masorecki.

Z drugiej strony, kilka rękopisów biblijnych wykazuje bardzo bliskie pokrewieństwo do *Septuaginty* (grecki przekład *Starego Testamentu*). Są one dowodem na to, że autorzy przekładu *Septuaginty* oparli się w wielu miejscach na istniejącej wówczas hebrajskiej wersji tekstu, odmiennej od zachowanej przez masoretów (masoreci — żydowscy uczeni z Palestyny i Babilonii, którzy od VII do X w. n.e. zaopatrzyli niezwokalizowany tekst *Starego Testamentu* w znaki samogłoskowe, akcentowane, uwagi i pewnego rodzaju wstępy). Na przykład w Dz 7,14 czytamy, że Józef sprowadził do Egiptu swego ojca Jakuba i całą rodzinę liczącą 75 osób. Ta liczba zgadza się z Rdz 46,27 według wersji *Septuaginty*, lecz nie według tekstu masoreckiego, który podaje liczbę 70. Hebrajski manuskrypt *Księgi Rodzaju*, znaleziony w Qumran, podaje taką samą liczbę, jak *Septuaginta*, co wskazuje na to, że Szczepan w swej mowie przed Sanhedrynem nie musiał cytować *Septuaginty*, jak dotychczas myśleliśmy, lecz mógł użyć hebrajskiego tekstu, który w tej wersji zgadzał się z *Septuagintą*.

Pomijając te nieznaczne różnice, tekst biblijny był przez całe stulecia zadziwiająco wiernie przekazywany. Udowadniają to rękopisy znad Morza Martwego. Wielu uczonych wyraziło z tego powodu swoje zdumienie. Niektórzy z nich upominali nas, aby przekazanemu tekstowi poświęcić więcej uwagi i okazywać większy szacunek, niż to czyniło wielu uczonych w przeszłości. Nie powinniśmy lekkomyślnie próbować „wyleczyć" trudne miejsca w *Biblii*, gdyż tekst masorecki jest w swej istocie identyczny z tekstem biblijnym, jaki istniał w czasach Chrystusa i apostołów. Teolodzy o szczerym podejściu do *Biblii* zostali pokrzepieni na duchu i zachęceni przez rezultaty badań nad rękopisami, i widzą w nich dowód słowa wypowiedzianego 27 wieków temu przez proroka Izajasza: „Trawa usycha, kwiat więdnie, ale słowo Boga naszego trwa na wieki" (Iz 40,8).

24

Gibea, Mispa, Betel i Sylo

Wizyta w starożytnej Gibei, Mispie i Sylo przynosi wspomnienie wielu historii biblijnych. Gibea, stolica Saula, i Mispa, miejsce jego koronacji, były świadkami ważnych wydarzeń w starotestamentowych czasach. Któż nie słyszał o Betel, gdzie Jakub miał swój sławny sen o niebiańskiej drabinie, o Sylo, gdzie przez 300 lat stała pierwsza świątynia Jahwe i gdzie wzrastał Samuel u boku Heliego! Wszystkie te miejsca leżące przy głównej drodze z Jerozolimy do Sychem są albo rozkopanymi kopcami ruin, bądź małymi, nieznaczącymi wioskami.

Jednak każde z tych miejsc zostało odkopane w ostatnich latach, a rezultaty archeologicznych odkryć mają cenny wkład w umocnienie prawdziwości *Biblii*, obalenie wątpliwości i rzucają obfitsze światło na starożytną historię Izraela.

Podczas licznych wizyt w Palestynie odwiedziłem wszystkie te miejsca, a niektóre kilkakrotnie. Studiując ich pozostałości z pomocą *Biblii* i raportów wykopalisk, próbowałem odtworzyć to, co się w nich działo, zanim stały się tym, czym są dzisiaj.

Gibea

Jedna godzina marszu dzieli Jerozolimę od okazałego wzgórza Tell el-Ful (Wzgórze Fasoli), które leży przy głównej drodze prowadzącej na północ do lotniska Qalandija. Od ponad stu lat miejsce to jest identyfikowane z Gibea Saulową. Trzy ekspedycje archeologiczne, pracujące tu w latach 1922-1923 i w 1933 roku pod kierownictwem prof. W.F. Albrighta z Uniwersytetu Johna Hopkinsa oraz w 1964 r. pod kierownictwem Paula Lappa, wyjaśniły historię pierwszej stolicy królestwa Izraela.

Strome wzgórze góruje nad całą okolicą. Pozostałości twierdzy Saula istniały na szczycie wzgórza do 1967 roku. Saul, który wzniósł Gibeę, u czynił ją stolicą, gdy został królem Izraela i wybudował tam małą twierdzę. Współczesne wykopaliska wykazały, że miejsce to zostało po raz pierwszy zasiedlone ok. XII w. p.n.e. Ten sam wniosek może być wysunięty z przekazów biblijnych, które po raz pierwszy wymieniają Gibeę jako miasto istniejące w okresie sędziów (zob. Sdz 19,12; 20,10). Ruiny wskazują także na to, że drugi okres budowania tego miasta przypadł na XI w. p.n.e., gdy Saul nadał Gibei status pierwszej narodowej stolicy (zob. 1 Sm 10,26; 11,4).

Wybudował dwukondygnacyjną twierdzę o rozmiarach 52x47 m. której zewnętrzne mury miały grubość od 2,5 do 3 m. Cztery silne wieże wzmacniały twierdzę. Ludność miasta, która w czasie pokoju żyła na zewnątrz murów, w czasie wojny mogła chronić się za murami twierdzy. Największa sala znaleziona wewnątrz twierdzy liczyła 7x4 m, czyli mniej więcej tyle, co dzisiejszy duży pokój. Prawdopodobnie w tej sali młody Dawid uspokajał ducha króla grą na harfie. Czytamy w *Biblii*: „Dawid grał na harfie, jak co dzień, Saul zaś trzymał w ręku włócznię. Wtem rzucił Saul włócznię z tym zamiarem: Przygwożdżę Dawida do ściany. Lecz Dawid uskoczył przed nim dwukrotnie" (I Sm 18,10-11). Być może to wydarzenie miało miejsce w tej właśnie sali. Również w tej twierdzy Saul kazał zabić kapłanów z Nob, w ten sposób nieświadomie pomógł zbiegłemu Dawidowi (zob. 1 Sm 22,6-19).

Stojąc wśród ruin twierdzy w Gibei myślałem także o strasznych wydarzeniach opisanych w *Księdze Sędziów* 19—21 i o bitwie stoczonej pod sąsiednim Michmas (zob. 1 Sm 13 i 14), w której dzięki bohaterstwu Jonatana Izraelici pokonali Filistyńczyków.

Mispa

Schodząc ze wzgórza Gibea i idąc drogą na północ przez kolejne 8 km, dochodzimy do Tell en-Nasbeh, przypuszczalnego miejsca Mispy. Było to jedno z trzech miast, które rokrocznie odwiedzał Samuel, aby sprawować sądy (zob. 1 Sm 7,16). W Mispie zebrały się także plemiona izraelskie, aby wybrać swego pierwszego króla (zob. 1 Sm 10,17-25). Tell en-Nasbeh zostało odkopane podczas pięciu wypraw archeologicznych między 1925 a 1935 rokiem pod kierownictwem prof. W.F. Bade'a z Pacific School of Religion w Berkeley w Kalifornii.

Profesor Bade zwrócił na to miejsce uwagę, gdy przeglądał niemieckie zdjęcia lotnicze z I wojny światowej. Z jednego zdjęcia wynikało, że miasto ulokowane na wzgórzu posiadało silny mur, którego kontury mimo zasypania ziemią, były widoczne z powietrza. Bade rozpoczął wykopaliska w miejscu, gdzie zdjęcia wskazywały na róg muru miejskiego. Już po kilku godzinach pracy natrafiono na kamienne struktury. W wyniku prowadzonych przez prof. Bade w sposób bardzo metodyczny prac zostało prawie całkowicie odsłonięte małe, starożytne miasto. Mispa jest jedynym miastem Palestyny, które zostało całkowicie odkopane. Mur miejski zamykający obszar 3 hektarów liczył w obwodzie 1,5 kilometra. W lekko pochyłym murze o grubości 5-6 metrów znajdowała się tylko jedna brama.

Już w czasach Samuela Mispa musiała być dość ważnym miastem, skoro została wybrana na miejsce koronacji pierwszego króla izraelskiego. W czasach Królestwa Judzkiego pełniła rolę północnej twierdzy granicznej (zob. 1 Krl 15,22). Jeszcze raz na kartach historii Mispa pojawiła się po zburzeniu Jerozolimy przez Nebukadnesara w 586 p.n.e., gdy Babilończyk mianował Gedaliasza gubernatorem Judei, dając mu Mispę na rezydencję. Jeremiasz i pozostali Żydzi, którzy nie zostali wzięci do niewoli, zebrali się i mieszkali tam do czasu, gdy Gedaliasz i większość ludzi, która z nim mieszkała, zostali zamordowani przez Ismaela, rebelianckiego dowódcę pokonanej armii żydowskiej (2 Krl 25,22-26).

Następnego dnia Ismael powiększył wykaz swych zbrodni, przywabiając do Mispy 80 pielgrzymów idących do Jerozolimy i zabijając 70 z nich. Ciała wrzucił do cysterny na wodę, wykonanej w czasach króla Asy (zob. Jr 41,4-9). Podczas wykopalisk odkryto nie mniej niż 53 cysterny świadczące o tym, że przykładano wielką wagę do zaopatrzenia miasta w wodę w obliczu zagrożenia. Największa z nich miała wymiary 4x6,7 m, lecz i inne były wystarczająco duże, aby pomieścić 70 ciał. W jednej z cystern znaleziono szkielet mężczyzny, który był ofiarą zbrodni lub nieszczęśliwego wypadku.

Do najpiękniejszych przedmiotów odkrytych w trakcie wykopalisk należy pieczęć z dwubarwnego onyksu, znajdująca się obecnie w Muzeum Rochefellera w Jerozolimie. Pieczęć przedstawia koguta i jest jednym z najwcześniejszych plastycznych wyobrażeń tego ptaka. Dwuliniowa inskrypcja wyryta w wyjątkowo czystym hebrajskim charakterze mówi: „Joazaniasz, oficer króla". Pieczęć należała najprawdopodobniej do Joazaniasza wymienionego w 2 Krl 25,23 i Jr 40,8, jednego z dowódców wojsk, który po podbiciu Judy przybył do Gedaliasza, do Mispy.

Betel

Opuszczając Mispę i idąc dalej drogą do Nablus docieramy do wioski Beitin, położonej 5 km od Mispy. Nazwa wioski jest zmienioną nazwą starożytnego Betel. Prof. W.F. Albright w 1934 r. podjął tu wykopaliska lecz na mniejszą skalę, gdyż współczesna wioska leży bezpośrednio nad starożytnym miastem. Albright odsłonił tylko niewielki odcinek, kopiąc w sadzie z drzewami owocowymi. Od 1954 do 1960 roku badania w trzech innych miejscach kontynuował prof. J.L. Kelso z Seminarium Teologicznego w Pittsburgu.

Jak w wielu innych miejscach, także i w Betel łopata archeologa potwierdziła autentyczność dziejów Betel, przekazanych w *Biblii*. Badanie ruin wykazało, że miasto istniało już w czasach patriarchów, w okresie sędziów zostało zniszczone i odbudowane, gdy po śmierci Salomona Izrael podzielił się na dwa rywalizujące ze sobą państwa. Wówczas to Jeroboam I, pierwszy król państwa północnego, kazał zbudować w Betel, mieście uświęconym doświadczeniem Jakuba, sanktuarium, w którym lud czcił złotego cielca. To samo uczynił w jednym z północnych miast swego państwa.

Przybywając do małej arabskiej wioski Beitin, przypomniałem sobie, że w tej okolicy Abraham wybudował ołtarz, by uczcić prawdziwego Boga (zob. Rdz 12,8), a Jakub miał tu pamiętny sen, po którym nazwał to miejsce Betel, co znaczy „Dom Boga" (Rdz 28,10-19). Być może to wydarzenie wpłynęło na Jeroboama, aby właśnie Betel wybrać jako miejsce budowy jednej ze swoich bałwochwalczych świątyń, której pozostałości nie zostały jeszcze odkryte.

W tym miejscu znajdowało się starożytne Betel

Sylo

Na miejscu starożytnego Sylo nie znajduje się jakakolwiek współczesna wieś, tak jak w przypadku Betel. Miejsce starożytnego Sylo wskazuje nazwa wzgórza Seilun, jak również dokładny opis z *Księgi Sędziów* 21,19: „które leży na północ od Betelu, a na wschód od drogi wiodącej z Betelu do Sychem, a na południe od Lebona". Seilun leży 14,5 km na północ od Betelu, 5 km na południe od Lebona, co, jak widzimy, dokładnie odpowiada opisowi biblijnemu. Jest bardzo mało miejsc w Palestynie, tak dokładnie zlokalizowanych przez *Biblię*, jak ma to miejsce z Sylo.

Duńska ekspedycja pod kierownictwem Hansa Kjaera i Aage Schmidt prowadziła wykopaliska w Sylo w latach 1926-1929. Badacze kopali z nadzieją, że znajdą pozostałości przybytku, który przez około 300 lat stał w Sylo — od czasów Jozuego (zob. Joz 18,1) do Samuela (zob. 1 Sm 1,3). W tym przypadku poszukiwacze nie odnieśli sukcesu, co nie jest niespodzianką, jako że świątynia zbudowana była z nietrwałych materiałów — była konstrukcją namiotową z pali i sukna.

Wykopaliska jednakże pokazały, że miasto zostało zniszczone w XI w. p.n.e., co zgadza się z informacją biblijną. W tym czasie w Sylo żyli arcykapłan Heli i prorok Samuel. Filistyni dręczyli naród izraelski, który został pokonany w bitwie pod Afek. W tej bitwie arka przymierza, niesiona przez niegodziwych synów Heliego, dostała się w ręce wrogów. Synowie Heliego zginęli na polu bitwy, a stary arcykapłan umarł na wieść o katastrofie (zob. 1 Sm 4). Chociaż sprawozdanie to nie mówi wyraźnie, że Sylo zostało zburzone, to jednak fakt, że arka nigdy nie wróciła do Sylo, wydaje się wskazywać, że miasto zostało zniszczone i po bitwie pod Afek nigdy nie odzyskało swego znaczenia.

Prawdopodobnie o tym zniszczeniu mówi proroctwo Jeremiasza. Bóg ostrzegał swój lud, że z powodu swej niegodziwości może ich spotkać taki los, jak Sylo. Radził im, by poszli „do mojego miejsca w Sylo, gdzie niegdyś dałem mieszkanie mojemu imieniu, i zobaczcie, co z nim uczyniłem z powodu złości mojego ludu izraelskiego!" (Jr 7,12).

Sylo, niegdyś miejsce prawdziwej świątyni Bożej, dzisiaj jest ruiną i stosem kamieni. Tak samo inne, kwitnące miasta starożytnej Palestyny, którym Bóg zsyłał swe błogosławieństwa, stały się pamiątkami nieposłuszeństwa i odstępstwa od Boga. Praktycznie, każde z tych miast jest obecnie ruiną, bądź straciło całe swoje dawne znaczenie. Nawet miejsce świątyni w Jerozolimie, wybrane przez samego Boga na mieszkanie dla siebie na ziemi (zob. Pwt 12,5; 2 Krn 7,12) jest w rękach wyznawców Mahometa od wielu stuleci. Faktycznie, każde miejsce w Palestynie jest dla czytelnika *Biblii* uzmysłowieniem faktu, że kraj ten, niegdyś wybrany i faworyzowany przez Boga, stał się krajem Jego gniewu. Każdy chrześcijanin powinien czerpać nauki z lekcji, która płynie z historii Izraela.

25

Starożytne Sychem i góra Gerizim

Nablus, współczesny następca starożytnego Sychem, kojarzy się z wieloma biblijnymi wydarzeniami. More w pobliżu Sychem było pierwszym miejscem postoju Abrahama po przybyciu do Kanaanu. W tej dolinie leżącej pomiędzy górami Ebal i Gerizim patriarcha wybudował pierwszy ołtarz, aby uczcić prawdziwego Boga w ziemi pogańskich kanaanejczyków (zob. Rdz 12,6-7).

Jego wnuk, Jakub, ustawił swój namiot w pobliżu Sychem. Pobyt Jakuba w tym miejscu miał tragiczne zakończenie, gdyż jego córkę Dinę spotkała hańba ze strony księcia miasta, w rezultacie czego bracia Diny z perfidią wymordowali mieszkańców miasta (zob. Rdz 33,18 do 34,31).

Sychem ponownie odegrało rolę w historii Izraela w czasie podboju Jozuego. Z listu króla Jerozolimy, napisanego do faraona, który został znaleziony w archiwach Tell el-Amarna w 1887 r., dowiadujemy się, że Sychem zostało zajęte przez Hebrajczyków bez walki. To wyjaśnia, w jaki sposób Jozue mógł bez przeszkód spełnić prośbę Mojżesza, aby na górze Ebal zbudować ołtarz i pomnik (zob. Pwt 27,4-5.12-13). Gdy Jozue postawił nogę w zachodniej Palestynie, ruszył wraz z dwunastoma plemionami izraelskimi do Sychem, gdzie odbyła się wspaniała ceremonia. Sześć plemion ustawiło się na zboczach góry Ebal na północ od Sychem, a pozostałe sześć na stokach góry Gerizim na południe od miasta. Wtedy Jozue wzniósł ołtarz na górze Ebal, a na kamiennym pomniku wyrył prawo Boże, „potem odczytał wszystkie słowa zakonu, błogosławieństwa i przekleństwa, wszystko tak, jak było napisane w księdze zakonu... wobec całego zgromadzenia izraelskiego" (Joz 8,30-35), a lud z dwóch wzgórz recytował błogosławieństwa i przekleństwa (zob. Pwt 27 i 28).

W czasach sędziów Sychem było siedzibą krótkotrwałego królestwa Abimelecha, syna Gedeona, który panował 3 lata nad Izraelem, a potem zniszczył swoje własne miasto (zob. Sdz 9).

Jednakże miasto szybko stanęło na nogi po tym nieszczęściu. Po śmierci Salomona zostało ono wybrane na miejsce zgromadzenia plemion izraelskich w czasie koronacji Rehabeama. To tutaj królestwo zostało podzielone na dwa rywalizujące narody, co było rezultatem odrzucenia przez Rehabeama żądań ludu (zob. 1 Krl 12) Sychem stało się pierwszą stolicą północnego Królestwa Izraelskiego (zob. 1 Krl 12,25), podczas gdy Jerozolima pozostała stolicą południowego Królestwa Judejskiego.

W czasach Chrystusa, 900 lat później, kiedy Sychem nazywało się Sychar, jeszcze raz pojawiło się ono na scenie historii z powodu ważnego wydarzenia. W pobliżu miasta Chrystus miał pamiętną rozmowę, zanotowaną w *Ewangelii Jana* 4, z kobietą samarytańską. Przy tej okazji kilka klejnotów prawdy zostało objawionych grzesznej kobiecie przez Zbawiciela.

Rzymski cesarz Wespazjan (69-79 n.e.) kazał wybudować nowe miasto na zachód od starego, leżącego w ruinach. Nosiło nazwę Neapolis (Nowe Miasto). Nazwa ta utrzymała się do dnia dzisiejszego w zmienionej formie Nablus. Obecnie posiada ono 44 tys. mieszkańców, przeważnie ortodoksyj-

W krypcie ortodoksyjnego klasztoru w Nablus znajduje się prawdopodobnie ta sama studnia, przy której Jezus rozmawiał z Samarytanką.

nych mahometan. Miejsce starożytnego Sychem jest prawie opustoszałe; znajduje się tam jedynie mała wioska Balata.

Ebal i Gerizim

Starożytne Sychem leżało przy głównej drodze z Jerozolimy do Samarii. Była to silna twierdza broniąca przejścia między górami Ebal (938 m npm) i Gerizim (868 m npm).

Przed dotarciem do wioski Balata mijamy rosyjski klasztor prawosławny. W podziemnej krypcie tego kościoła znajduje się tradycyjna studnia Jakuba. W tym przypadku można ją uznać za prawdziwą, ponieważ w okolicy nie ma innej głębokiej studni. Jest ona źródłem czystej wody dla klasztoru, posiada 55 m głębokości. Rozumiemy teraz zaskakujące słowa samarytańskiej kobiety, która powiedziała Chrystusowi: „Panie, nie masz nawet czerpaka, a studnia jest głęboka; skądże więc masz tę wodę żywą" (J 4,11).

Wioska Balata graniczy z miejscem starożytnego Sychem, które nazywa się dziś Tell Balata. Po raz pierwszy prowadzili tu wykopaliska niemieccy archeolodzy w latach 1913-1934, jednak nie dokonując zbyt dokładnych badań. Dopiero amerykańska ekspedycja pod kierownictwem G. Ernesta Wrighta rozpoczęła w 1956 roku systematyczne prace, kontynuując je z przerwami do 1972 roku. Przez kilka sezonów pracowałem jako członek tej ekspedycji i dlatego dosyć dobrze zaznajomiłem się z historią tego miasta i jego archeologicznymi pozostałościami.

Wykopaliska odkryły ogromny system fortyfikacyjny, który nawet dzisiaj, będąc ruiną, robi wrażenie na każdym zwiedzającym. Najwcześniejszy mur miejski z II tys. p.n.e., wykonany z dużych bloków kamiennych, posiada jeszcze dziś 10 m wysokości i 4,5 grubości. Odkopano także dwie bramy miejskie. Zachowane dolne części filarów i wież bramnych należą do najbardziej zachwycających zabytków starożytnej Palestyny. Ponadto odkryto fundamenty dużej świątyni-twierdzy Baala Berit, znanej z *Księgi Sędziów* 9. Przed wejściem znajdował się monolit, który prawdopodobnie jest tym kamiennym słupem, przy którym syn Gedeona, Abimelech, został obwołany królem (zob. Sdz 9,6). Amerykańskiej ekspedycji udało się także ustalić datę zburzenia świątyni, która przypada na połowę XII w. p.n.e. Ta data zgadza się z chronologią biblijną okresu sędziów i zniszczeniem świątyni w Sychem przez Abimelecha, gdy był królem. Potwierdzenie tej daty przez archeologa jest bardzo znaczące, gdyż generalnie nie jest łatwo uzyskać z niebiblijnych źródeł dowodów historycznych wydarzeń z okresu sędziów.

Pozostałości starożytnego miasta dla niewprawnego turysty przedstawiają zagmatwany obraz. Sychem było tak często niszczone i równie często odbudowywane, że nawet archeolodzy mieli ciężki problem podczas badania ruin wewnątrz murów miasta.

Nablus — zdjęcie współczesne.

Ojczyzna Samarytan

Od wielu stuleci okolice Sychem były ojczyzną Samarytan, ponieważ na szczycie góry Gerizim znajdowało się ich tradycyjne sanktuarium. Samarytanie byli narodem powstałym po upadku Królestwa Izraelskiego w 722 r. p.n.e. Byli potomkami Izarelitów, nie wziętych do niewoli asyryjskiej, i Aramejczyków, przybyłych z Syrii i płn. Mezopotamii. Samarytanie mieli więc mieszaną krew i nie byli rodowitymi Hebrajczykami. Ich religia także była częściowo izraelska, a częściowo pogańska. Oprócz Jahwe czcili licznych pogańskich bogów wymienionych w 2 Krl 17,29-31.

Gdy Żydzi wrócili z niewoli babilońskiej, byli zdecydowani nigdy więcej nie wracać do bałwochwalstwa i pogańskiego politeizmu, które były przyczyną ich niewoli, zburzenia świątyni i upadku państwa. Żydzi odrzucili ofertę współpracy z Samarytanami przy odbudowie świątyni w Jerozolimie (zob. Ezd 4,1-5). W ten sposób doszło do rozłamu między dwoma narodami. Od tego czasu Samarytanie zaczęli iść swoją własną drogą, pogardzając Żydami, oczywiście ze wzajemnością. Konflikt ten jest wyraźnie widoczny w księgach *Nowego Testamentu.*

Już przed babilońską niewolą Żydów Samarytanie uważali *Pięcioksiąg Mojżeszowy* za *Pismo Święte*, które było podstawą ich kultu dla Jahwe. Nie przyjmowali jednak innych ksiąg *Starego Testamentu*.

W IV w. p.n.e. wybudowali świątynię na górze Gerizim. Została ona zburzona przez machabejskiego króla, Jana Hirkana, pod koniec II w. p.n.e., lecz przez następne wieki resztki Samarytan zbierały się wśród ruin świątyni 3 razy w roku, podczas świąt Paschy, Pięćdziesiątnicy i Święta Szałasów. Z *Nowego Testamentu* wiemy, że ewangelia Jezusa Chrystusa odniosła pewien sukces wśród Samarytan (zob. J 4,39; Dz 8,5-6.14-17.25), ale podobnie jak Żydzi, wielu z nich odrzuciło chrześcijaństwo i kurczowo trzymało się swej własnej religii. Po zajęciu kraju przez Arabów w VII w. n.e. Samarytanie ściśle odizolowali się od otaczającego ich świata, opierając się wszystkim próbom przekształcenia ich w mahometan. Utrzymywali swoją odrębność mimo prześladowań i ciągle zmniejszającej się populacji.

Ponieważ podczas każdego sezonu wykopaliskowego mieszkałem przez kilka miesięcy w Balata, miałem często okazję spotykać się w sąsiednim Nablus z głównym kapłanem Samarytan. Dowiedziałem się od niego, że gmina samarytańska w Nablus liczy ok. 220 osób, a 80 innych Samarytan mieszka w Holon, przedmieściu Tel Avivu*. Wszyscy żyjący Samarytanie należą do trzech rodzin. Dla każdego jest oczywiste, że ta izolacja doprowadzi do zupełnego wymarcia społeczności. Dokładnie przestrzegają rytualnych przepisów Mojżeszowych i zachowują cotygodniowy szabat. Podczas dorocznej Paschy zabijają owce na górze Gerizim i stosują się do wszystkich praktyk Mojżeszowych związanych z uroczystościami Paschy. Żydzi nie robią tego od czasu zburzenia świątyni w 70 r. n.e. i ślubowali nie zabijać żadnego baranka paschalnego, dopóki nie odzyskają placu świątynnego i nie odbudują świątyni na górze Moria w Jerozolimie.

---

* Onegdaj Samarytanie byli grupą ponad milionową, obecnie żyje ponad 700 osób z czego połowa w osiedlu Holon, k. Tel Avivu, reszta w pobliżu góry Gerizim, w Autonomii Palestyńskiej. Większość społeczności posługuje się językiem arabskim, część mieszkająca w Izraelu mówi również po hebrajsku. W 2004 r. kapłanem został Elazar ben Tsedaka, zastąpił on Shaloma ben Amrama, który był deputowanym Autonomii Palestyńskiej oraz współpracownikiem i protegowanym Jasira Arafata. Palestyńscy Samarytanie przyjęli żydowskie paszporty, ale mają również dowody palestyńskie. Od kilku lat Samarytanie mają pretensje do Arabów z powodu wybudowania przez Autonomię Palestyńską olbrzymiej anteny satelitarnej na Gerizim, która utrudnia celebrowanie świąt. Jest tez inny problem: Izrael umieścił na górze baterię artylerii. Samarytanie borykają się z jednym z najwyższych na świecie odsetkiem wad genetycznych, co wywołane jest zawieraniem od 2400 lat małżeństw wyłącznie wewnątrz niewielkiej wspólnoty. Zapobieganiu tym chorobom służy specjalne prawo małżeńskie, które nakazuje każdej samarytańskiej młodej parze otrzymanie zgody genetyka ze szpitala Tel HaShomer przed rozpoczęciem pierwszego etapu procedury ślubnej, tzw. propozycji (hebr. Kidduszin). Religia i tradycja nakazują spisanie specjalnego kontraktu przed zawarciem małżeństwa i podpisanie go przez narzeczonych. Rozwód następuje wraz z wręczeniem przez męża żonie listu rozwodowego (hebr. Sefer krytet).

Pięcioksiąg samarytański

Przed kilkunastu laty gmina samarytańska wybudowała w Nablus nową synagogę, w której prezentowany jest najcenniejszy dokument będący w ich posiadaniu. Jest to egzemplarz *Pięcioksiągu Mojżeszowego*. Samarytanie uważają, że manuskrypt ten został napisany przez jednego z wnuków Aarona zaledwie kilka lat po śmierci Mojżesza. Uczeni jednak są innego zdania — określają moment jego powstania w czasach średniowiecza. Zwój posiada 28 m długości, a tekst zredagowany jest w typowym samarytańskim piśmie, które jest rozwinięciem hebrajskiego pisma ukształtowanego po niewoli babilońskiej. Cenny dokument przechowywany jest w srebrnej kasecie powleczonej zielonym weneckim płótnem.

Gdy wiele lat temu odwiedziłem po raz pierwszy samarytańską gminę w Nablus, kapłan wskazał palcem na górę Gerizim i nakłaniał mnie, abym wszedł na jej szczyt, do jedynego miejsca, jak mówił, gdzie zawsze stała prawdziwa świątynia

Góra Gerizim

Boga. Jego wypowiedź jaskrawo przypominała mi rozmowę Chrystusa z Samarytanką, dla której było problemem, czy góra Gerizim, czy też Jerozolima jest właściwym miejscem, „gdzie należy Bogu cześć oddawać" (J 4,20). Nie znałem lepszej odpowiedzi, której mógłbym udzielić kapłanowi, od słów, które Zbawiciel ludzkości powiedział kobiecie samarytańskiej dziewiętnaście wieków temu: „Lecz nadchodzi godzina i teraz jest, kiedy prawdziwi czciciele będą oddawali Ojcu cześć w duchu i w prawdzie" (J 4,23). Gdy skierowałem rozmowę na to wydarzenie, które zdarzyło się niedaleko miejsca, gdzie staliśmy, stary samarytański kapłan zaprosił mnie do swego domu, mówiąc, że życzliwość dla turystów i obcych była jedną z cech narodowych Samarytan, przypominając mi, że jego przodkowie również okazywali życzliwość Chrystusowi (zob. J 4,40).

Gdy opuszczałem starego Samarytanina z Nablus, czułem się tak, jakbym uczestniczył w pamiętnym doświadczeniu Jezusa przy studni Jakuba. Historia z ewangelii nabrała nowego znaczenia, chociaż ze smutkiem przekonałem się, że obecni Samarytanie są dziś mniej zainteresowani poselstwem Jezusa Chrystusa niż ich przodkowie w dniach kaznodziejskiej służby Mistrza i apostołów.

Z tymi myślami opuściłem kapłana samarytańskiego i zacząłem wchodzić na górę Gerizim, która była głównym celem mojego pobytu w Sychem. Ponieważ droga prowadząca na szczyt była kamienista i zła, nie mogłem skorzystać z żadnego środka lokomocji i zacząłem się wspinać o własnych siłach. Były to błogosławione chwile, gdy mogłem podziwiać otaczające krajobrazy rozciągające się przed moimi oczami. Było późne popołudnie, okoliczne góry rzucały długie cienie, akcentując o wiele lepiej niż w jakiejkolwiek innej porze dnia cechy topograficzne okolicy.

Chociaż góra Gerizim jest trochę niższa od jej północnej sąsiadki, góry Ebal, miałem rozległy widok na urodzajne zbocza wzgórz efraimskich, kończących się na zachodzie równiną Szaron, z błękitem Morza Śródziemnego w oddali. Na wschodzie leżą mało urodzajne zbocza poprzecinane wąwozami i korytami wyschłych rzek, prowadzącymi do Doliny Jordanu, najniżej położonej doliny na świecie. Na prawo, w środku wąskiej równiny, pomiędzy dwoma wzgórzami leży współczesne Nablus. Z mojego punktu obserwacyjnego miasto wyglądało spokojnie, lecz wiedziałem, że w minionych latach było świadkiem wielu wydarzeń związanych z przelewem krwi.

Patrząc w dół na dolinę zauważyłem także przy jej wschodnim krańcu wzgórze starożytnego Sychem. Tak jak w wielu innych miejscach, także i tu byłem pod wrażeniem małych rozmiarów starożytnych, ufortyfikowanych miast Palestyny. W zachodniej części doliny można zauważyć inne starożytne wzniesienie Tell Sufar. Jest to prawdopodobnie miejsce twierdzy zwanej „warownią sychemską", znaną z *Księgi Sędziów* 9,46-49. Najprawdopodobniej nie była ona częścią miasta Sychem, lecz była usytuowana w takiej odległości, że mieszkańcy twierdzy nie wiedzieli o ataku Abimelecha na Sychem, aż zniszczył miasto.

Gdy potykając się wracałem do Nablus ścieżką pogrążoną w półmroku, myślałem o doświadczeniach całego dnia. Na nowo przeżywałem historie biblijne, które działy się tam, gdzie zatrzymała się pamięć patriarchów, sędziów i królów, gdzie można chodzić śladami Mistrza z Galilei właśnie w tym miejscu uczącego nas, że Boga powinniśmy czcić „w duchu i w prawdzie" (J 4,24).

Miejsce świątyni samarytańskiej

Od czasu tej pierwszej, niezapomnianej wycieczki na górę Gerizim w 1953 roku, już kilkakrotnie byłem na świętej górze Samarytan. Podczas długich dni letnich, spędzonych w obozie sychemskiej ekspedycji u podnóży Gerizim, było wiele okazji do powtórzenia tej wędrówki.

Wreszcie w 1964 roku sychemska ekspedycja dokonała ważnego odkrycia na górze podczas odkopywania rzymskiej świątyni na Tell er-Ras, najbardziej na północ wysuniętym szczycie góry Gerizim. Podczas badań fundamentów tej świątyni, dobrze znanej ze starożytnych napisów i z przedstawień na ówczesnych monetach, ku naszemu zdumieniu odkryliśmy pozostałości monumentalnej struktury, wzniesionej w okresie hellenistycznym. Niewątpliwie były to struktury starożytnej świątyni Samarytan, która przez tak długi czas wymykała się badaniom archeologów. W rzeczywistości nawet Samarytanie zapomnieli przez wieki o dokładnym miejscu, gdzie była ich świątynia i dlatego doroczne zgromadzenia świąteczne odbywały się na różnych cyplach góry. Wybudowanie rzymskiej świątyni przez cesarza Hadriana być może zmusiło Samarytan do przeniesienia zgromadzeń na sąsiedni cypel, czego rezultatem było całkowite zamazanie pamięci o prawdziwej lokalizacji. Wykopaliska na Tell er-Ras, zaczęte w 1964 roku, kontynuowano w 1966 i 1968 roku. Materiał odkryty w czasie wykopalisk pozwolił nam na zrekonstruowanie historii tego miejsca.

26

Samaria, stolica Achaba

Samaria, stolica Królestwa Izraelskiego, była drugim co do wielkości miastem starożytnej Palestyny. W randze stała tuż obok Jerozolimy, sławnej stolicy i południowego Królestwa Judzkiego. Jednakże sława i bogactwo Samarii przeminęły, podczas gdy Jerozolima wciąż jest rozległym miastem, wspaniałą stolicą narodu, przyciągającą miliony chrześcijan, Żydów i mahometan.

Jadąc do Samarii drogą z Jerozolimy, nagle podróżny spostrzega przed sobą wklęsłą rozległą równinę. Z każdej strony otoczona jest ona górami wznoszącymi się na wysokość 450 m. Z ich szczytów można oglądać Morze Śródziemne. Pośrodku równiny wznosi się strome wzgórze na wysokość ponad 100 m. Jest to „Wzgórze Samarii", które król Omri kupił za dwa talenty srebra od Szemera, aby na nim wybudować swą stolicę (zob. 1 Krl 16,24).

Samaria posiadała wyjątkowo strategiczne położenie. Omri, ojciec Achaba, podejmując decyzję o założeniu miasta, wykazał dużą dalekowzroczność w wyborze tego szczególnego miejsca. Ponieważ wzgórze, na którym wybudowano miasto, leży daleko od otaczających gór, nie było więc łatwe do zdobycia. I rzeczywiście, wydaje się, że Samaria nigdy nie została zaskoczona szturmem wojsk, chociaż wielokrotnie militarne siły podchodziły pod jej mury. W czasach Elizeusza Ben Hadad z Damaszku prawie zmusił miasto do kapitulacji na skutek braku żywności w wyniku długotrwałego oblężenia. Tylko cudowna interwencja będąca wynikiem próśb Elizeusza uratowała miasto (zob. 2 Krl 6 i 7). Nawet Asyryjczycy, bezsporni mistrzowie starożytnej sztuki wojennej i techniki oblężniczej zdobyli Samarię w 722 r. p.n.e. po trzech latach oblegania jej, prawdopodobnie z powodu braku żywności i wody (zob. 2 Krl 17,5-6).

Samaria nie straciła znaczenia po upadku Królestwa Północnego. Kiedy z kraju uczyniono prowincję asyryjską, miasto stało się rezydencją gubernatora. Utrzymało tę pozycję przez stulecia, chociaż kilkakrotnie zmieniało właściciela, należąc najpierw do Babilończyków, a później do Persów. Gdy Aleksander Wielki podbił imperium perskie, ustanowił również namiestnika w Samarii, którego mieszkańcy wkrótce zamordowali. Aleksander surowo ukarał miasto, a na wzgórzu osadził macedońskich kolonistów.

Samaria utrzymała jednak swój buntowniczy charakter i dlatego była wielokrotnie niszczona w następnych wiekach, najpierw przez Ptolemeusza I w 312 r. p.n.e., potem przez Demetriusza Poliorketesa z dynastii Antygonidów w 296 r. p.n.e., a w końcu przez machabejskiego króla, Jana Hirkana z Judei, w 109 r. p.n.e. Odbudowana ponownie przez rzymskiego namiestnika, Gabiniusza, w latach 57-55 p.n.e. najbardziej chwalebny swój rozwój przeżywała pod rządami Heroda Wielkiego. Otrzymawszy ją od Rzymian w 30 r. p.n.e. Herod upiększył miasto, wznosząc kilka dużych budowli m.in. wspaniałą świątynię ku czci cesarza Augusta. Wybudował również szeroką aleję kolumnową, która przecina miasto od zachodnich do wschodnich murów. Wiele z tych kolumn stoi do dziś i świadczy o dawnej chwale miasta.

Przez długi czas wierzono, że Samaria była miejscem śmierci Jana Chrzciciela. W rzeczywistości Jan został ścięty w twierdzy Macheront (Machareus) w płd. Transjordanii (Perea). Tak zresztą podaje żydowski historyk, Józef Flawiusz. Jednakże z powodu swej niedostępności Macheront był bardzo rzadko odwiedzany przez chrześcijańskich pielgrzymów. Z tej przyczyny tradycja przeniosła miejsce jego śmierci na bardziej dogodne w zachodniej Palestynie.

Twierdzenie, że Jan zginął w Samarii, nie ma żadnych podstaw historycznych. Udowadnia to wzmianka Józefa Flawiusza i fakt, że Herod Antypas, zabójca Jana Chrzciciela, nigdy nie rządził w Samarii, lecz był tetrarchą Galilei i Perei. Samaria i Judea w czasach działalności kaznodziejskiej Chrystusa i Jana Chrzciciela znajdowały się w gestii rzymskiego prokuratora, Poncjusza Piłata. Wielu współczesnych turystów przybywając do Samarii, nie mając odpowiedniej wiedzy historycznej, wierzy, że Jan był uwięziony i ścięty w lochach pokazywanych w Samarii. Kościół, który teraz jest meczetem, wybudowany przez krzyżowców ku czci Jana, a także odkryta kaplica, w której czczono go we wczesnym średniowieczu na długo przed krzyżowcami, świadczą, że tradycja uwięzienia Jana w Samarii jest bardzo stara.

Odwiedzając to bardzo interesujące miasto, nie zatrzymywałem się dłużej przy ruinach powszechnie wiązanych ze śmiercią Jana Chrzciciela. Interesowały mnie przede wszystkim pozostałości starotestamentowej Samarii, które zostały odkryte przez dwie ekspedycje archeologiczne. Pierwsza z nich finansowana była przez Uniwersytet Harwardzki i pracowała w Samarii od 1908 do 1911 roku, najpierw pod kierownictwem D.G. Lyona, a potem kolejno przez G.A. Reisnera i C.S. Fishera. Ekspedycje te odkryły niektóre ze wspaniałych ruin miasta Heroda, znalazły nawet duży posąg Augusta, który obecnie jest w Istambule. Ale ich największym odkryciem były pozostałości pierwszego pałacu królów izraelskich, Omriego i Achaba. Częściowo odsłonięte zostały także silne mury obronne, wybudowane metodą kazamatową, i duży zbiornik, zidentyfikowany przez odkrywców jako „staw w Samarii", w którym był myty pokrwawiony rydwan Achaba (zob. 1 Krl 22,38).

Odkrywcy mieli szczęście odnaleźć dużą ilość zapisanych ułamków ceramicznych, zwanych ostrakami z Samarii. Są to notatki dokonane przez królewskich zbieraczy podatków, którzy rejestrowali przypływ oleju i wina z różnych części królestwa do pałacowych magazynów. Ponieważ papirus albo skóra były za drogie, aby używać ich jako materiał do zapisywania zwykłych notatek, np. rejestrowania przyjęcia wina, dlatego też często do tego celu starożytni używali skorup z rozbitych glinianych naczyń. Podczas gdy cenne informacje z Samarii, zapisywane na papirusie lub skórze, dawno uległy zniszczeniu, zwykłe dokumenty jak właśnie te, zapisane na glinianych skorupkach,

Ruiny Sebaste, miasta zbudowanego w miejscu starożytnej Samarii. W Samarii naleziono płytki z kości słoniowej, które być może pochodziły z pałacu króla Achaba, wg *Biblii* wyłożonego kością słoniową.

zachowały się w ruinach tego miasta. Jak wskazują nasze obserwacje, bardzo niewielu pisarzy starożytnych używało skorup jako materiału piśmiennego. Byłaby to dla nas, współczesnych, wielka przysługa, gdyby pozostawili po sobie więcej zapisów na tym niezniszczalnym materiale.

Chociaż treść na ostrakach z Samarii nie jest zbyt interesująca, mówi nam bowiem ile dzbanów wina lub oleju dostarczyli do pałacu poszczególni obywatele, niemniej jednak odkrycie tych skromnych dokumentów ze starożytnych czasów jest bardzo ważne. W związku z tym, że w Palestynie w starożytnych czasach nie powstało zbyt wiele dokumentów pisanych, dlatego każdy, znaleziony przez archeologów witany jest przez nich z radością i zainteresowaniem. Będąc oryginalnymi zapisami z IX w. p.n.e. ostraka z Samarii rzucają światło na język, ortografię, gramatykę i pismo izraelskie w czasach po Achabie i Eliaszu. Jednak przede wszystkim w dokumentach tych pojawia się wiele imion, które określają nastroje religijne panujące w czasach, gdy ostraka były spisywane.

Starożytne imiona świadczą o lojalności religijnej narodu. W każdym kraju imiona lokalnych lub narodowych bogów były częściami imion, które rodzice nadawali swym dzieciom. Egipskie imiona Ramzes, Tutmosis lub Seti zawierają nazwy egipskich bóstw Ra, Tot i Set. W babilońskich imionach Nebukadnesar, Ewil-Merodach, Belsazar pojawiają się nazwy babilońskich bóstw Nabu, Marduk i Bel. Tak samo wielu lojalnych Żydów nadawało swoim dzieciom imiona, które zawierały w sobie określenie Bóg (hebrajskie El a także Elohim) lub Jahwe. Na przykład imię Elnatan oznacza „Bóg dał", a Mattaniasz, inne żydowskie imię, oznacza „Dar Jahwe". Końcówka „iah" (hebr. Mattaniah) jest skrótem hebrajskiego Jahwe. W świetle tych obserwacji bardzo pouczające jest znalezienie wśród wielu imion, nadmienionych w ostrakach z Samarii, dużej liczby imion związanych z Baalem, takich jak: Abibaal, Baalsamar, Baalsakar, Baalmeoni, Meribaal i Baala. Te imiona wyraźnie świadczą o tym, że liczni obywatele północnego królestwa w czasach spisania tych dokumentów czcili Baala. Baal był kanaanejskim bóstwem, przeciw któremu z wielkim zapałem walczył Eliasz na górze Karmel (zob. 1 Krl 18).

Jednakże ostraka z Samarii wskazują również, że cześć dla prawdziwego Boga jeszcze nie umarła. Zawierają równie dużo imion związanych z Jahwe, co imion związanych z Baalem. Niektóre z nich to Jedajasz, Jehojada, Semariasz i Meraniasz. Występowanie tych imion w królewskich zapiskach z Samarii świadczy o prawdziwości Bożego zapewnienia danego Eliaszowi, gdy prorok był w głębokiej depresji. Na jego oświadczenie, że jest w Izraelu jedynym czcicielem prawdziwego Boga, otrzymał odpowiedź, że jeszcze 7 tys. innych ludzi nie ugięło swych kolan przed Baalem (zob. 1 Krl 19,14.18).

Jedno imię wymienione w ostrakach, Egeliau, także związane z Jahwe, jest szczególnie interesujące z powodu swego znaczenia — „Jahwe jest cielcem". Jeroboam I umieścił w Betel i Dan dwa cielce, gdzie Jahwe był czczony w taki sam sposób, jak bóstwa pogańskich sąsiadów Izraela. Ten proceder znamy jako grzech Jeroboama (zob. 1 Krl 12,18-30; 15,34). Był on jedną z głównych przyczyn upadku północnego Królestwa. Chociaż złote cielce dawno temu przestały istnieć, to jednak imię skromnego obywatela z Samarii świadczy, że ludzie uważali Jahwe za cielca, tak jak uczyły ich posągi z Betel i Dan.

Od 1931 do 1935 roku w Samarii pracowała inna ekspedycja. Tym razem było to wspólne przedsięwzięcie finansowane przez amerykańskie i brytyjskie instytucje pod kierownictwem J.W. Crowfoota, późniejszego dyrektora British School of Archeology w Jerozolimie. Chociaż w czasie tych wykopalisk nie dokonano żadnych sensacyjnych odkryć, były jednak niezmiernie ważne, gdyż uzupełniały obraz wyrobiony podczas wcześniejszych prac. Odkopano dalsze odcinki starożytnego muru miejskiego i wiele dużych cystern, które umożliwiały miastu przetrwanie długich oblężeń, ponieważ Samaria nie miała wewnątrz murów naturalnych ujęć wody.

Pozostałości „pałacu z kości słoniowej"

Do najbardziej cennych odkryć należała seria kunsztownych wyrobów z kości słoniowej. Były to małe plakietki z pięknie wyrzeźbionymi i namalowanymi w jasnych kolorach kwiatami, palmetami, bogami egipskimi i zwierzętami. Plakietki te związane są z pałacem króla Achaba (zob. 1 Krl 22,39). Problem ten omówiliśmy we wcześniejszym rozdziale. Asyryjscy żołnierze zdobywając Samarię w 722 roku, wydarli plakietki ze ścian pałacu na rozkaz swego wodza, Sargona II, późniejszego następcy króla Salmanassara V. Sargon II, który uprowadził ze sobą 27.900 mieszkańców, wmontował plakietki do swojego pałacu w Kalach. Świadczy to o tym, że ceniono sobie artystyczny smak i mistrzowstwo izraelskich artystów.

Analiza tych wszystkich drobnych znalezisk jest dla poważnego czytelnika *Biblii* ogromnie fascynująca. Potwierdzenie przez archeologów nawet pewnych detali biblijnych sprawozdań jest bardzo budujące dla człowieka wierzącego.

27

Od Dan do Beerszewy

Za wyjątkiem Jerozolimy dotychczas zwiedziliśmy biblijne miejsca znajdujące się w arabskiej części zachodniej Palestyny. Jednakże archeolodzy z dużym poświęceniem i gorliwością pracują również w izraelskiej części kraju. Ze względu na rozmiary tej książki odwiedzimy tylko kilka z wielu miejsc w Izraelu, które zostały obudzone ze snu trwającego tysiące lat.

Dan, miejsce grzechu Jeroboama

Zaczniemy od bałwochwalczego miasta Dan. Tell el-Qadi, miejsce starożytnego Dan, leży na samej północy Galilei, blisko granicy z Syrią i Libanem. To najbardziej na północ wysunięte miasto starożytnego Izraela stało się głośne, gdy król Jeroboam I wybrał je oraz Betel na centra religijne. W obydwu tych miastach ustawił złote cielce (zob. 1 Krl 12,28-30). Dan było już miejscem plemiennego kultu bałwochwalczego od czasów sędziów, lecz Jeroboam oficjalnie przypieczętował ten kult, co było jednym z jego grzechów (zob. 1 Krl 15,30).

W Dan od 1966 roku prowadzone były wykopaliska przez izraelską ekspedycję pod kierownictwem dr. Abrahama Birana. Wśród znaczących odkryć tych archeologów należy wymienić dobrze zachowaną bramę miejską z czasów królów izraelskich, grób rodzinny z XIV lub XIII w. p.n.e., który zawierał 45 szkieletów i bogaty asortyment przedmiotów pogrzebowych, importowanych z Myken w Grecji.

Najważniejsze odkrycie zostało dokonane na akropolis, najwyższym miejscu Tellu. Odkopano tam prawie kwadratową platformę o rozmiarach 18,3x19 m, do której prowadziły szerokie, 5 metrowe schody. Znaleziona ceramika, która związana była z platformą, datuje jej powstanie na IX w. p.n.e. i użytkowanie aż do okresu hellenistyczno-rzymskiego. Skorupy znalezione poniżej platformy wskazują, że w tym samym miejscu istniała wcześniejsza budowla. Najprawdopodobniej platforma była miejscem sanktuarium Jeroboama, które posiadało formę budynku świątynnego lub wyżyny na wolnym powietrzu, w którym stał złoty cielec. W związku z tym dokonano w 1976 r. interesującego odkrycia. Odnaleziono wapienną płytkę noszącą inskrypcję w języku greckim i aramejskim. Czytamy, że została ofiarowana bożkowi z Dan przez niejakiego Soilosa. Napis pochodzący z okresu hellenistycznego wyraźnie wskazuje, że kult boga z Dan nie zaginął wraz ze zburzeniem miasta i usunięciem przez Asyryjczyków w VIII w. p.n.e. złotego cielca.

Hazor, „stolica wszystkich tych królestw"

Opuszczając Dan i jadąc około 36 km na południe, docieramy do najważniejszego starożytnego miasta Galilei, do Hazor, które w *Księdze Jozuego* 11,10 nazwane jest „stolicą wszystkich tych królestw". Nadzwyczaj rozległe miasto składało się z akropolis o powierzchni 12 ha, a 40 m niżej — z miasta właściwego o powierzchni 110 ha.

Hazor zostało zdobyte i spalone przez Izraelitów za czasów Jozuego (zob. Joz 11,11). Jak się wydaje, podniosło się z tej katastrofy i odzyskało rangę silnego królestwa, które w czasach sędziów uciskało przez 20 lat Izraelitów. Jarzmo to zostało zrzucone przez Izraelitów pod wodzą sędziego Baraka i prorokini Debory. W ten sposób odrodzona potęga Kanaanitów została złamana, a Hazor prawdopodobnie znowu zniszczono (zob. Sdz 4). Miasto odrodziło się kolejny raz za czasów królów izraelskich; ważnym momentem był fakt, że Salomon wybrał Hazor, Megiddo i Gezer na swe główne miasta garnizonowe (zob. 1 Krl 9,15).

To duże kanaanejskie i izraelskie miasto było badane pod kierownictwem prof. Yigaela Yadina w latach 1955-1958 i 1968-1970. Wykopaliska wykazały, że otoczone murem dolne miasto istniało od XVIII do XIII w. p.n.e., kiedy to ostatecznie zostało zniszczone i już nigdy nie odbudowane. Jednakże akropolis był z przerwami zasiedlony od XXVII wieku p.n.e. do okresu hellenistycznego. Hazor było kilkakrotnie niszczone. Dwie destrukcje są związane z biblijną historią, jedna — z XV w. p.n.e., druga — z XIII w. p.n.e. Pierwsza z nich prawdopodobnie musiała być dziełem Izraelitów pod wodzą Jozuego, a druga — wojsk Baraka i Debory. Odkryto także fortyfikacje Salomona, m.in. bramę miejską. Okazało się, że jest pod względem rozmiarów i planu identyczna z Salomonowymi bramami w Megiddo i Gezer. Jest to mocny dowód, że wszystkie trzy bramy były budowane według jednolitego planu przez tego samego architekta. To odkrycie potwierdziło informację zawartą w 1 Krl 9,15, że te trzy miasta były szczególnie ufortyfikowane przez Salomona.

Podczas ostatniego sezonu wykopaliskowego Yadin znalazł w Hazor podziemny system zaopatrzenia w wodę, który w czasie oblężenia miasta czynił mieszkańców niezależnych od źródeł leżących poza murami miasta.

Ta instalacja skonstruowana w IX w. p.n.e. składa się z cylindrycznego szybu o średnicy 16 m i 30 m głębokości ze schodami biegnącymi w dół wokół ścian szybu. Na dnie szybu znajduje się wejście do pochyłego tunelu o wysokości 5 m i długości 35 m, który kończy się rezerwuarem, będącym naturalnym zbiornikiem wody. Ta niepospolita konstrukcja jest świadectwem, że Hazor musiało być ważną fortecą w czasach królów izraelskich.

Megiddo, miasto rydwanów

Opuszczamy Galileę i udajemy się na południe przez rozległą równinę, która leży w poprzek całej Palestyny od Hajfy na zachodzie do starożytnej twierdzy Betszan w pobliżu Jordanu na wschodzie. Docieramy do Megiddo. W czasach starożytnych miasto było ważną twierdzą strzegącą przejść przez łańcuch Karmelu i równiny noszącej nazwę miasta. Każda armia maszerująca przez kraj z południa lub z północy musiała tędy przechodzić. W XV w. p.n.e. egipski faraon, Tutmosis III, który zdobył Megiddo po 7-miesięcznym oblężeniu, uznał znaczenie miasta i powiedział, że „zdobycie Megiddo jest równe zdobyciu tysiąca miast".

Tu, pod Megiddo, w okresie Sędziów, kanaanejskie wojska króla Jabina z Hazor zostały pokonane przez Baraka i Deborę. Ze względu na swe strategiczne znaczenie, jak już było powiedziane, miasto zostało szczególnie ufortyfikowane przez Salomona i stało się administracyjną siedzibą środkowej części jego królestwa. Również pod Megiddo król Jozjasz próbował przeszkodzić faraonowi Necho w przejściu przez kraj i zmierzył się z nim w bitwie. Niestety Jozjasz został zabity, a królestwo dostało się pod egipskie panowanie (zob. 2 Król. 23,29.33). Prawdopodobnie z powodu strategicznego znaczenia miasta góra Megiddo — jest to poprawne tłumaczenie greckiego Harmagedon — stała się w *Księdze Apokalipsy* symbolicznym miejscem bitwy sił dobra i zła (zob. Ap 16,16).

Historyczna doniosłość Megiddo spowodowała, że to właśnie miejsce zostało wybrane przez Niemieckie Towarzystwo Wschodnie na prowadzenie badań wykopaliskowych. Były to pierwsze badania tego towarzystwa na terenie Palestyny. Od 1903 do 1905 roku, kiedy archeologia Palestyny była jeszcze w powijakach, G. Schumacher przekopywał wzgórze starożytnego Megiddo. Wśród niezwykłych znalezisk znajdowała się pieczęć z jaspisu z wyrytym znakiem ryczącego lwa i starohebrajskim napisem: „Własność Szemy, sługi Jeroboama". Szema musiać być dostojnikiem króla Jeroboama II, który panował nad północnym Królestwem Izraelskim w VIII w. p.n.e.

W momencie dokonania tego odkrycia Palestyna była pod panowaniem tureckim, dlatego też pieczęć wysłano do Istambułu, ówczesnej stolicy Turcji. Pieczęć stała się częścią skarbów koronnych sułtana. Niestety, podczas rewolucji po I wojnie światowej najprawdopodobniej została skradziona i do tego czasu ślad po niej zaginął.

Od 1925 do 1939 roku w Megiddo podjęto na wielką skalę wykopaliska, które prowadzone były przez ekipę z Uniwersytetu w Chicago kolejno pod kierownictwem C. S. Fishera, P.L.O. Guy'a i G. Louda. Od 1960 do 1970 roku z przerwami poszukiwania były tu prowadzone także przez Izraelitów pod kierownictwem Yigaela Yadina. Dzisiaj ruiny w Megiddo są jedną z głównych atrakcji turystycznych w Izraelu.

Pierwotnie amerykańska ekspedycja planowała przekopanie całego wzgórza, poziom za poziomem, jednakże ten ambitny plan po dojściu do czwartej warstwy okazał się za drogi i zbyt czasochłonny. W konsekwencji przekopano jedynie część wzgórza od piątej do dwudziestej warstwy.

Wśród wielu odkrytych struktur znajdował się mur miasta Salomona z bramą, w której, jak już zdążyliśmy nadmienić, stwierdzono bliskie analogie z podobnymi strukturami w Hazor i Gezer. Odkryto także kilka dużych stajni, które przez pierwszych badaczy zostały przypisane Salomonowi. Późniejsze prace badawcze wykazały, że powstały one 100 lat po Salomonie. Były to długie budynki, każdy z nich podzielony na 3 części dwoma rzędami kamiennych filarów. Konie stały po obu stronach głównego przejścia, zwrócone głowami do środka. Pomiędzy każdą parą filarów umieszczone były kamienne żłoby. Stajnie te służyły izraelskim oddziałom rydwanów w czasach po Salomonie.

W Megiddo znaleziono również system zaopatrzenia w wodę podobny do odkrytego w Hazor. W skład instalacji wodnej wchodził głęboki, 22 metrowy szyb znajdujący się wewnątrz murów miejskich. Ściany szybu obiegały kamienne schody prowadzące do dna, gdzie znajdował się długi, 50 metrowy tunel wiodący do źródła poza murami miasta.

Wśród licznych przedmiotów znalezionych w Megiddo znajdowało się wiele przedmiotów kultowych z czasów kanaanejskich, jak również duży zbiór plakietek z kości słoniowej z XII w. p.n.e., starszych o 300 lat od płytek z Samarii.

Listy z Lachisz

Kontynuując naszą archeologiczną podróż na południe, mijamy wiele sławnych miejsc, jak np. kilkakrotnie wspomniane Gezer, gdzie pracowały, uzyskując dobre rezultaty, brytyjskie i amerykańskie ekspedycje. Na krótko zatrzymamy się w starożytnym Lachisz, leżącym w Szefeli, równinnej krainie w płd.-zach. Judei.

Po raz pierwszy Lachisz zostało zdobyte przez Izraelitów pod wodzą Jozuego, który po zwycięstwie przydzielił to miasto plemieniu Judy (zob. Joz 10,32; 15,21.39). W związku z położeniem miasta blisko płd.-zach. granicy królestwa król Rehabeam wzmocnił fortyfikację (zob. 2 Krn 11,5.9). W czasach Hiskiasza miasto zostało zdobyte i zburzone przez Sancheriba (zob. 2 Krl 18,13-14). Król upamiętnił to wydarzenie serią kamiennych reliefów na ścianach pałacu w Niniwie. Można je obejrzeć w British Museum. Powinna być na nie zwrócona uwaga każdego miłośnika *Biblii*, gdy znajdzie się w Londynie. Reliefy te dostarczają bogatej wiedzy na temat strategii działań wojennych i techniki oblężniczej starożytnych Asyryjczyków, o ich broni i machinach wojennych, oraz o technice walki obrońców miasta. Informuje również, jakiego typu kary zostały wymierzone nieszczęsnym dowódcom miasta po jego zdobyciu oraz w jaki sposób ocalała ludność była pędzona do niewoli.

W Lachisz odkryto także masowy grób, który również świadczy o strasznych wydarzeniach historycznych miasta. W grobie tym znaleziono ponad 1500 szkieletów ludzi, którzy zginęli prawdopodobnie w czasie oblężenia i zdobycia Lachisz przez Sancheriba.

Wykopaliska w Lachisz zapoczątkował w 1932 roku John Starkey. Zostały one jednak przedwcześnie przerwane z powodu tragicznej śmierci Starkey'a w 1938 roku, który został zamordowany w drodze do Jerozolimy na otwarcie Rochefeller Museum. Pod wieloma względami wykopaliska te były niezwykle ważne dla archeologii biblijnej. Odkryto m.in. świątynię kanaanejską, izraelskie fortyfikacje z silną bramą, rezydencję perskiego namiestnika, wymieniony już zbiorowy grób oraz wiele innych konstrukcji.

Do najważniejszych odkryć należały jednak ostraka — 21 zapisanych skorup glinianych, znanych pod nazwą listy z Lachisz. Jest to pierwsza oryginalna starożytna korespondencja hebrajska, którą kiedykolwiek odkryto. Ich odkrycie było wielką sensacją, toteż nie dziwi fakt, że od 1935 do 1969 roku napisano o nich 84 książki i artykuły. Listy były komunikatami, które oficer stacjonujący w polu wysyłał do swego przełożonego w Lachisz. Wydarzenia te miały miejsce, gdy Babilończycy od 588 do 586 r. p.n.e. pod wodzą Nebukadnesara oblegali Jerozolimę i podbijali pozostałą część kraju. W jednym z nich (nr IV) piszący informuje adresata, że w przeciwieństwie do Lachisz nie widzi sygnałów ogniowych, które powinny być nadawane z miasta Azeka. Znaczy to, że Azeka musiało upaść mniej więcej w czasie pisania listu. Informacja ta dotarła do Lachisz, gdyż list znaleziono w gruzach bramy. Poza tym niezmiernie interesujący jest fakt, że jedno ze swoich proroctw Jeremiasz wypowiedział, gdy „wojsko króla babilońskiego walczyło przeciwko Jerozolimie i wszystkim pozostałym miastom judzkim, przeciwko Lachiszowi i przeciwko Azece, albowiem tylko te pozostały wśród warownych grodów Judy" (Jr 34,7). Z tego fragmentu wynika, że Azeka jeszcze nie upadło, gdy Jeremiasz wypowiadał swoje proroctwo, lecz nie było już w rękach Żydów, gdy był pisany list nr IV. List ten mógł być ostatnim, jaki dotarł do nieszczęsnego Lachisz, zanim zostało ono odcięte od świata przez oblegające wojska Babilończyków, którzy ostatecznie zdobyli i zburzyli miasto.

Od 1966 do 1968 roku Yohanan Aharoni podjął w Lachisz krótkie badania w świątyni solarnej z okresu hellenistycznego. Poniżej świątyni znalazł pozostałości sanktuarium izraelskiego, jednego ze świętych miejsc, zwanych w *Biblii* wyżynami. Znaleziono również małe naczynie z 17 glinianymi kostkami z odciśniętymi pieczęciami. Pierwotnie kostki z gliny były pieczęciami na papirusowych dokumentach, które niestety nie zachowały się. Ponowne badania w Lachisz podjął w 1973 r. izraelski uczony, David Ussishkin, i są z dużym powodzeniem prowadzone co roku.

Masada — skalna twierdza

Opuszczając Lachisz kontynuujemy archeologiczną podróż przez południowo-zachodnią Palestynę Judzką. Docieramy do ruin starożytnej twierdzy Masada nad Morzem Martwym. Chociaż Masada nie jest biblijnym miejscem, to jednak odgrywała ważną rolę w historii Żydów w I w. n.e. Stanowi ona także wielką atrakcję dla turystów odwiedzających Ziemię Świętą, dlatego powinniśmy ją krótko omówić.

Masada, leżąca na płd.-zach. brzegu Morza Martwego, została wybudowana przez Heroda Wielkiego. Płaski szczyt wzgórza, wznoszącego się 360 m nad okolicą, otoczył murem i wybudował tam dwa królewskie pałace, kilka magazynów, rzymskie łaźnie oraz synagogę. Zostały także wykute w skale duże cysterny do zbierania wody deszczowej, co uniezależniało fortecę od zewnętrznego zaopatrzenia w przypadku oblężenia.

Gdy w 66 r. n.e. zaczęła się pierwsza wojna żydowska, grupa żydowskich zelotów opanowała rzymski garnizon w Masadzie i utrzymała twierdzę przez dalszy okres wojny. Latem 70 roku Jerozolima upadła i została zburzona przez Tytusa Wkrótce po tym dwie z trzech fortec, będących ciągle w posiadaniu Żydów, poddały się. Były to Macheront i Herodium. Masada jednak odmówiła złożenia broni. Rezultatem tego było długotrwałe oblężenie. Rzymski dowódca Silva otoczył skalną fortecę wałem oblężniczym i wybudował 8 obozów dla swej armii.

Potem wzniósł od zachodu pochyłą rampę, aby wciągnąć po niej machiny oblężnicze na szczyt płaskowzgórza. Miały one zburzyć mury Masady. Konstrukcję ukończono na wiosnę 73 r. i Rzymianom udało się uczynić wyłom w murze. Po kilku nieudanych próbach rzymscy legioniści uzyskali w końcu przewagę nad obrońcami, dla których stało się jasne, że nie utrzymają się dłużej. Wtedy Żydzi zdecydowali raczej ponieść śmierć niż oddać się w niewolę — wspólnie popełnili masowe samobójstwo. Kiedy Rzymianie wtargnęli do twierdzy, zastali tam płonące budynki i ciała 960 obrońców. Znaleźli także dwie kobiety i pięcioro dzieci, które ukryły się przed zelotami i w ten sposób uniknęły śmierci.

Ruiny Masady, które są prawie w takim stanie, w jakim pozostawili je Rzymianie, odkopano w latach 1963-1965 pod kierownictwem Yigeala Yadina. W wykopaliskach brało udział wielu ochotników z Izraela i zagranicy. Dzisiaj turysta może dotrzeć do plaskowzgórza autobusem*. Z wysokości twierdzy roztacza się bajeczny widok na Morze Martwe, na jałowy krajobraz otaczający twierdzę, jak również na wyraźne pozostałości po rzymskich wałach z czasów oblężenia i po ośmiu obozach. Odrestaurowane ruiny, dobre oznakowanie różnych starożytnych konstrukcji oraz drukowane przewodniki i plany Masady czynią pobyt w twierdzy prawdziwym przeżyciem dla ludzi interesujących się historią Żydów żyjących w czasach Chrystusa i apostołów.

Gdy na tym wysokim płaskowyżu, w środku majestatycznej scenerii znajdzie się chrześcijanin, w miejscu, które widziało niespotykany heroizm, niewyobrażalne cierpienia, wtedy z pewnością przypomni sobie słowa Jezusa, wypowiedziane do płaczących kobiet, które szły za Nim na Golgotę — słowa, które po 40 latach wypełniły się w straszliwy sposób: „córki jerozolimskie, nie płaczcie nade mną, lecz płaczcie nad sobą i nad dziećmi swymi, bo oto idą dni, kiedy mówić będą: Błogosławione niepłodne i łona, które nie rodziły, i piersi, które nie karmiły. Wtedy zaczną mówić do gór: Padnijcie na nas! A do pagórków: Przykryjcie nas!" (Łk 23,28-30).

Świątynia w Arad

Z Masady udajemy się 24 km na zachód przez Negew, południową Pustynię Judzką, do Aradu. Miasto to zostało tylko kilka razy wymienione w *Biblii.* Z Lb 21,1; 33,40 dowiadujemy się, że król Aradu walczył pewnego razu przeciwko Izraelitom w czasie ich 40-letniej wędrówki przez pustynię. Następnie miasto zostało podbite przez wojska Jozuego (zob. Joz 12,7.14). Nie mamy jednak informacji, kiedy i jak się to stało.

Wykopaliska w miejscowości Arad zostały rozpoczęte w 1962 roku. Akropolis odkopywano pod kierownictwem Yohanana Ahoroni do 1976 roku. Badania w dolnym mieście są nadal prowadzone przez Ruth Amiran. Odkryto m.in. interesujące ruiny z III i I tys. p.n.e. Dla czytelnika *Biblii* są one szczególnie ważne, ponieważ zawierają izraelskie sanktuarium istniejące od czasów Salomona aż do króla-reformatora, Jozjasza. Z *Biblii* dowiadujemy się, że Salomon wybudował odstępcze sanktuaria (zob. 1 Krl 11, 7-8), które były używane aż do czasów króla Hiskiasza, a w niektórych przypadkach nawet do czasów Jozjasza (zob. 2 Krl 18,4; 23,13-15).

---

* Dzisiaj na szczyt, gdzie znajduje się twierdza Masada można dojechać kolejką linową.

Świątynia w Aradzie była jednym z tych sanktuariów. Na zewnętrznym dziedzińcu stał duży ołtarz wybudowany z nieociosanych kamieni, przeznaczony do palenia ofiar. W sanktuarium znajdowały się dwa stojące filary nazywane w *Biblii* hebrajskiej „massebot". W świątyni tej znaleziono różne przedmioty kultowe. Podjęcie na szeroką skalę prac budowlanych uchroniło sanktuarium od zniszczenia podczas reform religijnych. W czasie tych prac mur miejski został częściowo przeniesiony na inne miejsce. Ponieważ nowy sektor muru miejskiego miał przebiegać nad samą świątynią, nie było potrzeby burzenia jej. Mur całkowicie przykrył świątynię i tak skutecznie ją chronił, że zachowała się nietknięta wraz ze wszystkimi przedmiotami kultowymi. Współcześni archeolodzy odkopali ją i w ten sposób otrzymaliśmy pierwszorzędne źró-

Pustynia Negew

dło na temat izraelskich świątyń z czasów hebrajskich królów. Jest to namacalny dowód prawdziwości oskarżeń wypowiadanych przez proroków Bożych przeciw królom.

Ołtarz z rogami w Beerszewie

Beerszewa leży 24 km na zachód od Aradu. Jest to najbardziej na południe wysunięte miasto starożytnego Izraela. Z tego też powodu na oznaczenie rozciągłości kraju *Biblia* używa określenia „od Dan do Beerszewy". Beerszewa odgrywała pewną rolę w czasach patriarchów, gdy Abraham i Izaak żyli w niej przez jakiś czas. Pozostałości miasta z tego okresu leżą prawdopodobnie pod współczesnym miastem i dlatego są niedostępne dla archeologów. Beerszewa z czasów królów hebrajskich była małą twierdzą, którą odkryto na Tell es-Saba, w niedalekiej odległości na wschód od współczesnej Beerszewy.

Yohanan Aharoni prowadził wykopaliska na Tell es-Saba od 1969 roku aż do swej przedwczesnej śmierci w 1976 roku. Jedno z jego odkryć zasługuje na specjalną uwagę, gdyż dostarcza dowodu na to, że w okresie monarchii w Beerszewie istniało również pogańskie sanktuarium. Jak się wydaje, wskazywał na to prorok Amos w dwóch miejscach swej księgi (zob. Am 5,5; 8,14). W 1973 roku odkryto dobrze ociosane bloki kamienne, które zostały umieszczone w murze. Ich szczególny wygląd zastanowił archeologów. Dopasowane razem utworzyły duży ołtarz z czterema rogami w narożnikach. Wysokość, długość i szerokość ołtarza są prawie takie same, wynoszą bowiem 1,6 m. W przeszłości w starożytnych miastach, takich jak Sychem i Megiddo, znajdowano małe domowe ołtarze. Lecz ołtarz tych rozmiarów, który musiał być używany w kulcie publicznym, został po raz pierwszy odnaleziony w Beerszewie. Gdy sanktuarium to, w formie świątyni lub wyżyny, zostało zamknięte w czasach króla Hiskiasza, kamienny ołtarz z rogami został zniszczony, a jego bloki wykorzystano jako materiał do budowy muru. W tym murze kamienne bloki przetrwały dwa i pół tysiąclecia do czasu, gdy zostały odkryte przez współczesnych archeologów, rzucając światło na dwa biblijne fragmenty.

W TRANSJORDANII

28

Petra, stolica Edomitów

Obszar Ziemi Świętej, leżący na wschód od Jordanu, jest dużą atrakcją dla czytelnika *Biblii*, tej samej miary, co Zachodnia Palestyna. Chociaż mniej znany, kraj ten był jednak nie mniej bogaty w wydarzenia z historii biblijnej. W czasach starotestamentowych był on ojczyzną Edomitów, Moabitów i Ammonitów. Poza tym osiedliły się tu izraelskie plemiona Rubena, Gada i połowa Manassesa. Kraj ten wybrał Lot na swe mieszkanie, a Jakub walczył tu z aniołem. Naród izraelski podbił część tego kraju pod wodzą Mojżesza; Gedeon i Jefte dokonali tu heroicznych czynów, a Dawid znalazł schronienie, uciekając przed Absalomem. Jest to zaledwie kilka z wielu biblijnych wydarzeń, które przychodzą na myśl podczas zwiedzania Transjordanii.

Kraj ten jest również pełen kontrastów. Z jednej strony mamy gorące i suche, górzyste pustynie, z drugiej — urodzajne i zalesione doliny. Głębokie, barwne kaniony przecinają obszary uroczych wzgórz i pofalowanych płaskowyżów. W innych miejscach z krajobrazu wyłaniają się malownicze formacje skalne. Większość mieszkańców to Arabowie — dumni synowie pustyni. Niektórzy z nich, Beduini, ciągle żyją tak jak patriarchowie. Jednak nowoczesny styl życia stanowczo wkracza do tego kraju, a miasta, takie jak Amman, są bardzo podobne do wielu zachodnich.

Idąc śladami starożytnych Izraelitów, przemierzyłem kraj we wszystkich kierunkach. Poruszałem się trasami, którymi kiedyś ciągnęły karawany kupców i starożytne armie żądne łupów. Wspinałem się górskimi ścieżkami, tak jak to od tysiącleci czynią twardzi mieszkańcy tego kraju. Przeżycia i obserwacje rozszerzyły moją wiedzę o wielu zdarzeniach biblijnych. Podróżując, starałem się mieć otwarte oczy i otwartą *Biblię*, aby skorzystać jak najwięcej z tego, co ten interesujący kraj i jego barwni mieszkańcy mają do zaoferowania. Gdy tak przemierzałem ojczyznę Edomitów, Moabitów i Ammonitów, odwiedzając ich stolicę — nawet przez rok mieszkałem w Ammanie — ziemia ta stała mi się bardzo bliska. Wspinając się na górę Nebo, tak jak Mojżesz, oglądałem Ziemię Obiecaną. Przemierzając piękny Gilead i żyzny Baszan, bezwodne pustynie wschodniej Transjordanii, zrozumiałem wielką miłość starożytnych i współczesnych ludzi do tego kraju.

Ten i następne rozdziały dostarczą ogólnych informacji, co można zobaczyć i czego należy się spodziewać po wizycie w Transjordanii.

Przez wiele lat nosiłem się z zamiarem zobaczenia słynnej Petry, którą XIX-wieczny poeta, Dean Burgon, nazwał „różowo-czerwonym miastem". Był to dla mnie pamiętny dzień, gdy wreszcie znalazłem się w miejscu, które dla współczesnego świata odkrył w 1812 roku szwajcarski podróżnik Johann Ludwig Burckhardt.

Nasza grupa spędziła chłodną noc na wojskowych pryczach, na umocnionym posterunku policyjnym w Eljeh. Miejscowość ta leży kilka kilometrów od Petry, tutaj należało zostawić samochody, gdyż dalszy ruch kołowy był niemożliwy*. Jeszcze przed wschodem słońca wstałem i wszedłem na kamienną wieżę posterunku policyjnego, aby spojrzeć w kierunku Petry. Ukazał mi się szary widok gór Edomu, lecz w oddali zauważyłem szczyty gór otaczających słynną stolicę starożytnych Edomitów. Skąpane one były w płonącej czerwieni promieni wschodzącego słońca. Niecierpliwie czekałem na wieśniaków z Eljeh, którzy mieli zabrać nas na koniach do Petry. Odczuwałem wzrastające napięcie. Wieśniacy w końcu przyszli przyprowadzając zeszkapiałe konie, z których wybrałem najlepiej wyglądającego. Był podobny do wierzchowca, którego Mark Twain podczas swej podróży po kraju biblijnym nazwał „Baalbek", ponieważ wyglądał jak owa szacowna ruina. Pożegnawszy naszych gospodarzy z posterunku, przez kilka kilometrów podążaliśmy śliską i skalistą ścieżką wzdłuż Wadi Musa. Od niepamiętnych czasów rzeka płynąca tym wąwozem zaopatrywała w wodę Petrę, a dziś arabską wioskę Eljeh. Dzięki niej wieśniacy uprawiają kilka skrawków pól i ogrodów wśród pustynnych piasków.

Po około jednogodzinnej jeździe dotarliśmy do czerwonych skał z piaskowca, które ze wszystkich stron otaczają Petrę, tworząc wokół starożytnego miasta naturalną barierę. Do miasta prowadzi jedynie kilka stromych, skalnych i wąskich wąwozów. Przez jeden, którym płynął

* Obecnie dojeżdża się bardzo blisko Petry, gdzie można się zatrzymać w nowoczesnych hotelach. W tym miejscu warto wymienić kilka: Amra Palace, Al Rashid, Petra Moon czy Cleopatra. Do wąwozu można dojechać konno, ale jest to bardziej atrakcja turystyczna niż potrzeba. Do dyspozycji są również wielbłądy i osiołki.

mały strumień, weszliśmy do miasta. Od momentu naszej pierwszej wizyty w tym mieście wody tego strumienia skierowano w inne koryto, ponieważ nagła powódź, spowodowana ulewnymi deszczami, zaskoczyła w wąskim przejściu grupę turystów. Ponad dwudziestu z nich poniosło śmierć. Przejście to jest obecnie suche i przez 2,5 km wije się wśród gór. Arabowie nazywają je Siq, co znaczy „szczelina". Średnia szerokość wąwozu wynosi 6 m i nigdzie nie przekracza 18,5 m. Z obu stron wznoszą się wysokie, 50 metrowe, prostopadłe ściany. Ten długi, wąski przesmyk był dawniej wybrukowany, a uregu-

Pozostałości klasztoru w Petrze

lowany kanał prowadził wody Wadi Musa do Petry. Lecz w przeciągu stuleci większa część pracy kamieniarzy została zmyta przez wodę i przejście jest bardzo utrudnione. Bez trudu można zauważyć, że miasto otoczone wysokimi górami, tak jak Petra, do którego można dotrzeć tylko poprzez wąskie, ponad 1,5 km wąwozy, mogło być łatwo bronione.

Po dwudziestominutowej jeździe przez Siq, w czasie której nic innego nie oglądaliśmy jak tylko kolorowe ściany skalne i wstążkę błękitnego nieba nad nami, nagle znaleźliśmy się przed jedną z najniezwyklejszych, a równocześnie najbardziej malowniczych budowli, jaką kiedykolwiek widziałem, el-Kazneh. Przed opisaniem tego monumentu i innych wspaniałych ruin konieczny jest krótki przegląd historii miasta. Podczas dni spędzonych w Petrze ciągle przypominały się nam wydarzenia z ostatnich trzydziestu pięciu wieków.

Z powodu swego położenia wśród skał miasto było najpierw nazywane po semicku Sela, co znaczy właśnie „skała". W późniejszych wiekach przyjęło grecką nazwę Petra, oznaczającą to samo. Najwcześniejsze wzmianki dotyczące mieszkańców tego obszaru pochodzą z *Biblii*, która informuje, że przed Edomitami mieszkali tu Horyci, hebr. Chorim (zob. Pwt 2,12). Ze źródeł pozabiblijnych Mezopotamii i Egiptu znani są jako Huryci. Na pocz. II tys. p.n.e. spotkać ich można na całym Bliskim Wschodzie — od płn. Mezopotamii aż do granic Egiptu. W późniejszym czasie Ezaw, brat Jakuba, osiedlił się na południe od Morza Martwego, a Edomici, jego potomkowie, stopniowo wypierali Hurytów. Gdy Izraelici opuszczali Egipt, potomkowie Ezawa panowali na obszarze całego kraju.

Po przejściu przez pustynię synajską Mojżesz wysłał do króla Edomitów posłańców z prośbą „pozwól nam przejść przez twoją ziemię..., pójdziemy drogą królewską, nie zboczywszy ni w prawo, ni w lewo" (Lb 20,17). Droga ta od niepamiętnych czasów łączyła Damaszek z zachodnią Arabią. Edomici odmówili i zagrozili, że staną do walki z Izraelitami, gdyby ci próbowali przejść przez ich kraj. Zmusiło to Mojżesza do okrążenia ziemi Edomitów i poprowadzenia swego ludu przez pustynię. Ten akt wrogości był początkiem głęboko zakorzenionej nienawiści między dwoma narodami, która od czasu do czasu przeradzała się w otwartą wojnę. Dlatego czytamy, że Saul walczył z Edomitami (zob. 1 Sm 14,47), a Dawid pokonał ich i zajął cały kraj (zob. 2 Sm 8,14). Również Salomon panował nad nimi (zob. 1 Krl 11,14-22), lecz kiedy królestwo Judy osłabło, Edomici ponownie stali się niezależni.

W VIII w. p.n.e. król Judy, Amasjasz, podjął kolejną próbę podporządkowania Edomitów. Udało mu się opanować Selę, zawsze niedostępną ich stolicę (zob. 2 Krl 14,7). Judejczycy nie byli jednak na tyle silni, by utrzymać Edomitów w ciągłym poddaństwie, w rezultacie czego ponownie uzyskali niezależność. Podczas ostatnich dni Królestwa Judzkiego Edomici połączyli się z wrogami Żydów. Podczas najazdu króla Nebukadnesara zabili wielu Judejczyków

Świątynia El-Kazneh

Budynki w Petrze

i zagarnęli wiele łupów. Z tego powodu prorok Abdiasz rzucił na nich przekleństwo (zob. Abd 1,10-14).

Edomici zostali później przepędzeni z ich górzystego kraju przez arabskich Nabatejczyków. Osiedlając się w południowej Palestynie, zostali jeszcze raz ujarzmieni przez Żydów w czasach Machabeuszy i zmuszeni do przyjęcia religii i obrządków żydowskich. Od tego czasu arabscy Nabatejczycy zajmowali były kraj Edomitów, a Petrę, bogate kupieckie miasto, uczynili swoją stolicą. Z tej fortecy kontrolowali większą część terytorium Transjordanii, od Zatoki Akaba — na południu do Damaszku — na północy. Ponieważ w rękach Nabatejczyków znajdowały się najdogodniejsze strategiczne punkty, byli w stanie przez stulecia kontrolować pustynne drogi między Arabią a Egiptem, jak również te, prowadzące z zachodniej Arabii do Anatolii, Syrii i Mezopotamii. Karawany wędrujące tymi drogami musiały płacić cło Nabatejczykom, którzy w ten sposób wzbogacili się i byli w stanie wybudować w stolicy wspaniałe pałace, świątynie, teatry i grobowce. Gdy Rzymianie stali się panami wschodniej części basenu Morza Śródziemnego, zapragnęli posiąść to terytorium z powodu jego bogactwa i walorów strategicznych. Po zdobyciu Petry i jej posiadłości przyłączyli terytorium do Imperium Romanum. Z tego okresu pochodzą płomienne opisy sławy i piękna Petry.

W późniejszych wiekach, gdy karawany znalazły inne drogi z Orientu do Europy, a szczególnie po odkryciu drogi morskiej dookoła Afryki, ruch karawanowy przez terytorium Nabatejczyków ustał. Petra została opuszczona i zapomniana. Przez wieki wydawała się być legendarnym miastem jak Atlantyda, znana tylko z przekazów przeszłości. Nikt nie był w stanie powiedzieć, czy opowiadania Greków i Rzymian o Petrze są prawdziwe, czy należy je odrzucić jako legendarne. Dopiero w 1812 r. Burckhardt, przebrany za arabskiego szejka, znalazł zagubione miasto. Gdy opublikował swe odkrycie, wydawało się niewiarygodne, że takie malownicze miejsce mogło istnieć nieznane nikomu zaledwie 160 km na południe od Jerozolimy.

Z powodu fanatyzmu Arabów żyjących na tym obszarze i niesprzyjającego człowiekowi środowiska aż do końca I wojny światowej trudno było odwiedzać Petrę. Od tego czasu poprawiono drogi, samochody zajęły miejsca wielbłądów, a ludzie tu mieszkający stali się bardziej przyjaźni wobec przyjezdnych. W związku z tym wizyta w Petrze nie przedstawia większych trudności.

Historia tego miasta i jego znamienitych mieszkańców przypomniała mi się, gdy przemierzałem wąską szczelinę prowadzącą do różowo-czerwonego miasta. Pierwszą budowlą, która ukazała się moim oczom, był wspomniany już el-Kazneh, co znaczy „skarbiec"*. Zdaje się, że była to świątynia wybudowana w greckim stylu przez Nabatejczyków i poświęcona egipskiej bogi-

* Nazwa „skarbiec" pojawiła się z powodu legendy mówiącej, że któryś z faraonów, bądź piraci ukryli tam skarb.

ni Izydzie. Nie ma ona większego znaczenia dla archeologów, lecz miłośnik sztuki nigdzie nie znajdzie czegoś bardziej spektakularnego i pięknego. Nabatejczycy wykuli wiele grobowców, świątyń, domów i pałaców po prostu w masywnych ścianach skalnych. Blisko tysiąc takich konstrukcji przetrwało mimo destrukcyjnej działalności czasu.

Najlepiej zachowany jest el-Kazneh z dwukondygnacyjną fasadą. Pierwsza kondygnacja składa się z portyku z sześcioma kolumnami korynckimi. Trzy wejścia prowadzą do wykutych w skale sal i pomieszczeń. Centralne drzwi mają 9 m wysokości i 4,5 m szerokości. Wyższa kondygnacja jest masywna, lecz posiada więcej kolumn, a w centrum znajduje się okrągły kiosk z okaleczonym posągiem Izydy. Wielobarwny piaskowiec z odcieniami czerwieni, zieleni, purpury i błękitu czyni wszystkie struktury wycięte w skale tak cudownymi, że żaden opis nie odda piękna, jakie znajdujemy w tym i innych monumentach Petry.

Przechodząc przez starożytne miasto, oglądamy wiele budowli, których opis mógłby zapełnić wiele książek. Wśród zabytków znajdują się: teatr — całkowicie wykuty w skale z miejscami dla 8 tys. osób, grobowce z pięknymi i wyszukanymi fasadami, wiele wykutych w skale sal, potrójna brama wejściowa i kolumbarium. Dla czytelnika *Biblii* bardziej interesujące są dwa wierzchołki gór wewnątrz obszaru Petry. Jeden z nich związany jest z historią *Starego Testamentu*, drugi — pomaga zrozumieć pogańskie kulty religijne starożytnych, wielokrotnie wzmiankowane w *Biblii*. Chodzi o Umm el-Biyara, skalistą górę, na której stała kiedyś stolica Edomitów i Jebel Zibb Atuf, na którym znaleziono starożytne wyżyny ofiarnicze.

Blisko tysiąc zabytków Petry Nabatejczyków posiada niezwykły urok i piękno miłośnika sztuki; datują się one jednak na okres grecki i rzymski, a nie na czasy Edomitów. Najwcześniejsze ruiny Edomitów znajdują się na szczycie wysokiej góry zwanej przez Arabów Umm el-Biyara, co znaczy „matka cystern" z powodu dużej liczby cystern, w których Edomici zbierali wodę deszczową. Bardzo trudna wspinaczka trwająca prawie godzinę, w czasie której współczesny turysta musi używać również rąk, prowadzi na szczyt Umm el-Biyara.

Stojąc na płaskowzgórzu, zrozumiałem proroka Jeremiasza, który napisał o Edomitach i niewątpliwie o stolicy Seli: „Strach przed tobą i zuchwałość twojego serca omamiły ciebie, który mieszkasz w rozpadlinach skalnych, zajmujesz szczyty pagórków. Choćbyś założył swoje gniazdo wysoko, jak orzeł, jednak i stamtąd cię strącę" (Jr 49,16). Żadne słowa nie mogły lepiej opisać dogodnego położenia skalnego miasta. Jednakże Jeremiasz widział, że niedostępne położenie nie mogło uchronić miasta od wyroku, na jaki zasłużyło, i zniszczenia, co całkowicie się spełniło. My, którzy żyjemy wiele wieków po spisaniu proroctw, możemy naocznie przekonać się, dosłownie wypełniły się słowa proroka. Edom został zniszczony, a „ktokolwiek będzie przechodził koło niego, będzie przejęty grozą", tak jak przepowiedział Jeremiasz (zob. Jr 49, 17).

W latach 1960, 1963 i 1965 pani C. M. Bennet z Brytyjskiej Szkoły Archeologii w Jerozolimie dokonała prac wykopaliskowych na Umm el-Biyara. Odkopała kamienne ruiny domów z VII w. p.n.e., które zachowały się w dość do-

Teatr wykuty w skale z miejscami siedzącymi dla 8 tys. widzów

Wejście do świątyni wykute w kamieniu

brym stanie. Do najbardziej interesujących znalezisk owych prac odkrywczych należy odcisk pieczęci z napisem „Qaus-Ga (ber), Król E (domu)". Imię tego króla było wcześniej znane z kronik asyryjskiego króla Assarhadona i Assurbanipala, które donoszą o trybucie króla Qausgabri z Edomu.

Po obejrzeniu Umm el-Biyara chciałem wejść na drugą górę, gdzie odkryto najlepiej zachowaną, spośród wszystkich krajów biblijnych, starożytną wyżynę. Jeszcze raz musieliśmy wspiąć się niezwykle stromą i skalistą drogą na szczyt Jebel Zibb Atuf, wybrany przez starożytnych mieszkańców Petry na główne miejsce swego kultu. Jest to jedno z tych sanktuariów na wolnym powietrzu, które jest wielokrotnie wymieniane w *Biblii* pod nazwą wyżyn (zob. 1 Krl 14,23; 15,14; 22,43).

Wspinając się do sakralnego okręgu z południa, podeszliśmy wpierw do zbiornika na wodę o wymiarach 2,5x3x1 m, który, jak wszystko dookoła był wykuty w skale. Kanały, również wyciosane w skale, odprowadzały wodę deszczową ze zbiornika, który prawdopodobnie służył do rytualnych obmywań. Zaraz za zbiornikiem znajduje się duży plac 14,5x6 m z platformą pośrodku — miejscem składania ofiar ze zwierząt i ludzi. Po północnej stronie jest niska skalna ława używana do przygotowywania ofiar przed złożeniem ich na ołtarzu stojącym po zachodniej stronie. Pięć stopni prowadzi do kwadratowego paleniska, na którym płonęły ofiary. Po lewej stronie ołtarza całopaleń znajduje się okrągły ołtarz, gdzie składano ofiary libacyjne z wina i oleju. Wykuty w skale kanalik prowadził do małego zbiornika zbierającego pozostałości ofiar. Niedaleko tego dziedzińca stoją dwa podobne do obelisków słupy, obiekty znajdowane w połączeniu z każdą starożytną wyżyną. Zostały utworzone przez odcięcie otaczających je skał. Przeznaczenie tych słupów nie jest całkiem jasne; albo symbolizowały promienie słońca i były czczone jako słupy słońca, albo były symbolem płodności.

Gdy Izraelici weszli do Kanaanu, otrzymali polecenie obalenia tego rodzaju słupów, burzenia pogańskich ołtarzy i niszczenia bałwochwalczych wyżyn oraz wszystkich przedmiotów kultowych (zob Pwt 7,5). Jednakże nie podporządkowali się tej instrukcji i przejęli wiele wyżyn, w ten sposób popadając w te same grzechy, którym oddawali się poganie. W rezultacie zostali zniszczeni, tak jak poganie przed nimi.

Spoglądając z kultowej wyżyny Petry ponad dzikie, romantyczne góry Edomu i malownicze ruiny starożytnego miasta, próbowałem uświadomić sobie historię tego miejsca, jego przeszłe bogactwo i dzisiejsze opustoszenie, dumę i późniejszą pokorę, pogańskie niemoralne obrzędy i wypełnienie Bożych proroctw dotyczących tego oddalonego miejsca. Wizyta w Petrze była jednym z głównych punktów mojej podróży przez kraje biblijne.

Jako miłośnik sztuki starożytnej mogłem zebrać niezapomniane wrażenia, przede wszystkim jednak lepsze zrozumienie *Pisma Świętego*.

29

Przez kraj Moabitów

Moab jest górzystym płaskowyżem leżącym na wschód od Morza Martwego. Większa część kraju jest na pół jałowa z małą ilością mieszkańców.

Idąc od strony Petry, wspięliśmy się na szczyt góry w pobliżu el-Tafila, skąd rozpościera się malowniczy lecz opustoszały krajobraz Moabu. El-Tafila jest jednym z najlepiej usytuowanych miast Transjordanii. Leży około 16 km na południe od Zered, rzeki wpadającej do płd. części Morza Martwego, które stanowi południową granicę starożytnego Moabu. Przed nami rozciągał się od południa wspaniały widok na Edom, od północy na nagi, górzysty kraj Moabitów, od płd.-zach. na malownicze góry Wadi el Arabah i od płn.-zach. na Morze Martwe. Jezioro to, zwane przez Arabów Bahr Lut — „Jezioro Lota", przypomniało nam katastrofę, która zniszczyła Sodomę i Gomorę, leżące prawdopodobnie przy południowych brzegach Morza Martwego. Na południowo-wschodnim brzegu Morza Martwego widzieliśmy szary grzbiet nazywany obecnie Jebel Usdum, „Góra Sodomy", do znacznej wysokości uformowany z czystej soli kamiennej. Jest to niesamowicie wyglądająca stroma skała nadmorska, nazywana przez miejscową ludność „Żona Lota". Niechętnie opuszczaliśmy nasz punkt obserwacyjny, obawiając się, że w czasie dalszej wędrówki nie znajdziemy dogodniejszego miejsca widokowego. Jednak znaleźliśmy równie dobre miejsce w Chirbet et-Tannur, z ruinami świątyni nabatejskiej na innym, wysokim szczycie, niedaleko od południowych granic Moabu. Świątynię odkopał w 1937 r. Nelson Glueck z American School of Oriental Research w Jerozolimie (obecnie: W. F. Albright Institute of Oriental Research).

Dokonane tu odkrycia rzuciły więcej światła na pogańską religię i obrzędy ludzi z czasów Chrystusa. Inskrypcja znaleziona w świątyni informuje

Miasto Kerak leży na wschód od Morza Martwego na wysokim (ok. 1 km) wzgórzu. Biblia nazywa je Kir-Moab.

nas, że świątynię zbudowano w 7 r. p.n.e. Mogła ona zastąpić otwarte sanktuarium nazywane wyżyną, których przykład opisaliśmy w poprzednim rozdziale. Budując świątynie i sanktuaria na zboczach i szczytach gór, starożytni musieli czuć, że są bliżej swoicn bogów, niż gdyby czcili ich w dolinach. Widok na jałowe wzgórza i doliny jest wspaniały, lecz wydaje się być otoczony majestatem i tajemnicą śmierci, gdyż nigdzie nie widać żadnej oznaki życia.

Wkrótce po opuszczeniu tego miejsca dotarliśmy do starożytnej granicy pomiędzy Edomem i Moabem, którą tworzył potok Zered (zob. Pwt 2,13), nazywany dzisiaj Wadi el-Hesa, najbardziej wysunięty na południe, spośród czterech głównych potoków Transjordanii, których wody uchodzą do Jordanu lub Morza Martwego. Jeśli podróżnik opiera swoje wyobrażenie na słowie „potok", które znaleźć można w przekładzie *Biblii*, myśląc, że znajdzie małą rzeczkę, doświadczy, tak jak w przypadku Arnonu, jednej z największych niespodzianek swego życia. Zered, jak i inne potoki Transjordanii, płynie w wąwozie lub kanionie o głębokości 600-900 m. Przekroczenie potoku Zered samochodem niezwykle kamienistą drogą zajęło nam około godziny*. Kiedy uderzyliśmy w skałę, pokonując jedną z licznych serpentyn, obręcze obu prawych kół naszej ciężarówki wygięły się i wymagały naprawy.

Około 25 km na północ od potoku Zered znajduje się miasto Kerak, znane z *Biblii* jako Kir-Hareszet. W czasach królów izraelskich miasto było stolicą Moabitów. Usytuowane na zboczu góry dominującej nad otaczającą ją doliną było twierdzą prawie nie do zdobycia. W 2 Krl 3, 25-27 opisane jest zakończone niepowodzeniem oblężenie miasta przez Izraelitów w czasach Elizeusza. Sprawozdanie mówi, że król Mesza, ten sam, który w Dibon postawił „kamień moabski", ofiarował swego najstarszego syna na murach miasta, czego rezultatem było odstąpienie Izraelitów od oblężenia i powrót do swej ziemi bez żadnych sukcesów w Moabie.

Jednak zachowane ruiny fortyfikacji w Kerak pochodzą z czasów krzyżowców, którzy po zdobyciu miasta uczynili je jedną z najmocniejszych twierdz w Ziemi Świętej. Wybudowane około 1140 roku miasto oparło się długiemu oblężeniu Saladyna w 1188 roku, lecz w końcu wpadło w ręce Arabów. Grube mury, wzmocnione wieloma wieżami, ciągle otaczają współczesne miasto, a część cytadeli stanowi główną kwaterę policji.

Kontynuując podróż przez Moab „traktem królewskim", zauważyliśmy, że kraj jest rzadko zaludniony, a pastwiska są wysuszone. Nie ma tam żadnych lasów, ani rozległych pól i ogrodów. Mimo to na tych podobnych do stepu obszarach wypasają się duże stada owiec, tak jak w czasach starożytnych Moabitów (zob. 2 Krl 3,4).

---

* Obecnie, aby przemieścić się z północy na południe Jordanii, można skorzystać z autostrady. Ale stara droga królewska jest wciąż ogromną atrakcją turystyczną.

Możliwe, że dawniej kraj był bardziej zalesiony niż dzisiaj. Obecnie podejmuje się poważne wysiłki wsparte zagraniczną pomocą, aby zalesić jałowe wzgórza i góry tej pustynnej krainy.

Około 40 km od miasta Kerak dojechaliśmy do wspaniałego kanionu rzeki Arnon, wielokrotnie wzmiankowanej w *Biblii* (np. w Lb 21, 14). Wielki kanion tworzy głębokie wgłębienie w moabickim płaskowyżu wznoszącym się 600 m npm. Dno kanionu leży więcej niż 300 m ppm, co w sumie daje głębokość kanionu ponad 900 m. Byłem dosłownie przytłoczony tym widokiem. W czasie pierwszej wizyty w Jordanii nie widziałem jeszcze Wielkiego Kanionu Kolorado. Nigdy nie przypuszczałem, że we wschodniej Palestynie może istnieć tak wielki i majestatyczny kanion. Nagie, barwne formacje skalne, na które poranne słońce rzucało głębokie cienie, dostarczyły nam niezapomnianych wrażeń.

Rzeka Arnon była jedną z najlepszych naturalnych granic, jakie posiadał Moab. Przekroczenie kanionu samochodem zajęło nam jedną godzinę*. Najpierw licznymi serpentynami zjeżdżaliśmy w dół, przekraczając rzekę w miejscu, gdzie miała mniej niż 30 cm głębokości, potem znowu wspinaliśmy się z drugiej strony kanionu aż osiągnęliśmy płaskowyż. W czasie podróży kilkakrotnie przekraczaliśmy tę rzekę, jednak sceneria kanionu nigdy nie straciła swego uroku. W rzeczywistości byłem pod tak silnym wrażeniem majestatu tej panoramy, że Wielki Kanion Kolorado, który oglądałem po raz pierwszy 6 miesięcy później, wydawał się nie przewyższać kanionu Arnon ani pięknem, ani wspaniałością. Oczywiście byłem świadomy tego, że kanion Kolorado posiada o wiele większe rozmiary.

Nie mogłem powstrzymać się od ciągłego rozpamiętywania wydarzeń z czasów wędrówki Izraelitów, gdy przemierzali ten kraj z bydłem i stadami, z wozami i jucznymi zwierzętami obładowanymi dobytkiem. Przekroczenie ogromnych kanionów Zered i Arnon przez cały lud i to w marcu było rzeczywiście dużym osiągnięciem. Nic bardziej nie uplastycznia i uzmysławia trudów, przez które przeszli Izraelici podczas długiej, 40-letniej wędrówki, niż podróż do Transjordanii.

Miłe wspomnienie pierwszego przejścia przez rzekę Arnon łączyło się z okropnym odorem padliny wielbłąda leżącego na środku drogi. Jedna noga i część głowy były zjedzone przez hieny. Cztery dni później przechodziliśmy tą samą drogą i już z oddali czuliśmy odór zgniłego ciała. Pozostały tylko kości i kilka nieforemnych brył ciała zabitego zwierzęcia, ale leżące całymi dniami na słońcu, do tego w bezwietrznej pogodzie szczątki wydzielały odór nie do wytrzymania. Byłem zdziwiony, że w Moabie zapewne nie ma ptaków zjadających padlinę w przeciwieństwie do innych gorących krajów. W In-

---

* Obecnie na dnie kanionu jest most nad potokiem Arnon.

diach widziałem sępy zjadające padlinę w ciągu kilku godzin. W ten sposób oczyszczają kraj od ciał niosących chorobę, ale w Transjordanii prawdopodobnie nie ma sępów, a rolę podobnych czyścicieli spełniają hieny i szakale.

Niedaleko na północ od potoku Arnon leży wioska Dhiban, w której czytelnicy *Biblii* łatwo rozpoznają starożytne miasto Dibon (zob. Lb 21,30), należące do Amorytów. Zostało zdobyte przez Izraelitów i przekazane plemieniu Rubena (zob. Joz 13, 15-17). Gdy Moabici zbuntowali się przeciw Izraelowi w czasach króla Jehorama (zob. 2 Krl 3,5), rozszerzyli swe terytorium na północ i zajęli Dibon. Stanowił on część ich królestwa, o czym dowiadujemy się z Kamienia Moabskiego, odkrytego w Dibon w 1868 roku.

Przyjaźni ludzie

Po przybyciu do Dibon, aby obejrzeć ruiny odkopane w latach 1950-1955 przez obecny W. F. Albright Institute of Oriental Research, zostaliśmy przywitani przez niezwykle przyjazną ludność wioski. Było to coś przeciwnego do wrogiej postawy ich przodków, jaką okazali przybyszom z Zachodu 100 lat temu, kiedy to znaleziono słynny Kamień Moabski. W czasie pierwszej wizyty w tym miejscu, jesienią 1953 roku, przypomniałem sobie wydarzenia związane z odnalezieniem cennego dokumentu, obecnie znajdującego się w Luwrze.

Niemiecki misjonarz F. A. Klein zaprzyjaźnił się z Arabami z Transjordanii, a podczas swych podróży znalazł tę czarną bazaltową stelę z 34 liniami starożytnej inskrypcji moabskiej. Po powrocie do Jerozolimy doniósł o odkryciu pruskiemu konsulowi H. Petermannowi, w rezultacie czego rozpoczęto negocjacje z mieszkańcami Dibon w sprawie sprzedaży steli. Ta jednak w bardzo dyskretny sposób została ukryta, gdyż ludność tych terenów była wroga wobec przybyszów z zachodu, włączając w to również Turków, którzy nominalnie rządzili tym krajem.

Kamień Meszy, na którym wyryto napis mówiący o wojnie pomiędzy królem Moabu a Izraelem w czasach synów Achaba.

W jakiś sposób urzędnik francuskiego konsulatu, Charles Clermont-Ganneau, uzyskał informację o znalezisku i posłał zaufanego człowieka, by zbadał sprawę. Człowiek ten powrócił z kopią kilku linijek tekstu, która potwierdziła starożytny charakter inskrypcji. Mając namacalny dowód wielkiej wagi dokumentu, Clermont-Genneau posłał swego człowieka z powrotem, by dokonał odbitki na papierze. Po ponownym przybyciu na miejsce ukrycia mocno przyłożył wilgotny papier do tekstu na kamieniu i wcisnął go pędzlem w wykute litery. Gdy czekał aż papier wyschnie, odkryli go mieszkańcy Dibon. Podejrzewali, że chodzi mu o kradzież magicznych właściwości kamienia, wpadli w złość i zagrozili mu, że go zabiją. Obawiając się utraty życia szybko zdarł z kamienia jeszcze wilgotny odcisk, schował za szeroki płaszcz i pogalopował na koniu.

Bezowocne negocjacje Petermanna z mieszkańcami Dibon i całkowicie nieudane wysiłki Clermont-Ganneau w celu pozyskania zabytku, zaszły za daleko. Wystarczy powiedzieć, że Arabowie stali się podejrzliwi i w obawie, że Europejczycy mogliby wyrwać magiczną siłę lub złoto kryjące się w Kamieniu, rozbili go na kawałki. Wsadzili go do pieca, a gdy się rozgrzał do czerwoności polali zimną wodą. Fragmenty, które powstały w wyniku popękania kamienia, mieszkańcy Dibon podzielili między siebie jako talizmany.

Clermont-Ganneau mimo niepowodzenia, jakiego doświadczył, nie zaprzestał interesować się zabytkiem, lecz niezmordowanie podejmował wysiłki zmierzające do uzyskania jak największej ilości fragmentów rozbitej steli. W ten sposób około dwie trzecie kamienia zostało skompletowane, a z pomocą poszarpanej, papierowej odbitki odtworzono pozostałe partie tekstu.

Pismo Kamienia Moabskiego pochodzi z IX w. p.n.e. i jest identyczne z tym, które używali Hebrajczycy. Zabytek ten jest ciągle najobszerniejszą inskrypcją, kiedykolwiek znalezioną w całej Palestynie. Opisuje wojnę między Meszą, królem Moabu, a Izraelitami w czasach synów Achaba. Wydarzenia te wzmiankuje także 2 Krl 3, a stela jest niezwykle ważnym potwierdzeniem i uzupełnieniem biblijnej informacji.

Byłem szczęśliwy, widząc przyjazne nastawienie mieszkańców Dibon, które było wynikiem dobrych stosunków stworzonych przez archeologów podczas ostatniego sezonu wykopaliskowego. Wielu mieszkańców zostało zatrudnionych przy wykopaliskach, w wyniku czego zarobili sporo pieniędzy, mogąc poprawić swe warunki życia. Przekonali się, że obcy uczeni nie muszą być ich wrogami. W ten sposób archeolodzy odkrywając i odtwarzając przeszłość, stali się jednocześnie misjonarzami życzliwości.

Ostatnie wykopaliska wykazały, że miasto było zasiedlone aż do czasów bizantyńskich, lecz archeolodzy nie dotarli jeszcze do niższych warstw zawierających pozostałości izraelskiego i moabskiego zasiedlenia. Jak dotąd odkryto głównie ruiny chrześcijańskich, rzymskich i nabatejskich budowli i umocnień.

30

W kraju Amorytów i Ammonitów

Pierwszym krajem zdobytym przez Izraelitów po 40-letniej wędrówce było królestwo Sychona, króla Heszbonu. To amorejskie królestwo rozciągało się od rzeki Arnon, tworzącej w tym czasie północną granicę Moabu, do rzeki Jabbok. Mojżesz przydzielił podbitą ziemię dwu izraelskim plemionom, Rubena i Gada. Na pustynnym obszarze, przylegającym od wschodu do obszaru przydzielonego plemionom Rubena i Gada, żył półkoczowniczy lud Ammonitów, spokrewniony z Moabitami. Na północ od Jabboku leży Gilead, który Izraelici zabrali amoryckiemu królowi, Ogowi z Baszanu. Zdobyte wrażenie i poczynione obserwacje podczas podróży przez te tereny stanowią temat niniejszego rozdziału.

Pierwszym ważniejszym miejscem, do którego dotarliśmy po opuszczeniu ziemi Moabitów, była Madeba znana z kilku tekstów biblijnych jako Medeba (zob. Joz 13,9; Iz 15,2), wymieniona również na Kamieniu Moabskim. Aż do momentu napływu uchodźców z zachodniej Palestyny Madeba była chrześcijańską wioską w przeważnie muzułmańskim kraju. W 1884 r., w czasie prac budowlanych odkryto w Madebie mapę mozaikową z VI w. n.e. na posadzce jednego ze starożytnych kościołów. Na nieszczęście duża część mapy dawno uległa zniszczeniu. Zachował się jedynie duży fragment o nieregularnych kształtach, o długości 10 m i o szerokości ok. 5 m, i kilka małych kawałków. Gdy złożono mapę składającą się z dziesiątków tysięcy kolorowych kamyków, obejmowała ona całą Palestynę i przynajmniej części Syrii i Egiptu. Zachowane fragmenty mają wielką wartość dla uczonych biblistów, gdyż pomogły zidentyfikować liczne miasta Palestyny, których dokładne umiejscowienie nie było znane.

Bardzo chciałem zobaczyć i przestudiować tę mozaikę między innymi dlatego, że kilka dni przed przyjazdem do Madeby otrzymałem pracę naukową od jej autora na temat tej mapy. Ponieważ opiekun kościoła uczestniczył w weselu, musieliśmy poczekać na niego kilka godzin, aby otworzył drzwi kościoła. Ku naszemu zdumieniu dowiedzieliśmy się, że ta cenna mapa jest rzadko oglądana. Była ona pokryta grubą warstwą kurzu po zdjęciu ochraniających ją desek. Musieliśmy ją odkurzyć i umyć, zanim przebadaliśmy szczegóły. Warto było ponieść wszelkie trudy, aby obejrzeć najstarszą istniejącą mapę Palestyny z planem Jerozolimy z VI w. n.e. i spojrzeć na artystyczne wyobrażenie Ziemi Świętej sprzed czternastu wieków.

Kilkanaście lat temu stwierdzono, że część mozaikowej mapy zapadła się, gdyż została podkopana przez myszy. Niezbędnej restauracji podjęło się w 1965 roku dwóch niemieckich ekspertów z Reńskiego Muzeum Krajowego w Trewirze, dr Heinz Kiippers i Heinrich Brandt, ze środków uzyskanych od Niemieckiej Fundacji Palestyńskiej. Rezultatem tego jest wspaniała rekonstrukcja tej bezcennej mapymozaiki, którą oglądałem w 1966 i 1968 r.

Kolumny rzymskie w Ammanie, który w *Biblii* nazywany jest Rabba.

Góra Nebo

Opuszczając Madebę, udajemy się na sąsiednią górę Nebo, z której Mojżesz przed swoją śmiercią oglądał Ziemię Obiecaną. Na szczyt o wysokości 806 m npm wjechaliśmy samochodem. Chociaż góra Nebo nie jest tak wysoka jak góra Osha w pobliżu es-Salt, to jednak rozciąga się z niej o wiele rozleglejszy widok. Ogarnięcie wzrokiem całej Palestyny jest jednak z tego punktu niemożliwe. Musimy więc przyjąć, że Mojżesz oglądał dalekie obszary Ziemi Obiecanej w sposób nadnaturalny, dzięki Bożemu wpływowi (zob. Pwt 34,1-3). Pod naszymi stopami rozciągało się Morze Martwe z zachodnim brzegiem widocznym aż do Engedi. Bezpośrednio na zachód leżały jałowe zbocza Gór Judzkich, tworzących Pustynię Judzką. Na pierwszym planie znajdowała się tropikalna równina Jerycha i Dolina Jordanu. Na zachodniej linii horyzontu rozpoznaliśmy trzy wieże na Górze Oliwnej, a na północy — Gerizim, Ebal i inne góry Samarii. Na najdalszej północy mogliśmy ledwie zauważyć kontury gór Gilboa i Tabor, leżących na skraju równiny Ezdrelon.

Wykopaliska prowadzone na górze Nebo w ostatnich latach przyniosły odkrycie ruin kościoła chrześcijańskiego z IV w. p.n.e. Prawdopodobnie stał on na miejscu jeszcze starszego sanktuarium, którego istnienie można wywnioskować z napisu na Kamieniu Moabskim z IX w. n.e. Moabski król Mesza utrzymuje w nim, że jakoby zdobył Nebo i wraz z innymi trofeami zabrał stamtąd naczynia Jahwe, które musiały należeć do hebrajskiego sanktuarium. Nie wiadomo, czy sanktuarium było pomnikiem wybudowanym przez Hebrajczyków, aby uczcić śmierć Mojżesza w tym miejscu, czy też odstępczy Izraelici wybudowali na tym szczycie jedną ze swoich bałwochwalczych wyżyn.

Patrząc na faliste doliny otaczające górę, próbowaliśmy wyobrazić sobie Mojżesza stojącego właśnie tu i oglądającego Ziemię Obiecaną, do której od dawna pragnął wejść. Patrzył również na obóz Izraelitów, których musiał opuścić. Mojżesz był tak blisko celu, był tak blisko Ziemi Obiecanej, lecz nie mógł do niej wejść. Doświadczenie to z pewnością rozdarło jego serce. Już nigdy więcej nie miał zobaczyć ludu, z którym przez 40 lat dzielił trudy i rozczarowania, jak również zwycięstwa i tryumfy.

Po przemyśleniu tego niezwykłego wydarzenia, które miało miejsce trzydzieści trzy wieki temu, opuściliśmy górę Nebo i jeszcze raz przejeżdżając przez Madebę, skręciliśmy prosto na północ do Ammanu. 10 km na północ od Madeby dotarliśmy do ruin Hesban, starotestamentowego Heszbonu, który w czasach Mojżesza był stolicą Sychona, króla Amorytów (zob. Pwt 2,30). Ruiny Heszbonu nie były tknięte łopatą archeologa, tak jak wiele innych, znanych miejsc wschodniej Palestyny.

Penetrując dość duży kopiec i oceniając niektóre fragmenty ceramiki, byliśmy ciekawi, jakie sekrety kryje to wzgórze. Królewskie miasto Amorytów mogłoby dostarczyć ważnych, historycznych informacji. Z tego powodu jako grupa archeologów wyraziliśmy nadzieję, że wzgórze zostanie rozkopane. Może kryło ono gliniane tabliczki z królewskiego archiwum, albo wyroby sztuki kanaanejskiej, podobne do tych znalezionych w Ras Szamra, lub też monumentalne kamienne inskrypcje, jak Kamień Moabski znaleziony w Dibonie? Takie myśli przechodziły nam przez głowę, gdy zatrzymaliśmy się w miejscu, które odgrywało dużą rolę w starożytnych czasach, a nie zostało tknięte przez współczesnego archeologa.

Wtedy, w 1953 r. nie wiedziałem jeszcze, że 15 lat później będę kierował badaniami archeologicznymi w tym miejscu. Od 1968 do 1978 r. przeprowadzono 6 kampanii; pierwsze trzy pod moim kierownictwem. Wykopaliska ujawniły, że miejsce, ciągle jeszcze noszące starożytną nazwę, powstało nie wcześniej niż w XII w p.n.e. Dlatego należało przyjąć, że Heszbon z czasów Mojżesza był usytuowany gdzie indziej, a po jego zburzeniu Izraelici, którzy

Współczesny Amman

przejęli ruiny, odbudowali miasto na innym, być może bardziej dogodnym wzgórzu i przenieśli starą nazwę na nowe miejsce. Takie wędrówki starych nazw na nowe miejsca są fenomenem zaobserwowanym w przypadku kilku miast palestyńskich. Na przykład, starotestamentowe Jerycho leży półtora kilometra na północ od nowotestamentowego miasta o tej samej nazwie, a współczesne Jerycho leży 2,5 km na wschód od Jerycha z czasów *Nowego Testamentu.*

Sadzawka w Heszbonie

Wykopaliska w Hesban pozwoliły nam zrekonstruować historię Heszbonu od początków miasta, w XII w. p.n.e., do średniowiecza. Przyniosły także bogaty asortyment przedmiotów świadczących o kulturze materialnej miasta istniejącego 2,5 tys. lat.

Jednym z najbardziej znaczących odkryć jest sadzawka odkopana wewnątrz starożytnego miasta, wspomniana w *Pieśni nad Pieśniami* 7,5, posiadająca 4,6 m^2 powierzchni i 5,5 m głębokości. W czasach hellenistycznych zaczęła przeciekać, prawdopodobnie wskutek trzęsienia ziemi. Zbiornik zlikwidowano, zasypując go gruzem: nad nim wybudowano ulicę. W czasie swego istnienia sadzawka była tak znana, że opiewali ją poeci z odległej Jerozolimy, tak jak widzimy to w *Pieśni nad Pieśniami*. Otwarte sadzawki rzadko znajdowano wewnątrz małych miast starożytnej Palestyny. Poza Heszbonem sadzawki znajdujące się pod gołym niebem odnaleziono tylko w Jerozolimie i Samarii, chociaż często natrafiano na nie poza murami miast. Odkrycie tego zbiornika rzuca pożądane światło na tekst biblijny.

Kolejnym naszym celem był Amman, współczesna stolica Królestwa Jordanii. Gdy miasto po II wojnie światowej zostało podniesione do rangi stolicy, było niewiele większe od typowej wsi arabskiej. Obecnie jest to nowoczesne miasto, gdzie można znaleźć bogactwo, luksus i rezydencje pałacowe, ale również wielkie ubóstwo, nędzne rudery Arabów i uciekinierów z zachodniej Palestyny.

Współczesny Amman jest następcą stolicy Ammonitów, nazywanej w *Biblii* Rabbat lub Rabba. Po raz pierwszy jest wymieniony w Pwt 3,11 w związku z żelaznym grobowcem króla-olbrzyma imieniem Og, znajdującym się w tym mieście. Ponownie odegrał rolę w czasach Dawida, kiedy Abiszaj, brat Joaba, dostał rozkaz powstrzymania wojsk Ammonitów, a Joab skierował się przeciw Medebie (zob. 2 Sm 10,10-14). Rok później Joab oblegał Rabbat-Ammon i podczas walki ustawił „Uriasza na samym przedzie, gdzie bitwa jest najzaciętsza", aby zaspokoić królewską namiętność do pięknej Batszeby (zob. 2 Sm 11,1-17).

Starożytne Rabbat było usytuowane na szczycie jednego ze wzgórz, obecnie nazywanym Wzgórzem Cytadeli. Wspinaliśmy się na sam szczyt, gdzie

Mozaika na posadzce w kościele w Madaba przedstawiająca mapę. Zaznaczono na niej północną część Morza Martwego, rzekę Jordan i Jerycho pochodzące z czasów Jezusa.

Morze Martwe po stronie jordańskiej

stoją uderzające starożytne ruiny, m.in. pozostałości świątyni Zeusa, kościół chrześcijański, wczesne budynki muzułmańskie i fortyfikacje z czasów rzymskich. Na wzgórzu umiejscowione jest także małe ale nowoczesne Muzeum Starożytności, mieszczące ważną kolekcję zabytków obejmujących wszystkie okresy burzliwej przeszłości Transjordanii.

Z tego miejsca mieliśmy wspaniały widok na współczesne miasto wybudowane w kilku schodzących się dolinach i na dobrze zachowany rzymski teatr, najbardziej wyróżniające się ruiny miasta z czasów, gdy Amman nosił nazwę Filadelfia.

Opuszczając Amman i jadąc na zachód przez półpustynne ziemie starożytnej krainy Ammonitów, minęliśmy es-Salt, drugie co do wielkości miasto Transjordanii. Odwiedzamy jedno ze skupisk dolmenów. Dolmeny są interesującymi kamiennymi strukturami, na które natrafiono w kilku miejscach Transjordanii. Zawsze wznoszone na szczytach wzgórz, prawdopodobnie postawione przez najwcześniejszą ludność tego kraju. Składają się z megalitów, potężnych płyt nie obrobionego kamienia, ułożonych na kształt komory, zwykle używane jako grobowce. W jaki sposób kamienne płyty, każda o wadze kilku ton, mogły być przenoszone przy użyciu zwykłej siły ludzkiej, ciągle pozostaje tajemnicą. Można sobie wyobrazić, że były wzniesione przez „olbrzymów", którzy zgodnie z Pwt 2,20 byli poprzednikami Ammonitów na tej ziemi. Ponieważ nie znaleziono żadnych pozostałości kultury materialnej, związanej z dolmenami, w rodzaju ceramiki, broni, narzędzi i innych wyrobów czy też inskrypcji, niemożliwe jest dokładne ich datowanie, ale powszechnie przyjmuje się, że o stulecia poprzedzały inwazję Izraelitów.

Ze skupiska dolmenów, które zwiedziliśmy, mieliśmy dobry widok na dolinę Jordanu, którą płynęła dziwacznie powyginana w meandrach rzeka. Widzieliśmy także głęboką dolinę rzeki Jabbok, nazywanej dzisiaj Wadi Zerqa. Dolina Jabboku głęboko wrzyna się w górzystą krainę, tak jak i inne rzeki Transjordanii, lecz dolina Jabboku jest o wiele szersza.

W jednym z brodów Jabboku walczył Jakub z niebiańskim przeciwnikiem przed spotkaniem z bratem Ezawem. Tam też zmienił swe stare imię Jakub — „uzurpator" na nowe imię Izrael — „Z Bogiem walczący" lub „zwycięzca Boży" (zob. Rdz 32). Potomkowie Jakuba z dumą nosili to imię i noszą po dzień dzisiejszy. Mimo, że dolina Jabboku jest mniej malownicza od kanionów Arnonu i Zered, to jednak jest bardziej urodzajna, a liczne sady, winnice i ogrody warzywne nadają jej swoisty urok.

Ruiny starożytnej Gerasy. W tle rzymskie forum otoczone kolumnami.

Gerasa, miasto z czasów apostołów

Kilka kilometrów na północ od doliny leży Dżerasz, starożytna Gerasa, z najrozleglejszymi w całej Palestynie ruinami. Gerasa była jednym z miast Dekapolis — związku dziesięciu wolnych miast, kilkakrotnie wymienianym w połączeniu z działalnością Chrystusa (zob. Mr 7,31), chociaż nazwa Gerasa nigdzie w *Biblii* się nie pojawia.

Ponieważ żadne inne miasto Palestyny nie pozostawiło nam tak wspaniałych i rozległych ruin, wizyta w Dżerasz jest jak najbardziej pożądana. Uważne oglądanie ruin dostarczy współczesnemu podróżnikowi wspaniałych wrażeń na temat wyglądu dużego miasta palestyńskiego w okresie wczesnego chrześcijaństwa.

Kilka starożytnych bram muru miejskiego ciągle stoi, można również przejść się wzdłuż jednej z głównych ulic, idąc po tej samej nawierzchni, po której chodzili apostołowie, a możliwe że i Chrystus. Po obu stronach głównej ulicy stało 520 kolumn, z których 75 ciągle istnieje. W nawierzchni widać głębokie bruzdy wyżłobione przez koła starożytnych rydwanów i powozów. Co kilka metrów znajduje się przykryty kamiennym wiekiem otwór połączony z kanałem odprowadzającym wodę deszczową. Dwa dobrze zachowane teatry, piękne forum, kilka świątyń i duże łaźnie rzymskie, potrójny łuk tryumfalny, akwedukt, publiczna fontanna zwana Nimfeum i kilka kościołów chrześcijańskich z późniejszych okresów z pięknymi mozaikami — wszystko to stanowi bogaty materiał do studiów dla historyka starożytności, tak że nawet pośpieszne zwiedzanie miasta jest bardzo pożyteczne. Jest to jedyne miejsce w Palestynie, gdzie można uzyskać dobrą ilustrację życia w dużym mieście z czasów Chrystusa.

Na północ od Dżerasz leży kraina Gilead, słynąca w starożytności z balsamu (zob. Jr 8,22). Balsam gileadzki uzyskuje się z soku drzewnego i na całym Wschodzie aż do Indii używany jest ciągle w celach leczniczych. Po raz pierwszy w naszej podróży przez Trans Jordanię natknęliśmy się na lasy. Chociaż nie są tak rozległe jak lasy w innych krajach, to jednak zalesione wzgórza Gileadu stanowiły wspaniały kontrast z pustynnymi obszarami, do których zaczęliśmy się już po trochu przyzwyczajać. Rosły tam karłowate dęby i sosny, najpopularniejsze drzewa w tych lasach. Przypominały nam one bitwę między wojskami Dawida i Absaloma, która miała miejsce w tym rejonie, a podczas której zbuntowany syn Dawida zaplątał się głową w gałęzie dębu (zob. 2 Sm 18,9).

31

Arabowie krajów biblijnych

W poprzednich trzech rozdziałach wspólnie podróżowaliśmy wzdłuż i wszerz Transjordanii, zwiedzając ruiny miast starożytnych ludów, spoglądając ze szczytów na fascynujące krainy wschodniej Palestyny, przekraczając głębokie kaniony rzek i wędrując setki kilometrów przez pustynie kamiennymi lub piaszczystymi szlakami. Jednak mało mówiliśmy o ludziach, których spotkaliśmy w tych historycznych krajach. Dlatego ten rozdział wyłącznie im poświęcimy.

Większość krajów biblijnych jest zamieszkałych przez Arabów, dumnych synów wielkiego Półwyspu Arabskiego. Jednak podróżując przez różne kraje Bliskiego Wschodu, wyraźnie dostrzega się ogromne różnice etniczne między narodami mówiącymi po arabsku. Oczywiste jest, że są oni mieszanką pierwotnych mieszkańców różnych krain i przybyłych Arabów, którzy w VII w. n.e. zajęli wszystkie kraje wschodniego rejonu Morza Śródziemnego.

Również Zachód wywarł ogromny wpływ na zmiany w krajach arabskich. W rezultacie tego prawie cały Bliski Wschód przyjął kulturę Zachodu do tego stopnia, że czysto arabskie zwyczaje można napotkać tylko we właściwej Arabii lub na obrzeżach Półwyspu Arabskiego, jak np. w Transjordanii. Można tu więc spotkać człowieka pustyni, ciągle żyjącego w patriarchalnej tradycji, u którego jednak zaznaczają się zalety i wady zachodniej cywilizacji.

Podczas podróży przez góry i pustynie Transjordanii poznaliśmy pewnego Araba, całkiem innego od swoich krewniaków w Zachodniej Palestynie, Egipcie, Syrii i Iraku. Był ubogi w dobra cywilizowanego świata, lecz bogaty w tradycję. Nie był wysoko kształcony, lecz posiadał zdrowy rozsądek i własną filozofię życia. Kontrast z nowoczesną cywilizacją uważał za przywilej, ponieważ dumny syn pustyni zazwyczaj nienawidzi zurbanizowanego życia. Często siedząc w obozie Beduinów, bywałem zaskakiwany pamięcią mych niepiśmiennych arabskich gospodarzy, którzy opowiadali historie wojen plemiennych, toczących się wiele pokoleń wstecz. Byłem zupełnie zaskoczony ich zdolnością do odtwarzania genealogii, wymieniając imiona swych przodków w nieprzerwanej sekwencji, aż kilkaset lat do tyłu. Nie mogłem powstrzymać się od porównania moich arabskich przyjaciół z patriarchami, którzy ustnie przekazywali w ciągu wieków niezmienione informacje historyczne. Odkryłem, że arabskie zwyczaje i warunki życia są tak podobne do biblijnych postaci z pierwszych jej ksiąg, że ciągle wyobrażałem sobie, iż żyję trzydzieści czy czterdzieści wieków temu. Czasami wydawało się dziwne i nierealne przebywanie w świecie, który poznajemy tylko z pierwszych ksiąg *Biblii*.

Aby zrozumieć ten naród, należy żyć wśród nich przez lata i znać ich język. Ponieważ spędziłem tylko kilka tygodni wśród pustynnych Arabów i musiałem

Namiot Beduinów na pustyni

korzystać z tłumacza, zostałem w ich oczach zdyskwalifikowany. Jednak moje tutejsze doświadczenia były tak różne od przeżyć w innych krajach, a jednocześnie tak cenne, że chcę podzielić się nimi z czytelnikami, którzy poprzez to lepiej zrozumieją, jak wyglądało życie w czasach biblijnych i przebywanie z patriarchami, kiedy przemierzali pustynie Arabii.

Jedną z najbardziej charakterystycznych cech Arabów, która należy do ich cech narodowych, jest ich bezinteresowna gościnność. Przez kilka tygodni spałem i jadłem z Arabami w ich wioskach, miastach, a od czasu do czasu w namiotach. I zawsze podziwiałem ich gościnność. Bez względu na to, czy pojawiliśmy się w wiosce w środku nocy, czy też w ciągu dnia, byliśmy gościnnie przyjmowani. Bez różnicy, czy naszym gospodarzem był prowincjonalny zarządca, starszy wioski, policjant czy Beduin w lichym pasterskim namiocie — wszędzie nasi gospodarze byli przyjaźni, sympatyczni i chętnie służyli pomocą.

Pozwolę sobie opisać przyjęcie, jakie nas spotkało w małej wiosce, w sercu kraju Edomitów, w południowej Transjordanii. Ponieważ było to moje pierwsze zetknięcie się z arabską gościnnością, przeżycie to pozostawiło silniejsze wrażenie niż przy innych okazjach.

Gdy o zachodzie słońca przybyliśmy do wioski, jej naczelnik przeznaczył dla nas puste pomieszczenie i zaprosił na posiłek do swego domu, jak tylko się urządzimy. Po rozładowaniu samochodu i zmyciu pustynnego kurzu udaliśmy się do domu gospodarza, który wysłał po nas chłopca z lampą. Zauważyliśmy ożywione przygotowanie do dużego posiłku. Zabito owcę, której mięso teraz się gotowało wraz z wielkim kotłem ryżu. Na przyjęcie zostali zaproszeni szacowni obywatele wsi, m.in. policjant, nauczyciel i lekarz — krajowiec. W ten sposób znaleźliśmy się w towarzystwie ok. 20 osób zebranych w jednym pokoju. Przed wejściem do domu zdjęliśmy buty; tym Arabom, którzy przyszli boso, służący mył nogi.

Gdy usadowiliśmy się na poduszkach, siedząc ze skrzyżowanymi nogami na podłodze, zaczęliśmy słuchać, co Arab mówił do nas przez tłumacza. Był bardzo szczęśliwy, że raczyliśmy zaszczycić jego dom, przyjmując zaproszenie. Próbując naśladować arabski sposób wysławiania, używaliśmy najbardziej kwiecistego języka, jaki znaliśmy, aby wyrazić, jak bardzo doceniamy jego zaproszenie i że czujemy się bardzo uhonorowani.

Gdy nasze nogi zaczęły cierpnąć od niewygodnej pozycji, jedzenie było gotowe i służący wszedł z pustą miską, kawałkiem mydła, ręcznikiem i dzbankiem wody. Na obszarach pustynnych jest bardzo mało wody, dlatego używa się jej oszczędnie. Z tego powodu służący polewał nam ręce cienkim strumieniem. Potem położono na ziemi dwie wielkie srebrne tace, każda taca była napełniona ogromną górą parującego ryżu przykrytego kawałkami baraniny polanej gorącym tłustym sosem. Po raz pierwszy w życiu jedliśmy arabskim sposobem i musieliśmy prosić o kilka wskazówek, gdyż nie używano ani talerzy, ani łyżek, widelcy czy noży. Jedzono po prostu rękami. Nauczyliśmy się, że należy wziąć pełną rękę ryżu, obrócić ją dookoła, ugnieść ryż palcami, następnie podrzucić go kilka razy w powietrzu, aby uformowała się gałka i wtedy dopiero wsadzić do ust. Moja pierwsza próba naśladowania Arabów była bardzo niezdarna. Nie będąc przyzwyczajonym do trzymania gorącego ryżu w gołych rękach, poparzyłem sobie palce, a w czasie próby podrzucania ryżu do góry większą część rozsypałem. Gdy znowu zbyt szybko wkładałem ryż do ust poparzyłem się w język. Na szczęście nie byłem jedynym, który zachowywał się w tak mało dystyngowany sposób, a Arabowie byli zbyt uprzejmi, aby się z nas śmiać. Uśmiechali się tylko i zapewniali, że rozumieją nasze trudności z takim sposobem jedzenia, ale doceniali fakt, że chcieliśmy się go nauczyć.

Ponieważ mięso jest wielkim przysmakiem dla przeciętnego Araba, który z powodów finansowych nie może sobie pozwolić na jego częste spożywanie, moi gospodarze nie mogli zrozumieć, że istnieją tacy ludzie jak ja, którzy wolą jeść ryż bez mięsa. Gdy my, goście, przestaliśmy jeść, nasi gospodarze widząc to natychmiast zaczęli nas zachęcać i częstować. Wiedzieliśmy, że gospodarze i jego przyjaciele mogą jeść dokąd jedzą goście. Wiedzieliśmy również, że nasi przyjaciele nie są jeszcze najedzeni, więc zaczęliśmy znowu jeść aż do momentu, gdy wielkie tace były zupełnie puste. Puste tace zabrał służący, i podobnie jak przed posiłkiem, tak i teraz pomógł nam umyć ręce. Potem podano napój przyrządzony z daktyli i bardzo pachnących przypraw.

Siedząc wśród mieszkańców wioski przy świetle lampy benzynowej, patrzyłem na twarze ludzi, których przodkowie żyli w tym kraju Edomitów. Czułem się jakbym był wśród starożytnych patriarchów, którzy zaprosili nieznajomych do swych domów, nie pozwalając im odejść bez skorzystania z gościny.

Kolacja, którą spożywaliśmy, prawdopodobnie mało różniła się od posiłku, który jedli wędrowcy przybywszy do Abrahama w Mamre (zob. Rdz 18,1-8).

Kilka dni później, w południowym Moabie doświadczyłem jeszcze jednego typowego przejawu arabskiej gościnności. Jadąc przez niezwykle kamienisty teren, złapaliśmy w ciągu dnia dwie gumy, które wymieniliśmy zapasowymi dętkami. Później, wieczorem tego samego dnia, kiedy jechaliśmy przez bezdroża pustyni, siadła kolejna dętka. Przeglądając zestaw narzędzi, stwierdziliśmy, że znajdujące się tam łatki są stare i suche, tak więc istniała mała szansa, że zdołamy naprawić dętkę. Było ciemno, a my staliśmy na pustyni około 30 km na wschód od Kerak, najbliższego miejsca, gdzie mogliśmy zdobyć nowe dętki. Ponieważ w wyżynnej Transjordanii położonej ponad 600 m npm noce są zimne, myśl o noclegu w samochodzie na pustyni nie była zachęcająca. Nie pozostało nam nic innego jak tylko pogodzić się z losem, gdy nagle pojawił się Arab i powiedział, że jego dom znajduje się zaledwie kilka kroków od miejsca, gdzie zepsuł się nam samochód. Zaprosił nas, abyśmy poszli do jego domu. Ź wdzięcznością przyjęliśmy zaproszenie, zresztą odmowa mogła być interpretowana jako przejaw braku zaufania. Poszliśmy do domu składającego się tylko z jednego pomieszczenia. W międzyczasie kierowca próbował zalepić dętkę, a jeden z nas przyświecał mu lampą.

Gdy przybyliśmy do chaty, Arab wygonił swoją rodzinę na dwór, a nas zaprosił do środka, abyśmy się wygodnie rozlokowali. Nie mogliśmy patrzeć na biedną żonę i dzieci skupione razem na zimnym piasku pustynnym i byliśmy skłonni odmówić wejścia do domu. Jednak pogodziliśmy się z gościnnością tego człowieka, gdy przedstawiciel władz podróżujący z nami, zresztą sam Arab, powiedział nam, że jeśli nie przyjmiemy zaproszenia gospodarza, będziemy uważani za wrogów i wyjętych spod prawa. W końcu urządziliśmy się w małej chacie, przynieśliśmy piecyk naftowy, naczynia do gotowania, prowiant i przygotowaliśmy gorący posiłek.

Trochę później z daleka ukazały się światła zbliżającej się do nas ciężarówki. Próbowaliśmy ją zatrzymać, aby jeden z nas pojechał do Kerak i sprowadził pomoc. Gdy kierowca ciężarówki zauważył nas, nacisnął na pedał i uciekł, obawiając się z pewnością, że może dostać się w ręce rabusiów. Przypadek ten pokazał nam, że zatrzymanie się nocą na pustyni arabskiej może być bardzo groźne.

Gdy nasz kierowca powiedział, że wysiłki zmierzające do sklejenia opony zawiodły i że jest mała szansa powodzenia, nasz Arab zaprosił nas do spędzenia nocy w chacie. Chcieliśmy tak zrobić, lecz było nam bardzo szkoda rodziny, która w związku z tym miała pozostać na zimnie. Poprosiliśmy kierowcę, aby jeszcze raz spróbował. Jakże byliśmy zadowoleni, gdy mu się udało, a dętka dała się napompować. Tym samym mogliśmy kontynuować jazdę i oddać skromne lecz ciepłe schronienie gościnnemu Arabowi i jego rodzinie. Jak bezinteresowna była jego gościnność okazało się, gdy nie chciał przyjąć nawet najmniejszego podarunku w dowód naszej wdzięczności. Nie pozwolił nam. płacić za gościnność, która na pustyni nie jest na sprzedaż.

Tej nocy lepiej zrozumiałem biblijną opowieść o Locie. Gdy dwaj nieznajomi przybyli przed zmrokiem do Sodomy, Lot przyjął ich w swym domu i nie tylko był chętny znosić trudy stąd wynikające, lecz nawet poświęcić honor swych własnych córek, aby ochronić gości i zapewnić im bezpieczeństwo i wygodę (zob. Rdz 19,1-9).

Byliśmy prawdopodobnie około 50 km od miejsca, gdzie Lot przechodził doświadczenia nie wiedząc, że przyjmuje aniołów. I chociaż minęły tysiące lat od tego wydarzenia, na tym właśnie terenie znaleźliśmy ludzi, którzy pomimo swego ubóstwa zachowują nadal ten sam zwyczaj gościnności wobec obcych.

Zastanawiałem się, czy my, chrześcijanie, potrafilibyśmy kogoś nieznajomego z ulicy zaprosić do naszego domu i poświęcić wszystkie wygody po to, aby gość czuł się zadowolony, tak jak to zrobił Arab, gdy zepsuł się nam samochód na ziemiach starożytnego Moabu. Te i inne przeżycia z dumnymi Arabami były dla mnie wysoce budujące. Pielęgnuję pamięć o nich, a mym jedynymi pragnieniem jest znalezienie sposobów przekazania tym wspaniałym ludziom ewangelii Jezusa.

W LIBANIE, SYRII I AZJI MNIEJSZEJ

Morze Czarne
Alaca Hüyük
Ankara
Hattusa (=Boghazköy)
Aliszar Hüyük
ANATOLIA
Kültepe
Karatepe
Ceyhan
Eufrat
Tars
Issos
Karkemisz (=Dżerablus)
Ugarit
(=Ras Szamra)
Aleppo
SYRIA
Latakia
Hamat
Cypr
Kadesz
Dura - Europos
Babylos
Palmyra
Bejrut
LIBAN
Sydon
ANTYLIBAN
Damaszek
Tyr
Morze Śródziemne
Jordan
JORDANIA
Jerozolima
EGIPT
SYNAJ
Nil
km
250
500
Morze Czerwone

32

Damaszek, raj Arabów

Wśród miast Bliskiego Wschodu, uważanych przez Arabów za święte, Damaszek zajmuje przodujące miejsce. Mekka, gdzie urodził się Mahomet, jest najświętszym miastem; po niej następuje Medyna, gdzie prorok przez długi czas żył i działał. Trzecie miejsce zajmuje Jerozolima, skąd Mahomet wstąpił do nieba; kolejnym miejscem jest już Damaszek — ziemskie odbicie niebiańskiego raju. Legenda mówi, że gdy Mahomet, Arab z pustyni, będąc w drodze do Damaszku, przypatrywał się miastu z pobliskiej góry i spostrzegł bujne winnice i urodzajne pola, wzbraniał się wejść do tego miasta. Nie chciał — jak mówił — zepsuć sobie przedsmaku raju, kosztując z tego ziemskiego odbicia.

Dla Arabów, którzy tygodnie i miesiące spędzają na pustyniach Arabii, Syrii i Transjordanii, Damaszek jest ciągle — jak dla Mahometa — doczesnym rajem. Leży w oazie na zachodnim krańcu wielkiej pustyni syryjskiej i jest otoczony z trzech stron górami. Rozległe ziemie uprawne są nawadniane licznymi strumieniami biorącymi początek z gór Antylibanu. Dwa z nich są wychwalane w *Biblii*: „Czy rzeki damasceńskie Abana i Parpar nie są lepsze od wszystkich wód izraelskich?" (2 Krl 5,12).

W promieniu wielu kilometrów wokół miasta rozciągają się intensywnie zagospodarowane ogrody warzywne i owocowe oraz pola uprawne. Wzdłuż kilku głównych ulic stoją topole i inne dające dużo cienia drzewa-symbole urodzajności i troskliwości, rzadkiej w orientalnych miastach.

Damaszek liczy ok. 1,5 mln* mieszkańców i jest jednym z największych miast Bliskiego Wschodu. Arabowie uważają go za najstarsze, nieprzerwanie zamieszkałe miasto świata. Zawsze było miastem karawanowym, którego znaczenie można porównać z miastem portowym. Gdy miasta fenickie bogaciły się przez handel morski, Damaszek osiągał dobrobyt i świetność w wyniku handlu z krajami leżącymi wokół Pustyni Arabskiej. Wymiana towarów odbywała się głównie na „okrętach pustyni", czyli na grzbietach wielbłądów. Dama-

* Aktualnie Damaszek liczy blisko 2 mln mieszkańców, a łącznie z przedmieściami zamieszkuje tam 4,5 mln osób.

szek leży na skrzyżowaniu kilku ważnych szlaków, które prowadzą z fenickich wybrzeży do Mezopotamii, z Anatolii i Syrii do Palestyny i dalej do Egiptu. Mieszkańcy zrozumieli, że z tego nader dogodnego położenia geograficznego można czerpać korzyści. Z tego też powodu miasto posiadało bogatą historię. Jest wspomniane już w sprawozdaniu o patriarchach (zob. Rdz 15,2); odtąd istnieje nieprzerwanie aż do dnia dzisiejszego.

Ulica dzisiejszego Damaszku

Gdy czytelnik *Biblii* słyszy o Damaszku, zapewne od razu przychodzi mu na myśl nawrócenie apostoła Pawła, żarliwego prześladowcy chrześcijan. Niedaleko miasta słyszał głos: „Saulu, Saulu, czemu mnie prześladujesz?" (Dz 9,4). Dokładne miejsce, na którym wielki misjonarz otrzymał nowe życie przeobrażone niebiańskim objawieniem, nie jest znane. Turystom pokazuje się dzisiaj miejsce na południowy wschód od miasta przy chrześcijańskim cmentarzu. W średniowieczu natomiast miejsce nawrócenia apostoła Pawła pokazywane było na południowy-zachód od miasta.

Również nie wiemy, gdzie znajdowało się okno w murze miejskim, przez które Paweł uciekł przed żydowskimi prześladowcami (zob. 2 Kor 11,32-33). Turystom pokazywane jest miejsce znajdujące się na odcinku murów miejskich, których dolna część pochodzi z czasów Omajjadów (661—750 n.e.), a górna — z najmłodszego okresu panowania tureckiego. Okno, przez które Paweł został rzekomo spuszczony, wykonane zostało dopiero w XX wieku.

Z większym prawdopodobieństwem możemy zidentyfikować „ulicę, którą zowią Prostą" (Dz 9,11). Bóg objawił Ananiaszowi, że tam mieszkał młody faryzeusz, który szedł do Damaszku z zamiarem prześladowania gminy chrześcijańskiej. Zamiast tego odnalazł Chrystusa i miał się teraz stać gorliwym naśladowcą nowego Pana.

Ulica, dzisiaj nazwana Suk et-Tawileh, biegnie przez całe miasto prawie prostą linią ze wschodu na zachód. Posiada ponad 1,5 km długości i jest najprawdopodobniej identyczna z ulicą Prostą.

Około 300 m na północ od wschodniej bramy, przy małej alei znajduje się tradycyjny dom Ananiasza. Autentyczności tej tradycji nie da się udowodnić. Bez wątpienia chodzi tu o bardzo wczesne chrześcijańskie miejsce zgromadzeń w mieście. Odwiedzenie tego budynku jest w związku z tym bardzo wartościowe.

Zapukaliśmy do drzwi i otworzyła nam syryjska kobieta, chrześcijanka. Poprowadziła nas schodami na dół do małej podziemnej kaplicy o wysokim sklepieniu i chłodnych kamiennych ścianach*. Światło dzienne wpadało tylko przez drzwi i zakratowane okno w suficie. Prosta kazalnica, kilka drewnianych ław, wyblakłe malowidła ścienne — to wszystko, co znajduje się w tej prostej kaplicy, w której ciągle odprawiane są nabożeństwa przez gminę syryjskich chrześcijan. Gdyby nawet tradycja myliła się i nie był to dom Ananiasza, a Paweł nie modlił się tutaj, to jednak nie ma żadnej wątpliwości, że jest to wczesnochrześcijańska kaplica. Jej prostota i ubóstwo przynosi ulgę chrześcijaninowi nie potrzebującemu przepychu i wystawnej okazałości (jak np. w Bazylice Grobu Pańskiego w Jerozolimie), aby czuć się zbudowanym na duchu.

W półmroku bazarów

Pobyt w Damaszku jest także pod wieloma innymi względami bardzo wartościowy. Damaszek jest najszybciej rozwijającym się miastem Bliskiego Wschodu. Wzniesiono tu piękne nowe dzielnice mieszkaniowe i budynki użyteczności publicznej w nowoczesnym stylu. Jako pierwszy w osmańskim państwie Damaszek posiadał elektryczną linię tramwajową. Jednak turystę najbardziej pociąga i fascynuje centrum miasta z kilometrowymi bazarami.

Jak w innych bliskowschodnich miastach, także i tu kramy są podzielone według oferowanych towarów. Na kilku bazarach można kupić wyłącznie artykuły spożywcze, na innych — tylko srebrne wyroby. Wydzielone ulice okupywane są przez handlarzy dywanami i jedwabiem oraz przez ludzi pożyczających na procent pieniądze. Sklepy są otwarte na oścież, a ulice zupełnie zakryte metalowymi dachami. Kupujący i sprzedający załatwiają swoje interesy w półmroku chroniącym ich od gorąca syryjskiego słońca.

Bazary Damaszku są wielką atrakcją dla mieszkańców dalekich stron. Nie tylko Syryjczycy, lecz także Jordańczycy i Arabowie z pustyni przybywają tu, aby zrobić zakupy. Kobiety znajdują tu najdelikatniejsze jedwabie, brokaty i klejnoty, a mężczyźni najlepszą odzież, nakrycia głowy, siodła z przyborami dla konia i broń, tak drogą sercu każdego Araba z pustyni, bez której nigdy nie opuszcza swego namiotu. Poza tym ulice targowe Damaszku są miejscem spotkań ludzi różnych warstw społecznych — wykształconych Syryjczyków, prostych ludzi z gór Libanu, wieśniaków z doliny Bekaa i Beduinów z pustyni.

Świat najwspanialszych meczetów

Najsłynniejszą budowlą Damaszku, którą każdy turysta musi odwiedzić, jest potężny meczet Omajjadów, jeden z 250 meczetów miasta. Miejsce,

* W latach późniejszych kaplica otwarta była przez cały dzień dla pielgrzymów i zwiedzających. Obecnie ze względu na działania wojenne odradza się wyjazdów do Syrii. W wielu rejonach tego kraju chrześcijanie są prześladowani.

Rzeka Barada płynąca przez Damaszek, w *Biblii* nazywano ją Abana.

na którym stoi, jest od niepamiętnych czasów uważane przez mieszkańców za święte. Uczeni przypuszczają, że wspomniana w historii Elizeusza świątynia Rimmona (zob. 2 Krl 5,18) stała właśnie na tym miejscu. W czasach rzymskich wznosiła się tu świątynia Jupitera. Gdy w IV w. rzymskie imperium uczyniło chrześcijaństwo religią panującą, pogańska świątynia została zamieniona na kościół. Potężna budowla, którą wzniósł cesarz Teodozjusz jako katedrę dla Syrii, została poświęcona w 379 roku Janowi Chrzcicielowi, którego głowę przechowuje się w specjalnej kaplicy wewnątrz katedry. Gdy w 634 r. Arabowie zdobyli Damaszek, przejęli połowę kościoła i zmienili na meczet. Drugą połową zostawili chrześcijanom. W 705 r. kalif Walid przepędził chrześcijan z ich części i rozszerzył budowlę do dzisiejszych rozmiarów. Od tego czasu jest to prawdopodobnie największy meczet na świecie — 131 m długości i 36 m szerokości. Jedna z części kompleksu budynków posiada nawet 149 m długości i 99 m szerokości.

Meczet Omajjadów pod względem architektonicznego i rzemieślniczego wykończenia nie ustępuje innym, słynnym islamskim budowlom, jak np. Kopuła Skały w Jerozolimie. Wysoki poziom sztuki architektonicznej jest niestety zagłu-

Tradycyjny dom Ananiasza, w którym chrześcijanie z Syrii nadal zbierają się na nabożeństwa.

Meczet Omajjadów w Damaszku

szony przez przy legające do meczetu ze wszystkich strony domy i kramy. Z tej przyczyny trudno sobie wyobrazić wygląd zewnętrzny budowli. Zanim wszedłem do sławnego meczetu, musiałem, jak w innych świętych miejscach mahometan, ściągnąć obuwie. Meczet jest podzielony przez dwa rzędy pięknych kolumn korynckich z granitu, wapienia i marmuru na trzy równej wielkości nawy. Wspomniany już kalif Walid wznosząc meczet, kazał sprowadzić te kolumny z wielu pogańskich świątyń i chrześcijańskich kościołów. Środkowa kopuła podpierana czterema masywnymi filarami znajduje się nad grotą, gdzie w złotej szkatule przechowywana jest domniemana głowa Jana Chrzciciela. Gdzie spojrzeć, wszędzie znajdują się przepiękne dekoracje. Kto interesuje się wczesnochrześcijańską i islamską sztuką, znajdzie tu bogaty materiał do studiów.

Na mnie szczególne wrażenie wywarł grecki napis nad południowym portalem: „Twoje królestwo, Chryste, jest wiecznym królestwem, A Twoje panowanie trwa z pokolenia na pokolenie". Ten napis z IV w. n.e. mógł zostać na swym pierwotnym miejscu także wtedy, gdy kościół zamieniono na meczet. Chociaż budowla od ponad 1200 lat służy niechrześcijańskie j religii, napis niezmiennie wskazuje na wieczną potęgę Królestwa Chrystusa.

Po meczecie Omajjadów oprowadzał nas miły i dużo wiedzący Arab, który zwracał naszą uwagę na piękno budynku, mówił nam o wielu szczegółach z historii budowli, których nie można znaleźć w zwykłych przewodnikach. Ponieważ wiedział, że jesteśmy chrześcijanami, wskazał nam czworoboczny minaret przy południowym narożniku, noszący nazwę Medinet Isa, co znaczy „Minaret Jezusa". Arabowie wierzą, że w dniu sądu ostatecznego na ten minaret zstąpi Jezus, aby zniszczyć antychrysta. W tej muzułmańskiej tradycji zachowała się chrześcijańska nauka o powtórnym przyjściu Chrystusa jako Króla i zwycięzcy zła.

Nie sposób opisać w tym rozdziale wszystkich, bardzo interesujących osobliwości, które ma do zaoferowania Damaszek. Większość z nich tak, jak grób Saladyna — pogromcy krzyżowców, związana jest z islamską historią i religią. Dla mnie jako archeologa najbardziej interesujące były odwiedziny w Muzeum Starożytności. Znajdują się tam m.in. liczne obiekty odkryte w ostatnich latach w Mari, Ras Szamra (Ugarit) i innych miejscach. Na ekspozycji znajdują się piękne wyroby z kości słoniowej starożytnych Kanaanejczyków, które ozdabiały kiedyś meble w pałacu króla w Ugarit, kamienne posążki Sumerów, liczące 4 tys. lat oraz gliniane tabliczki, które znacznie wzbogaciły naszą wiedzę o starożytnej historii. Nie będę wymieniał wielu zabytków, które interesują wyłącznie archeologów, jednak chciałbym wspomnieć o dwóch eksponatach mających szczególne znaczenie dla czytelnika *Biblii*.

Pierwszym z nich jest w pełni zachowana synagoga żydowska, pochodząca z pierwszych wieków ery chrześcijańskiej. Została odkryta w Dura-Europos nad Eufratem, a następnie przeniesiona do Damaszku i zrekonstruowana w muzeum. Jej ściany pokryte są malowidłami przedstawiającymi epizody ze starotestamentowej historii. Są one najstarszym zachowanym dziełem sztuki, opiewającym zdarzenia biblijne. W związku z tym wizyta w tym bardzo starym żydowskim miejscu zgromadzeń jest bardzo interesująca.

Drugim eksponatem, o którym chcę wspomnieć, jest mała tabliczka gliniana, odkryta w 1949 r. w Ras Szamra. Dziś zajmuje ona honorowe miejsce w muzeum. Wartość jej polega na tym, że zawiera kompletny alfabet, który używali Kanaanejczycy w XV w. p.n.e., spisany w kanaanejskim piśmie klinowym Pierwszą literą tego alfabetu jest alef, drugą bet, w których z łatwością rozpoznajemy części składowe naszego słowa alfabet. Było to wielkim zaskoczeniem dla uczonych, że kanaanejski alfabet z XV w. p.n.e. był ten sam, co we współczesnych hebrajskich słownikach.

Gdy przypomnimy sobie, że jeszcze kilkadziesiąt lat temu uczeni nie wierzyli w istnienie alfabetycznego pisma w czasach Mojżesza, a dzisiaj dysponujemy nie tylko setkami tekstów w piśmie klinowym z tego właśnie okresu, lecz nawet kolejność liter w alfabecie była wówczas taka sama jak dziś, zauważymy wartość nieocenionych usług, jakie wyświadczyła archeologia *Biblii*.

33

Tyr i proroctwa Ezechiela

A więc ma Pan zamiar jechać do krajów biblijnych?

— Tak.

— Czy będzie Pan w Tyrze?

— Mam nadzieję, że będę.

— Jestem ciekawy, co Pan powie, gdy zobaczy Pan Tyr.

Na tyryjskiej wyspie leży kwitnące miasto, a według *Biblii* powinna tam być jedynie naga, wyludniona skała. Jak wyjaśni Pan proroctwo Ezechiela, że Tyr nie będzie nigdy więcej odbudowany?

Przed podróżą na Bliski Wschód miałem kilka tego rodzaju rozmów, które świadczą, jak wielu czytelników *Biblii* boryka się z tym problemem. Studia nad historią starożytną i zainteresowanie biblijnymi proroctwami sprawiły, że z niecierpliwością oczekiwałem na wizytę w słynnych miastach Fenicji, a szczególnie w Tyrze.

Współczesne państwo Liban ogólnie biorąc leży na obszarze starożytnej Fenicji, której największymi miastami były Byblos, Sydon i Tyr.

Pierwszym obcym miastem, najwcześniej wymienionym w źródłach egipskich, było Byblos, skąd Egipt, ubogi w lasy, sprowadzał drewno cedrowe do celów budowlanych. Rolę przodującego miasta przejął później Sydon, lecz wkrótce musiał ustąpić Tyrowi. Dzisiaj te wielkie miasta starożytności spadły do roli stosunkowo nieznanych, małych miejscowości. Bejrut*, który w starożytności zajmował wśród fenickich miast podrzędne miejsce, jest obecnie rozwijającą się stolicą kraju.

Z Bejrutu do Sydonu wzdłuż linii wybrzeża prowadzi autostrada. Po przejechaniu 30 km żyzną, nadmorską równiną, mając po prawej stronie błękitne Morze Śródziemne, a po lewej — góry Libanu, docieramy do małej miejsco-

* W starożytności Bejrut nazywany był Berytus.

wości Saida, starożytnego Sydonu. Mieszkańcy (około 34 tys.) są przeważnie muzułmanami. Przed wiekami miasto słynęło z wyrobów szklanych, lin, farby purpurowej i perfum. Dzisiaj Sydon jest typowym libańskim miastem nadmorskim z dobrze prosperującym rybołóstwem. Na małej wyspie połączonej z lądem częściowo zniszczoną tamą stoją ruiny średniowiecznego zamku i kilka przewróconych kolumn. Bardzo mało starożytnych ruin jest widocznych na powierzchni ziemi.

Pozostałości starożytnego Tyru

Tyr znajduje się 40 km na południe od Sydonu, leży na półwyspie utworzonym z dawnej wyspy i grobli łączącej ją z lądem, będącej dziełem Aleksandra Wielkiego. Współczesny Sur ma 16 tys. mieszkańców, większość to chrześcijanie. Łodzie rybackie zacumowane są w niepokaźnym porcie, który

Ruiny Sydonu z czasów rzymskich

Ruiny Tyru z końca drugiego stulecia naszej ery. Nie można dziś dokładnie ustalić pozostałości kontynentalnego Tyru z czasów *Starego Testamentu*, które zniszczył Aleksander Wielki.

chronił kiedyś flotę będącą najsilniejszą potęgą morską. Tam, gdzie wcześniej wyładowywano, składowano i załadowywano towary z wielu krajów, dzisiaj rybacy naprawiają i płuczą sieci.

Pozostałości starożytnego Tyru są wszędzie widoczne. Granitowe kolumny i bloki kamienne ze starożytnych budowli i konstrukcji portowych znajdują się w morzu i na brzegu. W wielu miejscach zachowały się nieuszkodzone mury należące kiedyś do rozległych urządzeń portowych wspaniałego nadmorskiego miasta. Naukowe badania podwodne ostatnich lat wykazały, że sławne porty tyryjskie były dużych rozmiarów. Najnowsze wykopaliska podjął Emir Maurice Chebab, dyrektor Libańskiego Departamentu Starożytności, w południowej partii półwyspu, wolnej od współczesnej zabudowy. Praktycznie wszystkie ruiny, które odkryto, wśród nich ogromny hippodrom, pochodzą z rzymskich czasów. Jak dotąd fenickie pozostałości znaleziono jedynie w małych sektorach.

Tyr został założony prawdopodobnie przed 2000 r. p.n.e., lecz do początku I tys. p.n.e. nie odegrał żadnej znaczącej roli w historii. Pierwszym królem Tyru, którego znamy, był Abibaal, ojciec Hirama, który stał się przyjacielem króla Salomona. Hiram pomagał izraelskiemu królowi budować świątynię i pałace w Jerozolimie. Okręty Hirama wzięły także udział w wyprawie handlowej do kraju Ofir (zob. 1 Krl 5,15-18; 10,22).

Starożytny Tyr składał się z dwóch części: rozległej dzielnicy mieszkalnej leżącej na lądzie, którą pisarze klasyczni nazwali Palaityros, co znaczy „Stary Tyr"; natomiast składy towarów, arsenały, faktorie, znajdowały się na małej wysepce skalnej tuż koło brzegu.

W razie niebezpieczeństwa ludność mogła na tę wyspę uciec i uniknąć zagłady lub deportacji. Rzeczywiście bardzo często była ona miejscem schronienia dla Tyryjczyków. Pliniusz Starszy donosi, że podwójne miasto — Palaityros i Tyr — było otoczone murami o długości 19 mil rzymskich (28 km).

Tyryjscy kupcy poprzez utrzymywanie stosunków handlowych z całym światem śródziemnomorskim stali się bajecznie bogaci. Zewnętrzny wygląd miasta całkowicie odpowiadał powszechnemu dobrobytowi i bogactwu. Opis w *Księdze Ezechiela* pozwala wyobrazić sobie świetność metropolii. Prorok porównuje pozycję króla Tyru ze wspaniałością, jaką miał przed upadkiem szatan będąc w niebie cherubem nakrywającym (zob. Ez 28,12-17).

Przepowiednie Ezechiela

Pierwszą, wielką próbę wytrzymałości i mocy przeszedł Tyr w czasach chaldejskiego imperium Nebukadnesara. Gdy w 586 r. p.n.e. babiloński król zniszczył Jerozolimę, Ezechiel przepowiedział także upadek i zniszczenie Tyru. Tyr będzie osądzony z powodu jego dumy, niesprawiedliwości i radowania się z zagłady Jerozolimy.

„Ponieważ Tyr mówił o Jezuralemie:
Cha! Cha! złamana jest brama ludów!
Otwarła się przede mną.
Ja się wzbogacę przez jego spustoszenie,
Dlatego tak mówi Wszechmocny Pan:
Oto wystąpię przeciwko tobie, Tyrze!
Wywiodę przeciwko tobie liczne narody,
jak morze, gdy podnosi fale.
I zburzą mury Tyru, i rozwalą jego wieże;
zmiotę z niego jego kurz i uczynię z niego nagą skałę.
Będzie miejscem, gdzie rozciągają sieci rybackie pośród morza —
gdyż Ja powiedziałem — mówi Wszechmocny Pan —
i stanie się łupem narodów.

Jego miasta podległe na lądzie będą podbite mieczem.
I poznają, że Ja jestem Pan.
Gdyż tak mówi Wszechmocny Pan:
Oto ja sprowadzę na Tyr z północy Nebukadnesara,
króla babilońskiego, króla królów,
z rumakami, rydwanami, jeźdźcami i licznym wojskiem.
On wybije mieczem twoje podległe miasta,
usypie przeciw tobie wał i postawi przeciw tobie dach z tarcz. (...)
Zrabują twoje skarby i splądrują twoje towary,
rozwalą twoje mury i zburzą twoje wspaniałe gmachy;
twoje kamienie, twój budulec i twój gruz wrzucą do morza. (...)
Obrócą cię w nagą skałę;
Będziesz miejscem, gdzie rozciągają sieci rybackie;
Już nigdy nie będziesz odbudowany,
gdyż Ja, Pan, to powiedziałem" (Ez 26,2-8.12.14).

Rok po tej przepowiedni Nebukadnesar rozpoczął oblężenie Tyru. Trwało ono 12 lat. Miasto na lądzie zostało zupełnie zniszczone, tak jak mówiło proroctwo. Król Nebukadnesar nie był jednak w stanie opanować wyspy, na którą uciekła większość mieszkańców. Potrzebowałby do tego okrętów, lecz nimi nie dysponował. W końcu zawarł układ, na mocy którego Tyr uznał hegemonię Nebukadnesara i babilońską kontrolę nad miastem, sprawowaną przez chaldejskiego oficera.

Król Tyru mógł za to pozostać na tronie, a miasto otrzymało status ograniczonej niezależności. Słowa Ezechiela z rozdziału 29,18-20 odzwierciedlają rozczarowanie Chaldejczyków, którzy po długotrwałym oblężeniu Tyru spodziewali się sowitej nagrody.

Prorok jednak zapowiedział, że zapłatę za poniesiony trud uzyskają w Egipcie.

W ciągu następnych 240 lat losy Tyru toczyły się różnymi kolejami. Należał do Babilonii, a potem do Persji. Dobre położenie pod względem strategicznym oraz posiadanie największej floty pozwalało miastu w tym czasie zachować pewną niezależność, a przez natężone stosunki z wieloma krajami śródziemnomorskimi nagromadzić duże bogactwo.

Dzieło zniszczenia Aleksandra

Po zwycięstwie nad Dariuszem III w bitwie pod Issos (333 p.n.e.), Aleksander domagał się wydania perskich posiadłości w Syrii i Fenicji. Tyr odmówił poddania się Macedończykom. Wobec tego Aleksander zarządził oblężenie miasta. Przeprowadził je w sposób mistrzowski.

Nie zamierzał marnować czasu na mozolne i być może bezowocne oblężenie prowadzone według utartej taktyki. Nie powtórzył błędu Nebukadnesara. Przybywając pod Tyr, bezzwłocznie kazał usypać groblę o szerokości 60 m i długości prawie 600 m, łączącą ląd z wyspą. Jako materiał posłużył mu gruz z rozległych ruin i umocnień starego miasta. Wkrótce tama była gotowa. Aleksander ruszył do pierwszego ataku, który jednak nie powiódł się. W związku z tym zgromadził ponad tysiąc okrętów i natarł na wyspę równocześnie z lądu i morza. Oblężenie trwało 7 miesięcy. Tyr uległ pod naporem armii lądowej i floty. Z 40 tys. mieszkańców 8 tys. wycięto w pień, 2 tys. stracono później, a 30 tys. wzięto do niewoli.

Niszcząca działalność wody zmniejszyła nieco obszar wyspy, lecz jednocześnie grobla Aleksandra poszerzyła się wskutek akumulacji mulistego piachu. Dziś mierzy ona 450 m szerokości, prawie tyle co długość dawnej wy-

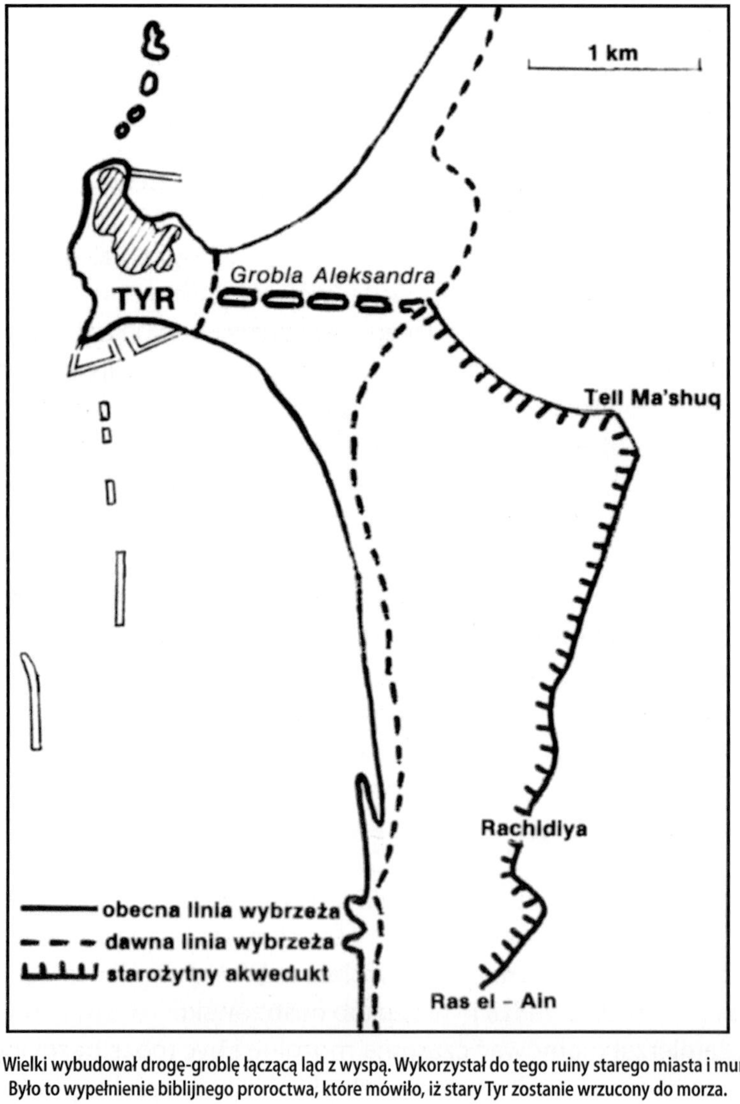

Aleksander Wielki wybudował drogę-groblę łączącą ląd z wyspą. Wykorzystał do tego ruiny starego miasta i mury cytadeli. Było to wypełnienie biblijnego proroctwa, które mówiło, iż stary Tyr zostanie wrzucony do morza.

spy. Z małymi przerwami wyspa była ciągle zasiedlona. Po zniszczeniu przez Aleksandra przeżywała nawet ponowny rozkwit, a w czasach rzymskich stała się ważnym portem. Prowincjonalny charakter dzisiejszego miasta jest skutkiem podboju przez mahometan.

Jak pogodzić te fakty ze wspomnianą przepowiednią Ezechiela, że Tyr miał być nie tylko zniszczony, ale na zawsze miał pozostać niezamieszkały?

Przyglądając się bliżej proroctwu zauważymy, że odnosi się ono — jak wiele innych proroctw — do dwóch różnych okresów. Ezechiel wymienia króla Nebukadnesara jako tego, który ma zniszczyć miasto i zburzyć jego umocnienia. I tak Nebukadnesar uczynił. Dalej powiedziane jest, że z Tyru ma być zmieciony proch. To wypełniło się dopiero za Aleksandra. Przypomnijmy sobie, że w 586 r. p.n.e., gdy Ezechiel obwieścił przepowiednię, na rok przed rozpoczęciem długotrwałego oblężenia przez Nebukadnesara, Tyr z najważniejszą częścią miasta na lądzie stał u szczytu swej potęgi. Prorok musiał mieć na myśli lądową część miasta, a nie wyspę, na której znajdowały się wówczas wyłącznie składy towarów, faktorie i stocznie. O tym, że Ezechiel miał na myśli właśnie tę część miasta, świadczy dokładne wypełnienie się proroctw. Mury i wieże miały być zburzone, a kamienie, belki i gruz rzucone do morza. Ostatniego dopełnił nie Nebukadnesar lecz Aleksander, budując groblę. Obwieszczone zniszczenie dotyczyło więc Palaityros.

Ponieważ cały materiał budowlany miasta został zużytkowany na budowę grobli i wrzucony do morza, nic nie pozostało z wielkiego i sławnego miasta. Do dzisiaj nie udało się jeszcze uczonym stwierdzić dokładnego położenia miasta. Skąpe resztki i ślady budowli starożytnych odnaleziono na lądzie w trzech miejscach, które na dołączonym szkicu nazywają się Tell Mashuq, Rachidija i Ras el-Ain. W Ras el-Ain znajdują się źródła. Wiadome jest, że w czasach rzymskich Tyryjczycy czerpali stamtąd wodę, doprowadzając ją 5 kilometrowym akweduktem, którego ruiny są jeszcze widoczne. Wielu uczonych sądzi, że Ras el-Ain i Rachidija są pozostałościami lądowego Tyru, inni — że Tell Mashuq, jeszcze inni — że te trzy miejsca leżą wewnątrz byłego miasta. Ponieważ Aleksander tak dokładnie uprzątnął ruiny, jedynie nieliczne ślady mogą być kluczem do identyfikacji miasta na lądzie. Prawdopodobnie już nigdy nie będzie można ustalić dokładnego położenia i rozplanowania Palaityros.

Odnośnie lądowego Tyru proroctwo Ezechiela wypełniło się dosłownie. Do części położonej na wyspie nie można go odnieść. Wprawdzie z obu części miasta twierdza na wyspie była w późniejszych czasach ważniejsza, lecz w dniach proroka pełniła rolę podrzędną, będąc jedynie dodatkiem do potężnego centrum kupieckiego leżącego na lądzie. Wyniki badań prowadzonych przez historyków starożytności i archeologów w żadnym przypadku nie zaprzeczają sprawozdaniom biblijnym.

34

Odkrycia w Ras Szamra

W roku 1929 świat obiegły wiadomości o sensacyjnych odkryciach w Ras Szamra. Od tego czasu artykuły poświęcone wykopaliskom w tym miejscu nie schodzą ze stron fachowych pism archeologicznych. W 1928 r. tutejszy wieśniak orał pole na wzgórzu Ras Szamra w północnej Syrii i natknął się na grób kopułowy, w którym znalazł szereg interesujących przedmiotów, wśród nich biżuterię. Gdy o tym odkryciu dowiedział się rząd, sformowano ekspedycję i rozpoczęto w 1929 r. wykopaliska, które są kontynuowane do dziś z jedyną przerwą podczas II wojny światowej.

Istnieje zaledwie kilka miejsc na bliskim Wschodzie, gdzie dokonano tylu zdumiewających odkryć, co w Ras Szamra. W nietkniętych ruinach i warstwach gruzu, zalegających od trzech tysięcy lat, archeolodzy znaleźli setki tekstów na tabliczkach glinianych i na kamieniach, poza tym rzeźby, broń, narzędzia, przedmioty domowego użytku, biżuterię i inne kosztowności — zbyt wiele, aby można było je tutaj wymienić.

Od dyrekcji Muzeum w Damaszku dowiedziałem się, że nowe wykopaliska są w toku. Informacje o odkryciach w Ras Szamra śledziłem prawie od początku, wnikliwie przestudiowałem także wnioski z nich wyciągnięte. Byłem wielce ucieszony, gdy mogłem odwiedzić to miejsce podczas mej pierwszej wizyty w Syrii, w 1953 r. i to podczas wykopalisk.

W ruinach Ras Szamra

Wyjechałem z Aleppo, kierując się do Latakii, najbardziej na północ wysuniętego portu Syrii. Leży mniej więcej na wysokości wschodniego przylądka wyspy Cypr, którą przy dobrej pogodzie można stąd zobaczyć. Kilka kilometrów na północ od Latakii leży Ras Szamra, do 1929 r. znane tylko miejscowej ludności, lecz od momentu odkrycia znane tysiącom uczonych i czytelników *Biblii*. Ponieważ przybyłem dosyć późno, znalazłem grupę badawczą już przy kolacji w obozie. Mimo to zostałem serdecznie przyjęty przez prof. Claude F. A. Schaeffera z żoną; profesora znałem z moich studenckich czasów w Chicago. Po umówieniu się na drugi dzień rano wróciłem na noc do Latakii.

Gdy następnego dnia z samego rana przybyłem do Ras Szamra, praca była już w toku. Na wzgórzu mrowiło się od pracujących ludzi, którzy jednocześnie kopali w kilku miejscach pod kontrolą tęgich nadzorców i członków zagranicznego sztabu ekspedycji.

Miejsca, gdzie w starożytności leżały syryjskie i palestyńskie miasta, są zwykle łatwo rozpoznawane przez swą zewnętrzną formę. Ruiny formują się w nienaturalne wzgórze, dzisiaj z arabskiego nazywane tell. Powstało one w przeciągu wieków na skutek budowy nowych miast na ruinach wcześniej istniejącego. W starożytności osady były często niszczone przez trzęsienia ziemi i wojny. Mieszkańcy prawie zawsze niwelowali ruiny i wznosili budynki na starych fundamentach względnie wykorzystując zachowane mury. W starożytności nie było zwyczaju osadzania fundamentów głęboko w gruncie. W wyniku takich metod budowlanych poziom miasta podnosił się coraz wyżej, a samo miasto stawało się coraz mniejsze. Kilka takich wzgórz osiągnęło wprost niewiarygodną wysokość.

Ruiny Ras Szamra, wśród których znaleziono teksty pochodzące z końca drugiego tysiąclecia p.n.e.

Archeolog rozkopujący tego rodzaju wzgórze ściąga warstwę po warstwie i w ten sposób może zrekonstruować historię miasta. Warstwa najmłodszej osady leży na szczycie tellu, przyjmującego zazwyczaj kształt ściętego stożka, natomiast najwcześniejsze pozostałości znajdują się „na dnie" wzgórza. Jeżeli takie miejsce było zamieszkane bez przerwy setki lat, trzeba najpierw usunąć ogromne masy materiału z arabskiego, bizantyńskiego, rzymskiego i greckiego okresu (oczywiście opracować naukowo i wykorzystać), aby dotrzeć do warstw mających znaczenie dla *Starego Testamentu*. Takie przedsięwzięcie jest bardzo drogie i najczęściej nie jest realizowane.

Ras Szamra jest pod tym względem tańszym miejscem i bardzo rentownym. Jak wykazały wykopaliska, miasto było zasiedlone od początku istnienia Syrii do XIII w. p.n.e. Wówczas Bliski Wschód zalały „ludy morskie", między nimi również Filistyni, i zniszczyły, obok wielu innych w Azji Mniejszej, Syrii i Palestynie, także miasto nazywające się Ugarit. Ugarit już nigdy więcej nie zostało odbudowane. Ostatnia warstwa kulturowa z XIII w. p.n.e. leży więc bezpośrednio pod orną warstwą ziemi, która powstała w ciągu minionych trzech tysięcy lat.

Spacer przez starożytne Ugarit

Mury miejskie w znacznej części zostały odkopane, m.in. zupełnie nienaruszona brama miejska. Jest to jedna z niewielu starożytnych bram miejskich, które odkryto w całości. Jest mniej więcej w takim stanie, jak w czasie zniszczenia miasta kilka tysięcy lat temu.

Do miasta wszedłem przez tę bramę i wdrapałem się na ruiny murów, odsłoniętych w ostatnich dwudziestutu latach. Doszedłem do miejsca, z którego prof. Schaeffer kierował wykopaliskami. Siedział w małej przyczepie samochodowej ustawionej w najwyższym punkcie wzgórza. Stąd mógł obserwować ponad stu robotników pracujących w różnych miejscach. Powitał mnie nowiną, że właśnie odkopano tabliczki z pismem klinowym; na pierwsze z nich natknięto się kilka minut temu.

W ciągu poprzednich dwóch sezonów odsłonięto wielki pałac ostatnich królów Ugarit, a w jego ruinach znaleziono kilka archiwów. Prof. Schaeffer zaprowadził mnie do jednego z pomieszczeń pałacowych, gdzie na własne oczy zobaczyłem wiele potłuczonych i wypalonych tabliczek glinianych. Na pierwszy sygnał, że w tym miejscu natrafiono na tabliczki, robotnicy zostali wycofani, a ich miejsce zajęli doświadczeni archeolodzy. Widziałem jak ostrożnie, przy pomocy scyzoryków i pędzelków wydobywali bezcenne dokumenty, aby uchronić je od dalszych uszkodzeń. Każdy fragment był starannie oznaczany, ostrożnie zawijany i wkładany do małego kartonu. Miejsce znalezienia za każdym razem nanoszono na plan. Fakt, że byłem świadkiem wydobycia na światło dzienne starożytnych dokumentów ukrytych ponad trzydzieści wieków, był dla mnie bardzo wzruszający.

Później poprowadzono mnie do innego pomieszczenia, gdzie odkopano piękny, okrągły stół. Blat ozdobiony był inkrustacją z kwiatów wykonanych z kości słoniowej. Drewno stołu zupełnie zbutwiało, lecz doskonale zachowała się inkrustacją z kości słoniowej, która określa dokładny wymiar stołu. Po sfotografowaniu ponumerowano tysiące kawałków kości słoniowej i naniesiono na plan, aby w ten sposób umożliwić odtworzenie całego stołu w muzeum w Damaszku.

Wracając do bazy, na prof. Schaeffera czekał już jeden z nadzorców z dopiero co odkopanym kamieniem podobnym do tabliczki glinianej. Po bliższych oględzinach okazało się, że jest to zwykły kamień. Ten sam nadzorca w parę minut później przyszedł jeszcze raz i położył na ręce kierownika ekspedycji prawdziwą, doskonale zachowaną tabliczkę z tekstem w alfabetycznym piśmie klinowym.

To odkrycie wywołało emocje nie tylko we mnie — spotkałem się z tym po raz pierwszy w życiu, lecz także u archeologów i robotników, którzy byli już właściwie do tego przyzwyczajeni. Podniecenie, które przyciągnęło wszystkich na miejsce odkrycia, było tak duże, że profesor musiał upominać swych ludzi, aby pracowali ostrożnie i nie uszkodzili narzędziami ewentualnych dokumentów, które jeszcze mogły znajdować się w ziemi.

Kiedy kilka minut później znaleziono kolejną tabliczkę również w dobrym stanie, tak bardzo uskrzydliło to pracowników, że przy najlepszych chęciach nie mogli pracować powoli i ostrożnie, jak się tego od nich żądało. Z tego powodu zarządzono krótką przerwę, aby ludzie ochłonęli i ostudzili nieco swe temperamenty. Przełożeni jeszcze raz upomnieli, że kto nie będzie pracował powoli i ostrożnie, zostanie przeniesiony na inne miejsce. Ponieważ za odkopanie wartościowego przedmiotu znalazca otrzymuje nagrodę, łatwo można było zrozumieć zapał pracowników. Lecz nie tylko materialna zachęta była bodźcem do gorliwej pracy, także całkiem naturalna duma z możliwości wniesienia swej części do badań nad starożytnością.

Badania nad tekstami z Ugarit

Odkrycia w Ras Szamra mają bezcenną wartość dla historyków i biblistów. Dokumenty, które odnaleziono w ruinach starożytnego Ugarit, zasłynęły na cały świat. Już w 1929 r., w pierwszym roku wykopalisk natrafiono na przyświątynną szkołę z wieloma tabliczkami z tekstem klinowym. Wprawdzie od dawna znano już pismo klinowe, które było w użyciu u Sumerów, Babilończyków, Asyryjczyków, Hetytów i szeregu innych ludów, lecz pisma z Ras Szamra do tamtej pory nigdzie nie spotkano. Jednakże pismo to zostało w niewiarygodnie krótkim czasie odczytane, głównie przez prof. prof. Hansa Bauera i Paula Dhorme. Obydwaj, jeden Niemiec, drugi Francuz, pracowali podczas I wojny światowej nad odszyfrowaniem tekstów wojskowych.

W kilka miesięcy po opublikowaniu pierwszej partii tekstu zdumiony świat uczonych przyjął do wiadomości, że odczytanie pisma było właściwe. Również i inni uczeni mieli swój wkład w badanie pisma, wśród nich na podkreślenie zasłużył Charles Virolleaud, który opublikował wszystkie teksty. Okazało się, że pismo było alfabetyczne, składające się z ok. 30 znaków. Język określono jako północnokanaanejski, ściśle spokrewniony ze starohebrajskim; właściwie są to dwa dialekty tego samego języka.

W ciągu ostatnich 50 lat kontynuowano badania nad tekstami, które nazywamy ugaryckimi. Wszystkie teksty zostały opublikowane i przetłumaczone, opracowano gramatykę i słownictwo języka. Większość tekstów posiada treść religijną i pozwala lepiej zrozumieć styl i język *Starego Testamentu*, szczególnie ksiąg poetyckich, takich jak *Księga Hioba* i *Psalmy*. Wiele niejasnych tekstów *Biblii Hebrajskiej* zostało wyjaśnione. Biblíści wyciągnęli zatem bogate korzyści z odkryć w Ras Szamra.

Doniosłość tych dokumentów polega jednak na tym, że są one autentycznymi źródłami wiedzy o religii kanaanejskiej, o której przedtem bardzo mało wiedzieliśmy. Z *Biblii* było wiadome, że Kanaanejczycy mieli zdeprawowaną religię i zepsute obyczaje, co było powodem ich zniszczenia.

Pozabiblijnym źródłom zawdzięczamy jeszcze kilka skąpych informacji. Bliższe dane o wierze i zwyczajach kulturowych Kanaanejczyków były nieznane — do czasu odkryć w Ras Szamra.

Teksty o mitologicznej treści informują, w jakich bogów wierzyli Kanaanejczycy. Głównym bóstwem był El — nazywany „ojciec lat" i Baal — bóg urodzaju, siostrą Baala była niemoralna i dzika Anat. Innym kobiecym bóstwem była Aszera, często wymieniana w *Starym Testamencie*. Są to tylko najważniejsi bogowie panteonu ugaryckiego. Dowiadujemy się, że Kanaanejczycy wyobrażali sobie bogów jako istoty żądne krwi i okrucieństwa. Ponieważ religijne poglądy tych ludzi musiały odzwierciedlać ich własny stan moralny, a zepsute obyczaje bogów były odbiciem etyki ludzi, zrozumiemy, dlaczego Bóg, w czasie, gdy te teksty były pisane (połowa II tys. p.n.e.), surowo zabronił swemu ludowi mieszania się z niemoralnymi bałwochwalcami. Każdy czytelnik *Biblii* wie, że mimo to Hebrajczycy wiele przejęli z kultu i zwyczajów rdzennej ludności Palestyny, a proces tego przystosowywania zakończył się dla nich, tak jak dla Kanaanejczyków, tragicznie.

Dzięki odkryciom w Ras Szamra biblistyka zyskała dużo korzyści. Lecz biblijną historię rozjaśniły także inne odkrycia dokonane w wielu innych, starożytnych miejscach. Jeszcze wiele historycznych skarbów czeka na łopaty archeologów, które przez tysiąclecia były skryte przed wzrokiem ludzkim. Wierzę, że wszystkie te świadectwa przeszłości zachowała Opatrzność, aby wzmocnić naszą wiarę w Słowo Boże.

35

Hetyci

Ponad 100 lat temu prawie nic nie wiedziano o Hetytach. *Pismo Święte* wspomina wprawdzie ten lud w wielu miejscach, ale teksty te zawierają mało informacji, nie mówią bowiem nic o ich historii, znaczeniu politycznym, religii czy kulturze. W kilku miejscach, np. Wj 33,2, *Biblia* wymienia Hetytów w połączeniu z Kananejczykami, Amorytami, Peryzytami, Hiwwitami i Jebuzytami. Są to narody mieszkające przed Izraelitami w Ziemi Obiecanej.

Jak wiadomo, Abraham zakupił od jednego Hetyty pole na grobowiec rodzinny (zob. Rdz 23); Uriasz, dzielny wojownik w służbie króla Dawida, był Hetytą (zob. 2 Sm 11,3); Salomon miał hetyckie kobiety w haremie i prowadził handel z królami hetyckimi (zob. 1 Krl 11,1; 2 Krn 1,17); w końcu wojsko Aramejczyków, które pod wodzą Benhadada oblegało stolicę Izraela, Samarię, przestraszyło się domniemanych hetyckich wojsk (zob. 2 Krl 7,6). To wszystko wiemy z *Biblii*. Pomijając ostatni tekst, nie ma żadnej wskazówki, czy kiedykolwiek Hetyci założyli państwo, czy też byli przez setki lat polityczną potęgą na dużej części starożytnego świata. Na podstawie nikłych i przypadkowych wzmianek można było mieć wrażenie, że Hetyci byli jednym z wielu nieznaczących plemion, tak jak Jebuzyci i Girgazyci, o których do dziś wiemy bardzo mało.

Uczeni ubiegłego wieku powątpiewali w biblijne wzmianki o Hetytach. Francis William Newmann (*A history of the Hebrew Monarchy*, Londyn 1849, s. 178n) pisał swego czasu, że niemożliwe jest do przyjęcia, aby królowie hetyccy, którzy (wg 2 Krl 7,6) w sojuszu z królem izraelskim przestraszyli syryjskich wojowników, mieli choćby w przybliżeniu taką siłę, jak ich sojusznicy. Z tego powodu Newmann uznał biblijną informację jako nie posiadającą podstaw historycznych.

Encyclopedia Britannica w wydaniu z 1881 r. pod hasłem „The Hittites", opracowanym przez T. K. Cheyne'a pisze: „Przy badaniu historii Hetytów bezkrytyczne ustosunkowanie się do *Starego Testamentu* wywołało zamęt". Autor uważał, że na teksty biblijne, mówiące o Hetytach, „nie można patrzeć, jak na historyczne dokumenty w ścisłym znaczeniu".

Ta niepewność co do Hetytów znikła w poprzednim stuleciu. Dziś posiadamy o nich faktycznie prawie tyle wiadomości, co o starożytnych Hebrajczykach, wliczając *Stary Testament*. Porównanie informacji o Hetytach w dwóch wydaniach brytyjskiej encyklopedii, między którymi istnieje różnica ponad stu lat, ukaże nam, jak bardzo wzrosła nasza wiedza na tym polu. Wydanie z 1860 r. poświęca Hetytom osiem wierszy w szpalcie, które nie zawierają nic innego, jak tylko syntezę informacji biblijnych. Natomiast wydanie z 1966 r. ma ponad 11 dwuszpaltowych stron drobnym drukiem i zajmuje się historią odkrywania Hetytów, ich dziejami, kulturą, religią i literaturą.

Miejsce, gdzie przed ponad trzema tysiącami lat stała potężna stolica państwa hetyckiego, nazywa się Bogazkoy od nazwy pobliskiej wsi tureckiej. Przed przybyciem do stolicy Hetytów kilka dni spędziłem w muzeum w Ankarze i przeglądałem bogate zbiory z hetyckich czasów: kamienne rzeźby, ceramikę, biżuterię i inne wyroby.

Wyżynne tereny, na których Hetyci założyli swe państwo, posiadają odmienny krajobraz od obszarów babilońskiego, asyryjskiego i egipskiego państwa.

Wielkie miasta egipskich Chamitów, takie jak Teby i Memfis, leżały nad brzegiem Nilu; semiccy założyciele mezopotamskich państw zarządzali podbitymi ludami z takich miast, jak Babilon i Niniwa, położonych nad Eufratem i Tygrysem. Obie te kultury rozwinęły się na nizinach lub równinach. Inaczej miała się rzecz z Hetytami. Ten rolniczy naród wolał góry, a swą stolicę założył na wyżynie. Mury miejskie okalały kilka wzgórz.

Zanim przejdziemy do historii Hetytów nakreślmy pokrótce, w jaki sposób lud ten wyszedł z długiego zapomnienia. Jest to współczesna przygoda archeologii biblijnej.

Odkrycie starożytnych Hetytów

W XVIII i XIX wieku w różnych miejscach Turcji i północnej Syrii podróżnicy napotykali rzeźby i zabytki z hieroglificznymi znakami, które jednak miały mało cech wspólnych ze znanymi zabytkami z Grecji, Egiptu, Mezopotamii i Persji. Rozwiązanie zagadki znaleźli dwaj Anglicy. Pracowali niezależnie od siebie i posiadali różny cel swych badań, lecz obaj w tym samym czasie zajęli się problemem wykopalisk z Azji Mniejszej i północnej Syrii i obaj w tym samym roku opublikowali pamiętne wyniki. Pierwszym był William Wright, misjonarz z Damaszku, drugim Archibald H. Sayce, profesor z Oxfordu. Wright zainteresował się najpierw kilkoma pokrytymi inskrypcjami kamieniami, z których zbudowane były domy w Hamat (Syria). Następnie dowiedział się o podobnych zabytkach w Dżerabis (starożytne Karkemisz nad Eufratem). Gdy porównał to z zabytkami z Azji Mniejszej, wywnioskował, że mogą pochodzić od wspomnianych w *Biblii* Hetytów, zwłaszcza, że o nich zdawały się mówić dopiero co odczytane egipskie, asyryjskie i babilońskie napisy. Egipskie inskrypcje często wymieniają lud o nazwie Cheta, a napisy klinowe lud Hatti. Wright założył, że ludy Cheta i Hatti

Pozostałości po stolicy Hetytów Hatussas. Brama Królewska.

Brama Lwia

są identyczne z biblijnymi Hetytami. Wynikiem jego rozważań była książka pt. *Państwo Hetytów*, opublikowana w 1884 roku.

Sayce zaczął badania kilka lat później od Wrighta. Za punkt wyjścia posłużyło mu również miasto Hamat. Swe studia rozszerzył o inne miejsca, gdzie natrafiono na podobne zabytki. W 1884 roku, a więc w tym samym roku, w którym ukazała się książka Wrighta, wydał pracę pt. *Starożytne zabytki w świetle nowych badań*. Na stronie 109 niemieckiego wydania (Lipsk 1886) napisano:

„Przed siedmioma laty nikt jeszcze nie przeczuwał, że w zachodniej Azji istniało wielkie państwo dorównujące Asyrii i Egiptowi, którego założycielami byli nie liczący się Hetyci z czasów *Starego Testamentu*. Tym bardziej nikt nie przypuszczał, że broń, sztuka i religia Hetytów dotarły aż do brzegów Morza Egejskiego. Z tego wniosek, że najwcześniejsza cywilizacja Grecji i Europy zawdzięcza im tyle samo, co Fenicjanom".

Pismo Hetytów

Rozważania Wrighta i Sayce'a nie skłoniły do rozpoczęcia natychmiastowych badań archeologicznych, które by potwierdziły lub zaprzeczyły ich teoriom. Dopiero w 1906 r. jeden z uczonych zainteresował się rozległymi ruinami w Bogazkoy. Był nim Hugo Winckler, ceniony znawca *Starego Testamentu* i orientalista, który kierował ekspedycją z ramienia Niemieckiego Towarzystwa Orientalnego. Jak słusznie przypuszczał, w Bogazkoy powinien był leżeć ukryty klucz do problemu Hetytów.

Zaledwie Winckler rozpoczął pracę, odkrył potężne archiwum tabliczek z pismem klinowym — ponad 10 tys. dokumentów, z których wiele spisano w języku babilońskim. Ponieważ język ten był znany Wincklerowi, odczytał te tabliczki na miejscu. Stwierdził, że odkopał stolicę Hetytów, a dokumenty należały widocznie do państwowego archiwum władców hetyckich.

Godne uwagi było odkrycie tabliczek z tekstem układu między królem hetyckim, Hattusilisem, a faraonem, Ramzesem II. Dosłownie brzmiący tekst znany był już z inskrypcji hieroglificznych z Karnaku i Abu Simbel. Wszystkie wątpliwości zostały usunięte — stolica ludu Cheta, jak egipskie inskrypcje nazywają Hetytów, leżała w Bogazkoy. Wkrótce po tym wykazano tożsamość ludu Cheta z babilońskimi Hatti i biblijnymi Hetytami, co potwierdziło bystre domysły Wrighta i Sayce'a.

Razem z tabliczkami w babilońskim piśmie i języku znaleziono także tysiące tekstów, które wprawdzie zredagowane były w klinowym piśmie babilońskim, lecz w nieznanym języku — jak się domyślano, hetyckim. Kilka lat po dokonaniu tego odkrycia czeski asyriolog Bedfich Hrozny przygotowywał te teksty do publikacji. W tym celu przeliterował je i dokonał transkrypcji w piśmie łacińskim. Hrozny po zaznajomieniu się z ciągle powracającymi słowami i zwrotami doszedł do wniosku, że język Hetytów musi należeć do rodziny indoeuropejskiej. Opierając się na tym przypuszczeniu, spróbował odczytać tekst i wkrótce znalazł wiele podobieństw między hetyckimi słowami, które kopiował, a odpowiednimi słowami w innych językach indoeuropejskich. W mojej prywatnej bibliotece znajduje się mały, 50 stronicowy zeszyt, w którym Hrozny wyłożył uczonym zasady odczytania języka hetyckiego. Nosi tytuł *Rozwiązanie problemu hetyckiego*. Dzięki tej pionierskiej pracy zyskaliśmy wgląd w niespodziewanie bogatą literaturę będącą w ukryciu ponad 3 tys. lat.

Oprócz tego istniał jeszcze inny rodzaj pisma, z którym były długi czas kłopoty. Chodziło o teksty hieroglificzne na wielu hetyckich zabytkach kamiennych i pieczęciach. Bez wątpienia był to także język hetycki, ale hieroglify były zupełnie niepodobne do tych znanych z Egiptu. Wielu uczonych poświęciło dużo sił, czasu i bystrości, ale nie ruszyło sprawy z miejsca. Dopiero w 1947 r. znalazł się klucz do rozszyfrowania hetyckich hieroglifów. Autorem był Niemiec, Helmut Bossert, wówczas profesor Uniwersytetu w Istambule. W tym roku odkopał w Karatepe nad rzeką Ceyhan, w płd.-wsch. Turcji bramę miejską, na której po obu stronach znajdowały się zapisane płyty kamienne. Po jednej strome znajdowały się płyty z fenickimi napisami, których odczytanie i przetłumaczenie nie nastręczało żadnych trudności, po drugiej natomiast — płyty z hetyckimi hieroglifami. Bossert uznał, że teksty te mogą być kluczem do odczytania hetyckich znaków pisarskich. Kilka lat on i inni uczeni pracowali nad tymi inskrypcjami, które z wolna odsłaniały swe tajemnice. Dzisiaj badacze już z łatwością odczytują hetyckie teksty hieroglificzne.

Historia Hetytów

Co mówią hetyckie teksty o historii tego starożytnego ludu? Wiemy dziś, że Azja Mniejsza w początkach swej historii była zasiedlona przez nieindoeuropejski lud Hatti. Nie zostawił on po sobie żadnych pisanych dokumentów. Na początku II tys. p.n.e. poprzez Kaukaz przyszli Indoeuropejczycy i zajęli obszar małoazjatyckiej ludności Hatti. W pobliżu dzisiejszej wioski Bogazkoy założyli rozległe miasto Hattusa, które uczynili swą stolicą. We wcześniejszej ojczyźnie, na południu byłego Związku Radzieckiego, osiedleńcy ci nie nosili nazwy Hetyci, lecz przyjęli ją raczej od ludu Hatti.

Nie ma miejsca w tej książce, aby prześledzić bogatą historię Hetytów. Wspomnijmy tylko, że jeden z pierwszych królów, Mursilis, ok. 1600 p.n.e. splądrował Babilon; w XIV w. p.n.e. wykorzystując względną słabość Egiptu, energiczny władca hetycki, Supiluliumas, rozszerzył swe panowanie aż na obszar Syrii, sięgając do Damaszku, wskutek czego dochodziło do częstych starć z Egiptem; na początku XIII w., w okresie rządów Muwatallisa, doszło do bitwy pod Kadesz (Syria) z faraonem Ramzesem II, w jej wyniku osłabły wpływy egipskie w Syrii. Później Hetyci zawarli, jak już wspomniano, układ z Ramzesem II, który nawet pojął za żonę hetycką księżniczkę.

Upadek Hetytów nadszedł pod koniec XIII w. p.n.e., gdy do Azji Mniejszej wtargnęły „ludy morskie". Były to również plemiona z Krety, Sardynii, Sycylii, wybrzeży Italii i Grecji. Należeli do nich m.in. Filistyni, z którymi Izraelici mieli w następnych wiekach wiele kłopotów. Państwo hetyckie stało się ofiarą tej inwazji*.

Stolica Hattusa została zupełnie zniszczona. Ludy morskie nie uderzyły na szczęście na miasta hetyckie leżące we wschodniej części byłego państwa, w głębi ziem syryjskich. Do tych miast należały Karkemisz, Hamat i Kadesz; istniały one jeszcze przez trzy wieki jako niezależne hetyckie miasta-państwa, zanim w IX w. p.n.e. nie zniknęły pod asyryjskim zalewem. Odtąd nazwa, Hetyci, stała się jedynie terminem historycznym.

Hetyci w *Biblii*

Czy biblijni Hetyci mieszczą się w obrazie historycznym tego ludu? Archeologiczne odkrycia umożliwiają nam odpowiedź na to pytanie. Hetyta, który sprzedał Abrahamowi pole w Hebronie, należał do Proto-Hetytów. Tak nazywamy dziś lud Hatti, który poprzedzał indoeuropejskich Hetytów. Hetyci z czasów Mojżesza byli właściwymi Hetytami, którzy ze stolicy w Bogazkoy rządzili Azją Mniejszą i Syrią. Kobiety z haremu Salomona pochodziły z ostatniego okresu państwowości hetyckiej, gdy potężne imperium hetyckie zostało rozbite na liczne syryjskie miasta-państwa, z którymi Salomon prowadził handel. Oddziały damasceńskiego króla Benhadada przestraszyły się w czasach proroka Eliasza rzekomego zbliżania się połączonych wojsk hetyckich miast-państw. Niedługo po tym na Hetytów opadła kurtyna zapomnienia. Nie tylko biblijne, lecz także pozabiblijne źródła zamilkły. Asyryjczycy starli ten lud z mapy starożytnego świata.

W stolicy Hetytów

W małej wiosce Bogazkoy znalazłem wkrótce dozorcę ruin. Dyrektor Muzeum w Ankarze polecił mi go za przewodnika. Był to starszy człowiek podpierający się kijem. Łamaną niemczyzną powiedział mi, że w młodości pracował przy Winklerze, wyrzucając ziemię na hałdę. Później, w czasie I wojny światowej, służył w tureckiej armii. Jako „pamiątkę" nosi jeszcze aliancką kulę w nodze, przyczynę swej ułomności. Z pomocą sympatycznego człowieka i archeologicznego planu sytuacyjnego próbowałem zorientować się w rozległych ruinach tętniącego niegdyś życiem miasta.

---

* Najnowsze badania dowiodły, że po śmierci hetyckiego króla o imieniu Hattusili doszło do bratobójczych walk, które doprowadziły do upadku imperium hetyckiego.

Wojsko Hetytów

Kapłani Hetytów

Mury miejskie okalały kilka wzgórz i kotlin o powierzchni ok. 168 hektarów. Na stromym wzgórzu, dzisiaj zwanym Biiyiik Kale, leżała cytadela. Znajdowały się tam magazyny i budynki administracyjne. W tym miejscu znaleziono archiwum państwowe.

Następnie przeniosłem się do południowej części miasta, gdzie leżą ruiny kilku małych świątyń i doszedłem do murów miejskich przy Bramie Królewskiej. Po obu stronach monumentalnego wejścia ciągle stoją kolosalne, paraboliczne filary z dużych bloków kamiennych. Na jednym z nich, po wewnętrznej stronie, znajduje się dobrze zachowany relief przedstawiający wojownika lub boga uzbrojonego w topór i miecz. Monolity mają kształt łukowaty i tworzyły kiedyś sklepienie. Zachowały się jeszcze otwory po zawiasach bramowych i zasuwach, z pomocą których zamykano bramy. Szedłem w kierunku zachodnim, wzdłuż dość dobrze zachowanego muru i wstąpiłem do podziemnego tunelu. Miejsce to nazwane jest dziś Yerkapi. Naturalnie nie mogłem oprzeć się pokusie przejścia przez całą długość tunelu — około 70 m. Prowadził on pod murami na zewnątrz miasta. Idąc tunelem można tu gruntownie przestudiować skomplikowany system umocnień obronnych, którego wszystkie elementy są znakomicie zachowane. Gdy przeszedłem dalsze 750 m znalazłem się przed Bramą Lwów. Pod względem budowy i planu przypomina Bramę Królewską, lecz z jej zewnętrznej strony wystają wykute w kamieniu głowy lwów.

Wróciwszy do Bogazkoy udałem się, prowadzony przez młodego człowieka, do oddalonej o dwa kilometry na północ skalnych galerii Yazilikaya.

Na ścianach dwóch skalnych galerii wykute są szeregi męskich i żeńskich bóstw oraz inne wyobrażenia. Pomiędzy nimi znajdują się hieroglificzne napisy. Miejsce to z pewnością było sanktuarium, w którym czczono „tysiące bogów królestwa Hatti". Tu, w Yazilikaya, naocznie stykamy się z politeistyczną religią Hetytów.

Dzięki wykopaliskom w Bogazkoy, a także w Alishar Hiiyiik, Karatepe, Karkemisz i Hamat Hetyci powstali z wielowiekowego snu, aby w istotny sposób potwierdzić i zilustrować informacje biblijne.

36

Ebla i patriarchowie

Odkrycia dokonane w latach międzywojennych przyniosły sporo dowodów potwierdzających prawdziwość historii patriarchów i naświetlających czasy, w których żyli. Profesor W. F. Albright w 1950 roku powiedział: „Chyba nie ma ani jednego historyka, który by nie był pod wrażeniem szybko rosnącej liczby odkryć potwierdzających historyczność tradycji patriarchów" (*The Biblical Period*, Pittsburgh 1950, s.3).

Jednak w ciągu ostatnich lat pojawiły się nowe ataki na autentyczność historii patriarchów, co w pewnym stopniu przypomina okres wellhausenizmu (okres szczególnych ataków na *Pismo Święte*). Gdy uczeni bibliści pod wpływem nowej krytyki na nowo sprawdzali podstawy swoich stanowisk i przygotowywali się do obrony patriarchów, pomoc nadeszła z nieoczekiwanego źródła — z Ebli.

Prawie nikt z biblistów nie słyszał tej nazwy przed 1975 rokiem, kiedy to pojawiły się pierwsze sprawozdania o sensacyjnych odkryciach dokonanych w starożytnym mieście Syrii. A teraz, zaledwie kilka lat później, Ebla jest tak dobrze znana między biblistami i kaznodziejami, jak Amarna lub Qumran.

Latem 1971 r. odwiedziłem Tell Mardikh, rozległe wzgórze w południowej Syrii, 54 km na południe od Aleppo, o powierzchni ok. 56 ha. Corocznie od 1964 r. pracuje tu włoska ekspedycja. Kierownik, prof. Paolo Matthie z Uniwersytetu w Rzymie, oprowadzał mnie po tellu. Wykopaliska w tym miejscu rozpoczął jako młody, 24-letni archeolog, siedem lat przed moją wizytą. W rozmowie z nim odczułem, że jest trochę rozczarowany z dotychczas uzyskanych rezultatów, chociaż odkrycie torsu kamiennego posągu pokrytego inskrypcjami pozwoliło na identyfikację Tell Mardikh z Ebla, ważnym starożytnym miastem, wymienianym od czasu do czasu przez klinowe dokumenty z końca III tys. p.n.e.

Sensacyjne odkrycie

Taki stan rzeczy uległ zmianie w 1974 r., kiedy w ruinach pałacu znaleziono tabliczki z pismem klinowym. Epigrafik ekspedycji, prof. Giovanni Pettinato, stwierdził, że tabliczki są dokumentami handlowymi lub administracyjnymi, zapisanymi w sumeryjskim piśmie klinowym, lecz w języku, który określił jako wczesnokanaanejski. Była to tylko zapowiedź naprawdę sensacyjnego znaleziska, którego dokonano w 1975 r. Dorównywało ono odkryciu zwojów w Qumran i archiwów w starożytnym Ugarit. Znaleziono 15 tys. tabliczek, pierwotnie ułożonych bokiem na drewnianych półkach, tak jak książki. Kiedy, około 4 tys. lat temu, pożar zniszczył pałac, półki spaliły się na popiół, a gliniane tabliczki, wypalone przez ogień, spadły na ziemię. Niektóre z nich potłukły się, ale większość zachowała się w bardzo dobrym stanie.

Ale to nie był koniec odkryć w Ebli. Podczas następnych dwóch sezonów znaleziono dalsze tabliczki i do 1978 r. ogólna ich liczba wynosiła ok. 20 tys. Z powodu wielkiej liczby tabliczek i stosunkowo ograniczonej liczby uczonych posiadających odpowiednie kwalifikacje, odczytanie i opublikowanie całego materiału zajęło wiele lat. Wiele tabliczek posiada niezwykłe rozmiary — niektóre z nich, jak poinformowano, mają prawie 6 m długości i zawierają 3 tys. linii tekstu. W związku z tym odczytanie pojedynczej tabliczki zabiera dużo czasu.

Po przejrzeniu tabliczek prof. Pettinato stwierdził, że posiadają różnorodną treść. Większość z nich traktuje o handlu i sprawach administracyjnych. Prawdopodobnie rodzina królewska miała państwowy monopol na handel tekstyliami, miedzią, drewnem, kamieniami szlachetnymi ze wszystkimi częściami znanego świata. Niektóre tabliczki zawierają królewskie dekrety, traktaty z innymi krajami i korespondencję z władcami innych miast. Na niektórych tabliczkach są teksty literackie, zawierające kanaanejską wersję stworzenia świata i potopu, a także kanaanejski kodeks prawny. Kilka tabliczek to po prostu słowniki zawierające długie listy wyrazów sumeryjskich i ich odpowiedniki w języku kanaanejskim.

Wiele tekstów jest w języku sumeryjskim, dotychczas najstarszym znanym języku spisanym. Pozostałe są we wczesnokanaanejskim, który przejęli patriarchowie, gdy osiedlili się w Kanaanie, i który określamy dzisiaj jako hebrajski. Bardzo możliwe, że leksykograficzne teksty, które śmiało możemy nazwać słownikami sumeryjsko-eblaickimi, wyjaśniają znaczenie niektórych hebrajskich słów *Biblii*, dotychczas nie w pełni zrozumianych.

Z odczytanych tabliczek wyrasta nowy obraz Syrii pod koniec III tys. p.n.e. Dowiadujemy się, że Ebla była dużym miastem liczącym 260 tys. mieszkańców, spośród których 11 tys. służyło w pałacu. Wśród imion jest wiele takich, które są podobne do biblijnych, np. Abramu (Abram), Ismailu (Ismael) i Israilu (Izrael). Ciekawe jest, że trzeci z sześciu królów Ebli, których imiona

Ruiny Ebli

znamy, nazywał się Ebrum, podobnie jak Eber, jeden z przodków Abrahama (zob. Rdz 11,15-17).

Również interesujące jest poznanie miast Palestyny, z którymi królowie Ebli prowadzili korespondencję: Hazor, Lachisz, Megiddo, Gaza, Dor, Synaj, Aszterot, Joppa i inne. A Jerozolima pojawia się w tych tekstach pod swą pierwotną nazwą, Salem, właśnie tak, jak jest nazywana w *Biblii* w czasach Abrahama (zob. Rdz 14,18). Lecz nawet te fascynujące odkrycia nie oznaczały końca sensacji, które Ebla wydaje się mieć dla nas w zapasie. Jesienią 1977 r. ogłoszono, że jedna z tabliczek eblaickich wymienia pięć bardzo znamiennych miast. Są to Sodoma, Gomora, Adma, Seboim i Bela, „miasta równiny", które odegrały tak wielką rolę w historii Abrahama i jego bratanka, Lota. W późniejszych raportach prof. Pettinato skorygował wcześniejsze odczytanie tekstu, oświadczając, że nie jest pewny odczytania trzeciego i czwartego miasta Adma i Seboim — lecz podkreślił, że nazwy pozostałych trzech miast są bezsporne.

Potwierdzenie historii patriarchów

Nic nie mogło wywołać większej sensacji niż to ostatnie odkrycie, które w istotny sposób przyczynia się do potwierdzenia historii biblijnych patriarchów. Spójrzmy w związku z tym 40 lat wstecz. Gdy w 1936 r. prof. W.F. Albright zauważył, że wychodzi na jaw coraz więcej faktów naświetlających czasy patriarchów i w zdumiewający sposób zgodnych z informacjami biblijnymi, napisał:

„Rozdział 14 *Księgi Rodzaju* zwykł być uważany przez większość uczonych za niehistoryczny, ale obecnie jesteśmy bardziej skromni" (*Recent Discoveries in Bibie Lands, suplement do Young's Concordance to the Bibie*, Nowy Jork 1936, s.27). Gdy Albright ponownie opublikował ten artykuł 19 lat później, w 1955 r., zmienił to zdanie, aby brzmiało bardziej pozytywnie: „Rozdział 14. Genesis nie może być dłużej uważany za niehistoryczny ze względu na potwierdzenie wielu szczegółów, które zawdzięczamy ostatnim odkryciom" (*Recent Discoveries in Bibie Lands*, Pittsburgh 1955, s. 75).

Niektórzy zastanawiają się, co Albright powiedziałby, gdyby jeszcze żył i dowiedział się o odkryciach w Ebli.

Wybrana bibliografia w języku polskim

Albright W.F., *Archeologia Palestyny*, Warszawa 1964

Albright W.F., *Od epoki kamiennej do chrześcijaństwa*, Warszawa 1967

Alexander P., Masom C., Millard A., *Świat Biblii*, Warszawa 1991

Alexander P., Masom C., Millard A., *Świat Biblii. Miejsca, odkrycia, najważniejsze wydarzenia*, Warszawa 1991

Andrzejewski T., *Starożytny Egipt*, Warszawa 1952

Amusin J.D., *Rękopisy znad Morza Martwego*, Warszawa 1963

Archeologia Palestyny, praca zbiorowa pod red. Ludwika Stefaniaka, Poznań 1973

Arnaud D., *Starożytny Bliski Wschód*, Warszawa 1982

Baldi D., W *ojczyźnie Chrystusa. Przewodnik po Ziemi Świętej*, Kraków-Asyż 1982

Baron I., *Sumer, Asyria, Babilonia*, Podkowa Leśna 2007

Benoit P., Danielou J., Dąbrowski E. i inni, *Studia biblijne i archeologiczne*, Poznań 1962

Bielicki M., *Zapomniany świat Sumerów*, Warszawa 1966

Bright J.A., *Historia Izraela*, Warszawa 1994

Ceram C.W., *Bogowie, groby i uczeni*, Warszawa 1958

Cerny J.J., *Religia starożytnych Egipcjan*, Warszawa 1974

Chyliński H., *Wykopaliska w Qumran a pochodzenie chrześcijaństwa*, Warszawa 1961

Ciałowicz K., *Początki cywilizacji egipskiej*, Warszawa 1999

Citlak A., *Jordania*, Podkowa Leśna 2012.

Contenau C., *Życie codzienne w Babilonie i Asyrii*, Warszawa 1963

Dąbrowski E., *Odkrycia w Qumran nad Morzem Martwym a Nowy Testament*, Poznań 1961

Desroches-Noblecourt Ch., *Hatszepsut. Tajemnicza królowa Egiptu*, Warszawa 2007

Drioton E., *Egipt faraonów*, Warszawa 1970

Fagan B., *Egipt — skarb faraonów*, Warszawa 2002

Fletcher J., *Egipt — życie, legendy i sztuka*, Warszawa 2003

Friedrich J., *Zapomniane pisma i języki* Warszawa 1958

Gawlikowska K., *Sztuka Mezopotamii*, Warszawa 1975

Gawlikowski M., *Sztuka Syrii*, Warszawa 1976

Grimal N., *Dzieje starożytnego Egiptu*, Warszawa 2004

Gryglewicz F., *Archeologiczne odkrycia w egzegezie Nowego Testamentu*, Lublin 1962

Gurney O.R., *Hetyci*, Warszawa 1970

Herodot, *Dzieje*, Warszawa 1954

Historia i kultura krajów biblijnych, praca zbiorowa pod red. Amadeusza Citlaka i Bernarda Koziróga, t. I-III, Podkowa Leśna 2006-2008

Jaczynowska M., Mączakowa A., Tyloch W., *Historia starożytna*, Warszawa 1974

Jelito J., *Historia czasów Starego Testamentu*, Lublin 1961

Jelonek T., *Kultura perska a Biblia*, Kraków 2010

Józef Flawiusz, *Dawne dzieje Izraela*, Poznań 1962

Józef Flawiusz, *Wojna żydowska*, Poznań 1984

Keller W., A *jednak Pismo Święte ma rację*, Warszawa 1959

Keller W., *Śladami Biblii. Stary Testament w świetle badań naukowych*, Wrocław 1998

Klengel E. i H., *Hetyci i ich sąsiedzi. Dzieje kultury Azji Mniejszej od Catal Hiiyiik do Aleksandra Wielkiego*, Warszawa 1974

Klengel H., *Historia i kultura starożytnej Syrii*, Warszawa 1975

Klima J., *Prawa Hammurabiego*, Warszawa 1957

Kozirόg B., *Współczesne kraje biblijne w starożytności*, York University 2015

Kramer S.N., *Historia zaczyna się w Sumerze*, Warszawa 1961

Krawczuk A., *Herod król Judei*, Warszawa 1985

Krawczyk R., *Instytucje społeczne i religijne starożytnego Izraela*, Siedlce 2009

Kunderewicz C., *Najstarsze prawa świata*, Łódź 1972

Laessee J., *Ludy Asyrii*, Warszawa 1972

Langkammer O.H., *Słownik biblijny*, Katowice 1984

Layard A.H., W *poszukiwaniu Niniwy*, Warszawa 1983

Lipińska J., *Sztuka egipska*, Warszawa 1982

Lipińska J., *Tajemnice papirusów*, Warszawa 2005

Łyczakowska K., Szarzyńslka K., *Mitologia Mezopotamii*, Warszawa 1981

Meuszyński J., *Odkrywanie Mezopotamii*, Warszawa 1977

Mezopotamia, praca zbiorowa pod red. J. Brauna, Warszawa 1971

Michałowski K., *Karnak* (album), Warszawa 1969

Michałowski K., *Luksor* (album), Warszawa 1971

Michałowski K., *Nie tylko piramidy*, Warszawa 1966

Mierzejewski A., *Sztuka starożytnego Wschodu*, Warszawa 1983

Mierzejewski A., *Zapisane na glinie*, Warszawa 1979

Milik J.T., *Dziesięć lat odkryć na Pustyni Judzkiej*, Warszawa 1968

Montet P., *Egipt i Biblia*, Warszawa 1968

Montet P., *Życie codzienne w Egipcie w czasach Ramzesów*, Warszawa 1959

Montet P., *Życie codzienne w Starożytnym Egipcie*, Warszawa 1964

Moscati S., *Kultura starożytnych ludów semickich*, Warszawa 1963

Moscati S., *Świat Fenicjan*, Warszawa 1970

Olmstead A., *Dzieje imperium perskiego*, Warszawa 1974

Palla A., *Sekrety Biblii*, Rybnik 2002

Parrot A., *Biblia i starożytny świat*, Warszawa 1968

Parrot A., *Wśród zabytków Samarii i Jerozolimy*, Warszawa 1971

Podręczna encyklopedia biblijna, Poznań 1961

Popko M., *Mitologia hetyckiej Anatolii*, Warszawa 1980

Popko M., *Religie starożytnej Anatolii*, Warszawa 1980

Ricciotti G., *Dzieje Izraela*, Warszawa 1956

Saggs H.W.F., *Wielkość i upadek Babilonii*, Warszawa 1973

Simon M., *Cywilizacja wczesnego chrześcijaństwa I—IV w. n.e.*, Warszawa 1979

Starożytny Egipt, praca zbiorowa pod red. Albertyny Szczudłowskiej, Warszawa 1976

Strąkowski H., *Manuskrypty z Qumran a chrześcijaństwo*, Lublin 1958

Thompson J.A., *Biblia i archeologia*, Warszawa 1965

Tschirschnitz A., *Dzieje ludów biblijnych*, Warszawa 1994

Tyloch W., *Odkrycia w Ugarit a Stary Testament*, Warszawa 1980

Tyloch W., *Rękopisy z Qumran nad Morzem Martwym*, Warszawa 1969

Wilson E., *Odkrycia nad Morzem Martwym*, Warszawa 1963

Wolski J., *Historia Powszechna. Starożytność*, Warszawa 1965

Zabłocka J., *Historia Bliskiego Wschodu w starożytności (od początków osadnictwa do podboju perskiego)*, Wrocław 1982

Wydawnictwo **„Znaki Czasu”** *poleca*

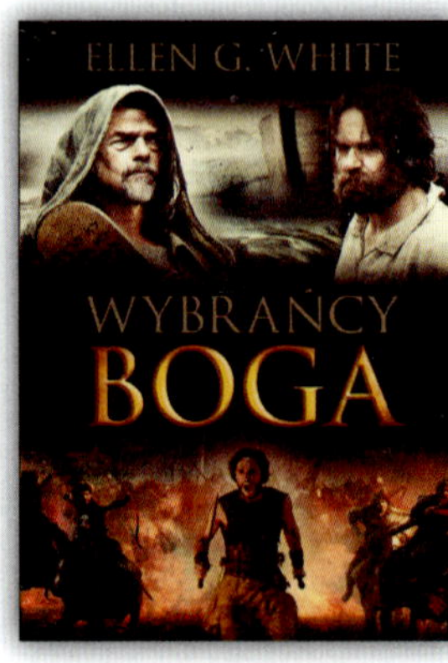

Znakomicie przedstawione wydarzenia biblijne od *Księgi Rodzaju* do czasów króla Dawida (X w. p.n.e.). Książka omawia wnikliwie główne postacie Starego Testamentu na tle historiozbawczych poczynań Boga w dziejach ludzkości (stron 574, cena 35 zł).

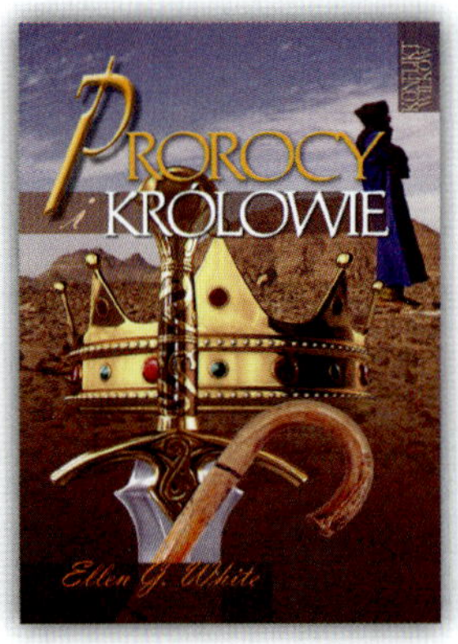

Kontynuacja książki *Wybrańcy Boga* przedstawiająca dzieje starożytnego Izraela w epoce monarchii i nastałej potem niewoli babilońskiej (X-V w. p.n.e.). Autorka kładzie nacisk na wielkie ponadczasowe nauki moralne ukazane na tle triumfów, upadków i reform narodu wybranego (wydanie ilustrowane, stron 475, cena 28 zł).

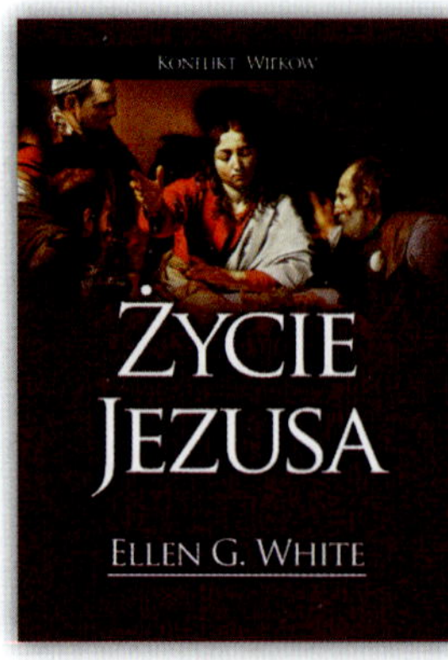

Wydana w wielu językach opowieść o Jezusie z Nazaretu. W oparciu o cztery ewangelie wiernie opisuje życie i dzieło Chrystusa jako Zbawiciela świata. Książka barwnie odmalowuje zarówno ludzką, jak i boską tajemnicę Jezusa. Wszystko to zaś umieszcza na tle ówczesnych realiów panujących na Bliskim Wschodzie (wydanie ilustrowane, stron 765, w twardej oprawie — cena 44,90 zł, w miękkiej oprawie — cena 35 zł).

Komentarz do trudnych wersetów Biblii. Autorzy dzieła to grupa 49 uczonych. Publikacja została zweryfikowana przez kilkudziesięcioosobowy zespół członków Komitetu Instytutu Badań Biblijnych w Stanach Zjednoczonych (stron 468, cena 55 zł).

Zamówienia na publikacje prosimy kierować pod adresem:
Dział Handlowy Wydawnictwa „Znaki Czasu”
ul. Foksal 8/6
00-366 Warszawa
tel.: 22-331-98-00
faks: 22-331-98-01
e-mail: kontakt@znakiczasu.pl
księgarnia internetowa: sklep.znakiczasu.pl